Joan Halifax

**DIE ANDERE WIRKLICHKEIT
DER SCHAMANEN**

Joan Halifax

Die andere Wirklichkeit der Schamanen

Erfahrungsberichte von
Magiern, Medizinmännern
und Visionären

HANS-NIETSCH-VERLAG

Originaltitel: „Shamanic Voices", © Joan Halifax, 1979
Erste deutsche Ausgabe beim O.W. Barth Verlag, 1981

Vollständig überarbeitete deutsche Neuausgabe
© Hans-Nietsch-Verlag, 1999
Alle Rechte vorbehalten.
Nachdruck, auch auszugsweise, nur mit
ausdrücklicher Genehmigung des Verlages gestattet.

Originalübersetzung: Scherz Verlag GmbH
Überarbeitung und Lektorat: Norbert Claßen

Cover und Umschlaggestaltung: Titusz Pan
Satz und Innengestaltung: Hans-Nietsch-Verlag

Hans-Nietsch-Verlag, Poststr. 3, 79098 Freiburg
Internet: www.nietsch.de

ISBN 3-929475-86-3

Inhalt

Vorwort 7

Teil I Der Schritt über die Schwelle 9

Teil II Reisen in andere Welten
    Sereptje: Sibirien/Tawgy-Samojede 53
    Kislasow: Sibirien/Sagaier 68
    Yibai-dthulins Sohn: Australien/Wiradjuri 72
    Der alte K'xau: Afrika/Kung 75

Teil III Die Visionssuche 87
    Igjugarjuk: Eskimo/Karibu 89
    Lame Deer: Nordamerika/Sioux 95
    Leonard Crow Dog: Nordamerika/Sioux 103
    Brooke Medicine Eagle: Nordamerika/Nez Percé 116

Teil IV Die heilige Schau 123
    Black Elk: Nordamerika/Oglala-Sioux 125
    Joe Green: Nordamerika/Paviotso 134
    Rosie Plummer: Nordamerika/Paviotso 137
    Autdaruta: Grönland/Eskimo 139
    Sanimuinak: Eskimo/Angmagsalik 143
    Aua: Eskimo/Iglulik 147
    Golden-Schamane: Sibirien/Golde 156
    Tankli: Australien/Kurnai 160

Teil V Medizin der Wunder 163
    María Sabina: Mittelamerika/Mazateka 165
    Ramón Medina Silva: Mittelamerika/Huichol 172
    Desana-Schamane: Südamerika/Desana 175

    Manuel Córdova-Rios: Südamerika/Amahuaca 178
    Joel: Nordamerika/Dogrib 189

Teil VI Die Kraft nutzen 201
    Willidjungo: Australien/Murngin 203
    Mun-yir-yir: Australien/Murngin 207
    Aua: Eskimo/Iglulik 209
    Ramón Medina Silva: Mittelamerika/Huichol 215
    Petaġa Yuha Mani: Nordamerika/Sioux 220
    Thunder Cloud: Nordamerika/Winnebago 222
    Dick Mahwee: Nordamerika/Paviotso 229
    Isaac Tens: Nordamerika/Gitksan 233

Teil VII Ins Leben singen 245
    María Sabina: Mittelamerika/Mazateka 247
    Balu Asong Gau: Borneo/Kenjah-Dajak 267

Teil VIII Das Haus der Träume 277
    Desana-Schamane: Südamerika/Desana 279
    Warrau-Schamane: Südamerika/Warrau 283
    Ramón Medina Silva: Mittelamerika/Huichol 290
    Prem Das: Nordamerika/Huichol 296

Teil IX Das Lichten der Nieríka 309
    Matsúwa: Mittelamerika/Huichol 311

    Quellen 316
    Anmerkungen 318
    Literaturverzeichnis 323

Vorwort

Dieses Buch ist keineswegs ein Versuch, das Phänomen Schamanismus als Ganzes einzufangen – einen Lebensweg, der über die Jahrtausende hinweg auf dem gesamten Erdball aufgetreten ist. Es illustriert vielmehr meine persönliche Sicht mit Berichten, in denen Schamanen für sich selbst sprechen. Hinter diesen Schilderungen und ihrem Umfeld stehen ganze Scharen von Sehern und Heilern, deren Stimmen aus Platzmangel nicht zur Geltung kommen konnten oder weil das Material leider nicht zugänglich war. Den nicht zu Wort Gekommenen möchte ich Abbitte leisten, denn ich hätte sie gern alle einbezogen. Die Berichte, die sich auf den folgenden Seiten finden, erzählen jedoch eine zusammenhängende Geschichte – sie sollten daher in der gegebenen Reihenfolge gelesen werden, da eine Stimme Licht auf die folgende wirft.

I.

DER SCHRITT ÜBER DIE SCHWELLE

„In unserem Bewußtsein gibt es eine Pforte, die uns gewöhnlich bis zum Moment unseres Todes verschlossen und verborgen bleibt. Die Huichol nennen sie Nieríka. Das Nieríka ist eine kosmische Pforte oder Schwelle zwischen der sogenannten alltäglichen und der nicht-alltäglichen Wirklichkeit. Sie ist sowohl ein Durchgang als auch eine Barriere zwischen den Welten."[1] Als Zier- und Zeremonienscheibe kann Nieríka auch „Spiegel" sowie „Gesicht der Gottheit" bedeuten.

Das umseitig abgebildete *Nieríka* wurde einem Garnbild des Huichol-Künstlers Ruturi entlehnt, welches Prem Das für diese Veröffentlichung zur Verfügung stellte. Es stellt die Schwelle dar, über die man auf seiner Reise in die Welt des Todes und der Visionen tritt.

Der Schamane

Ich bin es, der zusammenfügt, er, der spricht, er, der sucht, sagt er. Ich bin es, der nach dem Geist des Tages Ausschau hält, sagt er. Ich suche dort, wo Furcht und Schrecken herrschen. Ich bin es, der's richtet, der die Kranken heilt. Kräutermedizin. Geistarznei. Arznei der Tagessphäre. Ich bin es, der alles löst, sagt er. Wahrlich, du bist Manns genug, die Wahrheit zu lösen. Du bist es, der zusammenfügt und löst. Du bist es, der mit dem Licht des Tages spricht. Du bist es, der mit Schrecken spricht.[2]

Der Schamanismus ist eine ekstatische Religionsform mit ganz eigenen, festen Elementen und einer bestimmten Ideologie; er hat Jahrtausende überdauert und findet sich in vielen verschiedenen Kulturkreisen. Der Ausdruck *Schamane*, der auf das vedische *sram* – „sich aufheizen" oder „Entsagung üben"[3] – zurückgeht, läßt den Einfluß altorientalischer Kulturen erkennen. Doch die eigentliche Form des Schamanismus ist noch archaischer und ist sowohl Bestandteil vorgeschichtlicher sibirischer Jägerkulturen als auch vieler anderer Kulturen in allen Erdteilen. Obwohl man Schamanen gemeinhin mit den Gebieten Nord- und Zentralasiens verbindet, kann man sie auch in Afrika, Ozeanien, Australien, Nord- und Südamerika sowie im nördlichen und östlichen Europa antreffen, kurzum überall, wo es noch Jäger- und Sammlervölker gibt und wo diese alte, heilige Überlieferung trotz des sich wandelnden Kulturgrunds ihre Gestalt bewahrt hat.

Der Schamane, eine mystische, priesterliche und politische Institution, die in der Jungsteinzeit auftaucht und vielleicht bis in die Zeit des Neandertalers zurückreicht, hat nicht nur eine spezielle Funktion als Kenner der menschlichen Seele, sondern auch eine allgemeine, deren sakrale wie soziale Aspekte sich über einen außerordentlich weiten Tätigkeitsbereich erstrecken können. Schamanen sind Heiler, Seher und Visionäre, die den Tod bezwungen haben. Sie stehen mit der Welt der Götter und Geister in Verbindung.

Sie können ihre Körper zurücklassen, um in außerirdische Bereiche zu reisen. Sie sind Dichter und Sänger, sie tanzen und schaffen Kunstwerke. Sie sind nicht nur spirituelle Führer, sondern auch Richter und Politiker, Hort des überlieferten Wissens ihrer Kultur, des heiligen wie des profanen. Sie sind gleichermaßen mit der kosmischen wie mit der irdischen Geographie vertraut; Eigenarten der Pflanzen, Tiere und Elemente sind ihnen wohlbekannt. Sie sind Psychologen, Entertainer, und sie spüren Nahrungsmittel auf. Vor allem jedoch sind die Schamanen Techniker des Heiligen[4] und Meister der Ekstase.

Die Reise auf der Schneide

Ich bin kein Schamane, denn weder hatte ich Träume, noch bin ich krank gewesen.[5]

Ikinilik

Die Einweihung des Schamanen – ob in einer Höhle, auf einem Berg, auf einer Baumspitze oder dem Feld der Seele – beinhaltet stets die Erfahrung von Tod und Auferstehung sowie Erkenntnis oder Erleuchtung. Variationen über das Grundthema von Tod und Wiedergeburt finden sich in allen mythischen Überlieferungen, und eine Begegnung mit dem Tod und die Erlösung durch die Wiedergeburt gehören zum festen Bestand der meisten persönlichen religiösen Erfahrungen. Die Initiationskrise des Schamanen muß daher als religiöse Erfahrung bezeichnet werden, eine Erfahrung, die es wenigstens seit paläolithischen Zeiten gibt und die wahrscheinlich genauso alt wie das menschliche Bewußtsein ist, also bis zu jener Zeit zurückreicht, als sich erste Gefühle ehrfürchtiger Scheu und Verwunderung in den Primaten zu regen begannen.

Insofern ist die Einweihung des Schamanen ein nichtgeschichtliches Geschehen, das die Enge der Einzelkulturen sprengt und die existentiellen Bedürfnisse, die dem menschlichen Bewußtsein seit jeher zugehören, in den Blick rückt.

Desweiteren ist der Schamane in vielen Kulturen der Brennpunkt, in dem sich die grundlegenden menschlichen Wertsetzungen bündeln: die sozialen Beziehungen der Menschen zueinander, die Beziehungen der Kultur zum Kosmos sowie die Beziehungen der Gesellschaft zu ihrer Umwelt. Der Schamane ist einer, der die Schwellen zu den Sphären, in denen menschliche, natürliche und übernatürliche Momente zusammenwirken, überschritten und diese selbst in jeder Richtung durchquert und erforscht hat. Und diese umfassende Sicht der Gesellschaft ist zumeist die Frucht einer tiefen Lebenskrise.

Sind bei der Geburt gewisse Zeichen aufgetreten, die auf die geheiligte und ungewöhnliche Natur des Neugeborenen hinweisen, werden sich die Menschen eines Kulturkreises manchmal dadurch der Bestimmung eines Kindes zum Schamanen bewußt. Die Berufung zum Schamanen kann auch von Generation zu Generation vererbt werden, wodurch ein echter Schamanen-Stammbaum entsteht. In anderen Fällen mag ein Mensch beginnen, einen Hang zum Heiligen zu zeigen. So übt beispielsweise der Weg des Heilers, Priesters oder Metaphysikers eine große Anziehungskraft auf bestimmte Kinder aus, der sie folgen. Anderen wird die Aufgabe in Träumen oder sonstigen visionären Zuständen, wie zum Beispiel durch eine Erfahrung mit Halluzinogenen, enthüllt. Oder der Initiand lernt auf dem Weg der traditionellen „Visionssuche", die mit einem Durchgangsritus einhergeht, wie wir ihn bei vielen amerikanischen Eingeborenenvölkern finden, daß der Lebensweg, den er einschlagen soll, der des Heiligen ist.

Diejenigen, die in Visionen oder Träumen den Pfad zu dem geschaut haben, was ein Eskimo-Schamane „die große Aufgabe" genannt hat, haben sich oft der Prüfung des Eintritts in das Totenreich unterziehen müssen. Wer einmal – durch einen Unfall oder eine Krankheit – fast gestorben wäre oder ein seelisches oder geistiges Trauma von solchen Ausmaßen erlitten hat, daß es ihn in den Bannkreis des Todes schleuderte, weiß um das innere Wirken der Krise. Der Schamane lernt, die Erfahrungen von Krankheit, Leiden, Sterben und Tod in seinen Erfahrungshorizont aufzunehmen und das besondere Wissen um diese einschneidenden Ereignisse mit denen zu teilen, die zum erstenmal mit Krankheit oder Tod konfrontiert sind. Schamanentum beinhaltet mehr als nur das Ausführen vorgeschriebener heiliger Handlungen. Es ist eine innige mystische Begegnung mit den Bereichen von Leben und Tod sowie mit den Kräften, die diese Reiche verbinden.

Die Begegnung mit Sterben und Tod und die folgende Erfahrung von Wiedergeburt und Erleuchtung stellen für den Schamanen die wahre Einweihung dar. Obwohl sich dieser Vorgang häufig in Form einer inneren Erfahrung abspielt, gibt es auf dem Gebiet der Symbole und des gefühlsmäßigen Erlebens doch viele ungewöhnliche Parallelen zur Erfahrung der tatsächlichen biologischen Geburt.[6] Desweiteren ermöglicht er eine ganz andere Sicht sogenannter „psychopathischer Zustände" und „kulturbedingter reaktiver Syndrome", ganz gleich, ob sie nun bei uns als „arktische Hysterie" oder als „akute Schizophrenie" bezeichnet werden.

Im folgenden sollen verschiedene Spielarten der schamanischen Initiation durch eine Krise sowie der Wert dieser Erfahrungen für das Leben derjenigen, denen sie widerfahren sind, untersucht werden.

Die Einsamkeit in der Wildnis

Der Ruf zum Schamanen treibt den Initianden oft in die entlegensten Landstriche, in eine Welt, die nur von wilden Tieren und Geistern bewohnt wird. An diesen einsamen Orten können dann die heiligen Mysterien, die alles durchdringen und doch unsichtbar sind, für den Menschen wahrnehmbar werden. Für den Schamanen wie für den tibetischen Einsiedler und die meisten Seher und Visionäre ist die natürliche Wildnis der Ort für das Hervorlocken der eigenen inneren Wildnis, der „großen Ebene im Geiste", und nur hier begibt es sich, daß die inneren Stimmen im Lied erwachen. Der lautlose Gesang unberührter Wüsten, Berge, Hochebenen und Wälder unterweist von einem Ort her, der jenseits von Idee, Begriff oder Vorstellung liegt.

Vor vielen Jahren erzählte der Karibu-Schamane Igjugarjuk dem Polarforscher Knud Rasmussen: „Echte Weisheit kann nur fern menschlicher Wohnstatt erkannt werden, draußen in der großen Öde. Und sie wird nur durch Leiden erworben. Not und Leiden sind die einzigen Dinge, die den Geist des Menschen dem öffnen können, was anderen verborgen ist."[7] Najagneg, ein anderer Eskimo-Schamane, sagt: „Ich habe in der Dunkelheit gesucht, war still in der großen, einsamen Stille des Dunkels. So wurde ich ein *Angakoq*, durch Visionen, Träume und Begegnungen mit fliegenden Geistern."[8] Und der mexikanische *Mara´akáme* (Schamane) der Huichol, Matsúwa, erzählte mir: „Vierundsechzig Jahre betrug meine Lehrzeit. In diesen Jahren bin ich viele, viele Male allein in die Berge gegangen. Ja, viel Leiden mußte ich erdulden in meinem Leben. Um jedoch sehen zu lernen, hören zu lernen, müßt ihr dies tun: allein in die Wildnis gehen. Denn nicht ich kann euch die Wege der Götter lehren. Diese Dinge lernt man nur in der Einsamkeit."

DIE VISIONSSUCHE

Manche Schamanenanwärter erhalten genaue Anweisungen, die, konsequent befolgt, ihr Bewußtsein mit Sicherheit derart dramatisch verändern, daß eine Erfahrung von Tod und Wiedergeburt unvermeidlich ist. Gustav Holm beschreibt das Erlebnis einer mystischen Wiedergeburt unter den Angmagsalik-Eskimo: „Die erste Aufgabe des Schülers ist, eine einsame Stelle aufzusuchen, eine tiefe Schlucht oder eine Höhle, wo er einen kleinen Stein aufliest und diesen mit der Sonne, also im Uhrzeigersinn, auf einem großen reibt. Wenn er das drei Tage lang ohne Unterlaß getan hat, dann kommt, so sagt man, ein Geist aus dem Fels hervor. Er wendet sein Gesicht der aufgehenden Sonne zu und fragt den Schüler nach seinem Begehren. Der Schüler stirbt dann unter fürchterlichen Qualen, teils aus Furcht, teils aus

Überanstrengung; aber später, im Laufe des Tages, kehrt er ins Leben zurück."[9]

Man begegnet der spontanen Erfahrung von Tod und Wiedergeburt auch unter den Prärie-Indianern Nordamerikas. Sie kann sich beim Sonnentanz einstellen, in dessen Verlauf eigenes Fleisch dargebracht oder durchbohrt wird, oder während einer Visionssuche, die in Verbindung mit der Pubertät oder anderen wichtigen Übergängen im Leben eines Menschen erfolgt. All solche Geschehnisse schließen eine Spanne der Reinigung, Abgeschiedenheit und häufig auch Selbstkasteiung ein.

Plenty Coups, ein Häuptling der Crow-Indianer, berichtete Frank Linderman von der Einweihung seines Freundes The Fringe in das Amt des Medizinmanns. Auf seiner Suche nach Wissen lief The Fringe auf wackligen Stelzen zu einer Insel hinüber. Das Wasser, das er überquerte, war jedoch kein gewöhnliches Quellwasser: es besaß nicht nur Heilkräfte, sondern war auch siedend heiß. The Fringe erklomm daraufhin das winzige Eiland und blieb drei Tage allein. Am dritten Morgen konnten ihn seine Freunde nicht mehr sehen, und sie wußten, daß ihn das Medizinwasser geholt hatte. Plenty Coups sagte: „Nichts kann im Medizinwasser überleben. Unmöglich konnte The Fringe lebend ans Ufer gelangen."

Am vierten Tage endlich näherten sich seine Freunde dem diesseitigen Ufer des kochenden Sees und fanden The Fringe, der ihnen befahl, ins Dorf zurückzukehren und die zeremoniellen Vorbereitungen für ihn zu treffen. Als alles bereit war, erzählte The Fringe den Ältesten, was geschehen war: In der ersten und zweiten Nacht auf der Insel hatte das brühend heiße Medizinwasser seinen Körper gewaschen und seine Haut verbrannt, er jedoch hatte sich nicht bewegt oder aufgeschrien. Darauf hatte ihn ein übellauniges „Wesen" unter die Oberfläche des kochenden Wassers geführt, aber diesmal hatte er keinen Schmerz verspürt. Unter Wasser waren sie an eine große Hütte gekommen, die mit schwarzen und roten Streifen bemalt war. Er sollte später erfahren, daß dies auf seine Berufung zum Wundarzt und künftigen Weisen deutete. Otter und Eisbär standen zu beiden Seiten der Hütte. Obwohl sie in ärgerlichem Ton zu ihm sprachen, wollten sie auf alle Zeiten seine Verbündeten sein. Kurz bevor The Fringe wegging, fragte die schöne, aber doch seltsam schweigsame Frau im Innern der Hütte das „Wesen", wieso dieses ihrem Sohn nicht etwas gäbe, das ihm dienlich sein könnte, seinem Volk zu helfen. The Fringe erhielt ein Otterfell und einen Weidepflock. Das Otterfell war seine Medizin, seine Kraft; der Weidepflock sein Vermögen. Abschließend sagte The Fringe von seinem Erlebnis: „Als ich erwachte, befand ich mich nicht mehr auf der Insel, auf der ich mein Lager aufgeschlagen hatte, sondern am anderen Ufer des Sees."[10]

Der Häuptling der Oglala-Sioux, Maza Blaska, erzählte der Ethnologin Natalie Curtis: „Dem Heiligen Mann wird in seiner Jugend kundgetan, daß er heilig sein wird. Das Große Geheimnis läßt es ihn wissen. Manchmal sind es auch Geister, die ihm davon berichten. Wenn ein Geist sich nähert, hat es den Anschein, als ob dort ein Mann stünde, doch wenn dieser Mann gesprochen hat und sich abwendet, vermag keiner zu sehen, wohin er geht. So sind die Geister. Mit den Geistern kann sich der Heilige Mann immer beraten, und sie lehren ihn heilige Dinge."[11]

Dieses Wissen, erlangt durch den Kontakt mit der Geisterwelt, unterscheidet den Schamanen von den anderen. Aber anders als die Schamanen in anderen Erdteilen entdecken die der Sioux und ihrer Nachbarn ihre Berufung oft im Laufe einer Visionssuche. Ein Zeichen deutet darauf hin, daß der Jugendliche zu denen gehört, die zum Heilen ausersehen sind; er ist gezeichnet als einer, der *heilig* ist. „Der Heilige Mann geht abseits in ein einsames Tipi, fastet und betet. Oder er sucht die Einsamkeit der Berge. Wenn er zu den Menschen zurückkehrt, lehrt er sie und erzählt ihnen, was ihm das Große Geheimnis aufgetragen hat. Er gibt Rat, er heilt, und er macht heiligen Zauber, um die Menschen vor allem Bösen zu beschützen. Seine Macht ist groß, und er wird sehr verehrt. Sein Platz im Tipi ist ein Ehrenplatz."[12]

Die Prüfungen der Schwelle

Die besonderen Prüfungen des Schamanenanwärters können jede nur denkbare Form haben. Igjugarjuk zum Beispiel wurde von der geheimnisvollen göttlichen Kraft *Sila* gedrängt, ein *Angakoq* zu werden. Er erzählte Rasmussen, daß er als junger Mann von Träumen überflutet wurde, die er nicht verstand. Seltsame Wesen sprachen zu ihm, und beim Erwachen sah er seinen Traum so klar vor Augen, daß er ihn seinen Freunden vollständig wiedergeben konnte. Bald wurde klar, daß er zum Schamanen berufen war, und der alte Perqánâq wurde ausersehen, ihn zu unterweisen. Mitten im Winter wurde Igjugarjuk auf einen Schlitten, auf dem er eben Platz fand, gesetzt und weit von Zuhause fortgebracht. Als er am festgesetzten Ort ankam, blieb er auf dem Schlitten sitzen, während Perqánâq ein Iglu baute, so klein, daß der Initiand mit verschränkten Beinen gerade darin sitzen konnte. Da es ihm nicht gestattet war, den Fuß auf den Schnee zu setzen, wurde er vom Schlitten gehoben, in das Iglu getragen und auf ein kleines Fell gesetzt. Keinerlei Essen oder Trinken war ihm erlaubt, und er wurde ermahnt, ausschließlich an den Großen Geist und an den Helfergeist zu denken, welcher sich alsbald einstellen sollte.

Nach fünf Tagen erschien Perqánâq mit etwas lauwarmem Wasser und ließ ihn dann wie zuvor zurück. Nach fünfzehntägigem Fasten wurde ihm ein weiteres Mal Wasser gebracht und ein kleines Stück Fleisch, das ihm weitere zehn Tage genügen mußte. Nach Ablauf dieser Spanne brachte ihn Perqánâq nach Hause. Igjugarjuk erklärte, die Anstrengung dieser dreißig Tage sei so außerordentlich gewesen, daß er „manchmal ein wenig gestorben" sei.[13]

In *Across Arctic America* schildert Rasmussen zwei andere Fälle schamanischer Einweihung, welche die Art der Prüfungen, die ein Schamane auf dem Weg der Erkenntnis zu bestehen vermag, veranschaulichen:

> Kinalik war eine junge Frau, intelligent, warmherzig, sauber und gutaussehend, und sie sprach offen und ohne

Scheu. Igjugarjuk, ihr Schwager, war ihr Lehrer gewesen. Ihre eigene Einweihung war hart: man hatte sie an ein paar in den Schnee gesteckte Zeltstangen aufgehängt und sie fünf Tage hängen lassen. Es war mitten im Winter, die Kälte schneidend, Schneestürme häufig, aber sie fühlte die Kälte nicht, denn der Geist beschützte sie. Als die fünf Tage um waren, nahm man sie herunter und trug sie ins Haus, und Igjugarjuk wurde aufgefordert, sie zu erschießen, damit sie durch die Schau des Todes innige Vertrautheit mit dem Übernatürlichen erlangen möge. Das Gewehr mußte mit richtigem Pulver geladen werden, aber anstelle einer Bleikugel sollte ein Stein verwendet werden, damit eine Verbindung zur Erde gewahrt bliebe. Igjugarjuk feuerte im Beisein der versammelten Dorfbewohner, und Kinalik stürzte zu Boden. Am folgenden Morgen, als Igjugarjuk sich gerade daranmachen wollte, sie ins Leben zurückzurufen, erwachte sie ohne fremden Beistand aus der Ohnmacht. Igjugarjuk behauptete, er hätte sie ins Herz getroffen, und der Stein sei anschließend entfernt worden und befinde sich im Besitz ihrer alten Mutter.

Ein anderer Dorfbewohner, ein junger Mann namens Aggjartoq, war ebenfalls von Igjugarjuk in die Mysterien des Okkulten eingeweiht worden. In seinem Fall hatte man eine dritte Prüfungsart gewählt: das Ertränken. Er wurde an einen langen Pfahl gebunden und zu einem See hinausgetragen, ein Loch wurde ins Eis gehackt und der Pfahl mit seiner lebenden Last durch das Loch nach unten gestoßen, so daß Aggjartoq tatsächlich mit dem Kopf unter Wasser auf dem Grund des Sees stand. So ließ man ihn fünf Tage stehen, und als sie ihn zu guter Letzt wieder nach oben hievten, wiesen seine Kleider nicht die geringste Spur davon auf, daß er im Wasser gewesen war, und er selbst war ein großer Zauberer geworden, der den Tod überwunden hatte.[14]

Ein Karibu-Schamane sagte zusammenfassend, daß jene, die nichts Schlechtes tun, von einem Leben ins nächste übergehen und wieder und wieder in menschlicher Gestalt geboren werden. Also brauchen die Menschen den Tod nicht zu fürchten. Jene, die Schlechtes tun, werden als wilde Tiere wiedergeboren. Alles Leben, alles Bewußtsein bleibt als solches für alle Zeit erhalten und wird auf die verschiedensten Weisen wiederhergestellt, „denn kein einmal gegebenes Leben kann je verloren gehen oder gar zerstört werden."[15]

DIE UNTERWELT DER KRANKHEITEN

Auch die Krise einer schweren Krankheit kann die Schlüsselerfahrung der Schamanenweihe sein. Sie bringt eine Begegnung mit zersetzenden und zerstörenden Kräften mit sich. Der Schamane überlebt nicht nur die Prüfung einer entkräftenden Krankheit oder eines Unfalls, sondern er heilt sich in deren Verlauf selbst. Die Krankheit wird auf diese Weise zum Vehikel, das ihn auf eine höhere Bewußtseinsebene trägt. Die Entwicklung vom Stadium der seelischen und körperlichen Auflösung zum Schamanisieren wird durch die Erfahrung der Selbstheilung bewirkt. Der Schamane – und nur der Schamane – ist ein Heiler, der sich selbst geheilt hat; und als geheilter Heiler kennt nur er allein sich wirklich im Reich von Krankheit und Tod aus.

Der Tunguse Semjonow Semjon beschreibt lakonisch, wie ihn eine Krankheit dazu trieb, Schamane zu werden: „Bevor ich anfing zu schamanisieren, lag ich ein ganzes Jahr krank darnieder. Im Alter von fünfzehn Jahren wurde ich Schamane. Die Krankheit, die mich auf diesen Pfad zwang, trat als ein Anschwellen meines Körpers sowie in Form von häufigen Ohnmachtsanfällen auf. Wenn ich jedoch zu singen begann, verschwand die Krankheit gewöhnlich sofort."[16]

Obwohl die Krankheit des Schamanen häufig dem Eindringen böser Geister zugeschrieben wird, hat eine solche Besessenheit gewöhnlich doch heilsame Folgen. Im Verlauf einer Reihe von oft dramatischen und qualvollen Kämpfen mit den Geistern erleben die Schamanenanwärter ein gewaltiges Ringen mit den schwer zu bezwingenden seelischen und körperlichen Mächten, die bis dahin ihr Leben heimgesucht haben. Dieses Ringen schult sie für künftige Begegnungen ähnlicher Art, die sie stellvertretend für andere durchstehen werden. In der Tat hebt die Fähigkeit des Schamanen, Geister zu unterwerfen, zu kontrollieren, zu besänftigen und zu lenken, ihn von gewöhnlichen Menschen ab, die diesen Gewalten hilflos ausgeliefert sind.

Obschon der *Mara´akáme* der Huichol, Matsúwa, viele beschwerliche Pilgerreisen nach *Wirikúta* (dem Heiligen Land des Peyote) auf sich genommen hatte, obwohl er viel Zeit allein der Wildnis verbracht hatte, wurde er doch nicht zum Schamanen, bevor er nicht den Verlust seiner rechten Hand und die Verstümmelung seiner Linken erduldet hatte, beides Unfälle, die ihm zustießen, als er in seinen Dreißigern war. Erst danach begann er, seine Kraft zu erkennen, und sein schamanisches Wirken wurde klar und stark.

Ramón, Matsúwas Schüler, scheint seine Schamanenkraft ebenfalls durch Krankheit erlangt zu haben. Ramón erinnert sich, daß er bereits in jungen Jahren anfing, seltsame und ungewöhnliche Träume zu haben. „Es begab sich eines Nachts, daß *Tayaupá* (Unser Vater, der Sonn*) zu mir sprach. Er sagte: ‚Schau, mein Sohn, gräme dich nicht. Du mußt noch ein wenig wachsen, damit du ausgehen und weise werden kannst, so daß du nach dir selbst sehen kannst.' Er sagte: ‚Gräme dich nicht, mein Sohn. Eines Tages wird es sehr gut um dich stehen.' Ich hörte alles. Ich sah mein Leben vor mir. Und ich war überglücklich."[17]

Als Ramón acht Jahre alt war, wurde er von einer Giftschlange gebissen. Sein Großvater, ein *Mara´akáme*, offenbarte, daß Ramón selbst eines Tages ein großer Schamane sein würde, falls er diese furchtbare Prüfung überlebte.

---

* Der Mensch empfindet von jeher die Sonne als männlich und den Mond als weiblich. Im Gegensatz zum Deutschen ist in den meisten Sprachen, in denen das Geschlecht von Substantiven unterschieden wird, dieses „natürliche Geschlecht" erhalten. Da dieses natürliche Geschlecht in der Weltsicht einiger Schamanen große Bedeutung hat, wurden die Begriffe Sonne und Mond an den entsprechenden Stellen mit „der Sonn" und „die Mondin" übersetzt. (Anm. d. Übers.)

Sechs Monate lang war Ramón gelähmt und litt schreckliche Schmerzen. Während dieser langen Krankheit dachte der Junge, der die meiste Zeit allein war, über das nach, was ihm offenbart worden war. Nach seiner Genesung begann er, die Bestimmung anzunehmen, die sich vor ihm auftat, und er folgte dem Willen der Götter.[18]

Ein Bericht von A. Popov über die Einweihung eines tungusischen Schamanen zu Beginn dieses Jahrhunderts vermittelt eine Vorstellung vom psycho-symbolischen Kontext der schamanischen Krankheit. Von den Pocken befallen blieb der künftige Schamane drei Tage lang bewußtlos und war dem Tode so nahe, daß er am dritten Tag fast begraben worden wäre. Er sah sich selbst in die Hölle hinabfahren, und nach vielen Abenteuern verschlug es ihn auf eine Insel, in deren Mitte eine Birke stand, die bis an den Himmel reichte. Diese war der Baum des Herrn der Erde. Und der Herr gab ihm einen Ast, damit er sich davon eine Trommel mache. Als nächstes kam er an einen Berg. Er schlüpfte durch eine Öffnung und traf einen nackten Mann, der vor einem gewaltigen Feuer unter einem Kessel den Blasebalg bediente. Der Mann fing ihn mit einem Haken, trennte seinen Kopf ab, hackte seinen Körper in Stücke und warf diese in den Kessel. Darin kochte er den Körper drei Jahre lang und schmiedete ihm dann einen Kopf auf einem Amboß. Schließlich fischte er die Knochen auf, die in einem Fluß schwammen, setzte sie zusammen und bedeckte sie mit Fleisch. Während seiner Abenteuer in der anderen Welt traf der künftige Schamane auf etliche halbgöttliche Wesen, und jedes enthüllte ihm Lehren oder brachte ihm die Geheimnisse der Heilkunde bei. Als er in seiner Hütte erwachte, war er eingeweiht und konnte anfangen zu schamanisieren.[19]

Der oft furchterregende Abstieg des Initianden in die Unterwelt der Leiden und des Todes kann sich als symbolische Zerstückelung, Ausschütten der Körpersäfte, Abschaben des Fleisches von den Knochen und Herausnehmen der Augen darstellen. Wenn von ihm nicht mehr als ein Skelett übrig ist und die Gebeine gesäubert und gereinigt sind, kann das Fleisch unter den Geistern der verschiedenen Krankheiten, welche die menschliche Gemeinschaft heimsuchen, verteilt werden. Die Knochen sind alles, was vom Schamanen bleibt, aber gleich einem Samen wohnt den Knochen die Kraft zur Wiedergeburt inne. Diese Knochensaat wird mit neuem Fleisch bedeckt, und dem Schamanen wird neues Blut eingegossen. In dieser verwandelten Verfassung wird dem Wiederauferstandenen Wissen einer besonderen und heiligen Art zuteil, und er erwirbt die Heilkraft, meistens von seiten seiner Helfergeister. Das schwere Leiden des Initianden und die folgende Erfahrung der Transzendenz und des Wissens heiligen diesen Menschen, und die Wiederherstellung nach der Krise, die seinen Körper während der furchterregenden Reise erstarren ließ, bestätigt den Schamanen als einen, der dem Tod begegnet ist und wiedergeboren wurde.

Matsúwa wurde von Unfällen verstümmelt. Ramón wurde von einer Giftschlange gebissen. Der Tungusen-Schamane lag mit Pocken und Fieber im Sterben. Uvavnuk, eine Netsilik-Eskimofrau, erlangte ihre Kraft in einem äußerst dramatischen Augenblick. Wie Rasmussen berichtet, stürzte ein Feuerball vom Himmel herab und traf Uvavnuk, so daß sie besinnungslos hinfiel. Als sie wieder zu Bewußtsein kam, war der Geist des Lichtes in ihr. Ihre große Kraft verwandte sie nur, um ihrem Volk zu helfen. Wenn sie sang, „wurden alle Anwesenden von der Last ihrer Sünden und Missetaten befreit; Bosheit und Falschheit verwehten wie Staub, den man von der Hand bläst." Und dies war ihr Lied:[20]

>Das große Meer treibt mich an,
>Es treibt mich um –
>Ich treibe wie eine Alge im Fluß.
>Der Himmelsbogen und der Stürme Macht
>Treiben den Geist in mir auf,
>Bis es mich fortträgt,
>Vor Freude bebend.

Die Knochensaat

Die Initiation zum Schamanen verlangt, daß sich der einzelne von allem löst, was seine Vergangenheit ausmacht. Unter den sibirischen Jakuten wohnt der Schamane beobachtend seiner eigenen Zerstückelung bei. In diesem Bewußtseinszustand lernt er das Reich des Todes kennen. Hier ein weiterer Bericht davon, wie ein Schamane sich selbst den geistigen Mächten opfert, die ihn unterweisen, indem sie ihn verzehren:

„Sie schneiden den Kopf ab und stellen ihn auf das höchste Bord in der Jurte, von wo aus er dem Zerhacken seines Körpers zusieht. Sie treiben einen Eisenhaken in den Leib, reißen die Gliedmaßen entzwei und verteilen sie. Sie säubern die Knochen, indem sie das Fleisch abschaben und alles Flüssige wegschütten. Sie reißen die Augen aus ihren Höhlen und legen sie auf die Seite. Das von den Knochen gelöste Fleisch wird auf den Pfaden der Unterwelt verstreut; sie sagen auch, daß es unter den neun oder dreimal neun Geistergeschlechtern, welche die Krankheiten hervorrufen, verteilt wird, wodurch er in Zukunft von deren Wegen und Eigenarten Kenntnis haben wird. Er wird in der Lage sein, die Leiden zu lindern, die ihr Werk sind; aber er wird nicht in der Lage sein, Gebrechen zu heilen, die das Werk von Geistern sind, die nicht von seinem Fleisch gegessen haben."[21]

Schamanen, die sich der „großen Aufgabe" geopfert haben und zum Sakrament für die Geistkräfte geworden sind, erlernen die Kunst des Sterbens und erlangen von den Geistern, die ihr Fleisch verzehrt haben, das Wissen, besondere Krankheiten zu heilen. Kraft der Kenntnis jener Krankheiten, von denen sie selbst heimgesucht wurden, sind sie in der Lage, anderen Heilung zu bringen, die sich ähnlichen Erfahrungen ausgesetzt sehen. Das Reich der Krankheiten ist ihnen offenbar worden, und jetzt können sie die Leidenden durch den Bereich der Krankheit und selbst des Todes führen.

Für Jäger- und Sammlervölker stellt das Gebein gleich der Saat den Ursprung allen Lebens dar. Sich selbst des Fleisches zu entledigen, bis nur noch das Skelett übrig ist, stellt einen Vorgang der Rückkehr in den „Schoß des Lebens" dar, wie Mircea Eliade es genannt hat,[22] um in einer mystischen Form neu geboren zu werden. Außerdem gilt der Knochen – wie der Bergkristall oder ein Samenkorn – als der bleibende Ursprung, aus dem Licht und Leben neu hervortreten. Schamanen entledigen sich wie andere religiöse Asketen ihres Fleisches, bilden ihre Körper zu jenem geheimnisvollen, dauerhaften Stoff zurück, der gleich dem flüssigen Samen das befruchtende Prinzip darstellt, das jederzeit fähig ist, sich selbst fortzupflanzen, und gleich dem heiligen Bergkristall den reinen Leib abgibt, den Diamantleib, das Gebein fließenden Lichts.

Schamanen auf der ganzen Welt haben eine besondere Beziehung zu Feuer, Hitze und Licht. Die vedische Wurzel *sram* bedeutet „sich aufheizen", und der Schamane ist nicht nur der Meister des Feuers, sondern auch die Verkörperung einer derart gewaltigen Hitze, daß sein geistiges Leuchten sowohl für Reinheit als auch für Wissen steht. Ein Eskimo-Schamane erklärte Rasmussen: „Jeder echte Schamane muß eine Erleuchtung in seinem Körper spüren, im Inneren seines Kopfes, etwas, das wie Feuer glüht, das ihm die Kraft gibt, mit geschlossenen Augen in der Dunkelheit zu sehen, tief hineinzuschauen ins Verborgene, in die Zukunft oder in die Seele eines anderen Menschen. Ich spürte, daß ich im Besitz dieser Gabe war."[23]

Der Knochen hat wie der Kristall oder ein Samen zwei Aspekte und stellt sowohl den Quellgrund des Lebens dar wie auch das, was unvergänglich ist.[24] Rasmussen erklärt das dadurch, daß die Knochen nach dem Tod am längsten der Einwirkung von Sonne, Wind und Wetter widerstehen. Durch die Befreiung vom verwesenden und vergänglichen Fleisch hat der Schamane Zugang zum ewigen Sein, vermag sich stets aus seinen Knochen neu zu gebären.[25] Die Zerstückelung und Wiederherstellung des Schamanen stellt also das Wesen des Schöpfungsaktes dar, der in Urzeiten stattfand.

Der Heilige Baum

Die endlichen Dimensionen des Daseins werden durch die Wiedergeburt des Schamanen aus den Gebeinen transzendiert. Zur Auffahrt ins himmlische Reich der Sonne, ins Land der Erleuchtung, kann ihm die Trommel als Vehikel dienen. „Die Trommel ist unser Pferd", sagen die Jakuten.[26] Der Rhythmus der Trommel trägt den Schamanen durch die Wurzeln des Weltenbaumes aus der Unterwelt den Stamm hinauf, der die mittlere Welt oder die irdische Ebene durchstößt, bis hin zur Spitze des Heiligen Baumes, dessen Krone die himmlischen Sphären umspannt.

Dieser Heilige Baum, Pfad zur Wiedergeburt und Symbol des Ortes, in dem die Gemeinschaft in eins zusammenfließt, hält die Gesellschaft zusammen, indem er ihre Energie auf seine kraftvolle Mitte ausrichtet. Er ist zugleich das Mittel zur Erlangung einer transzendenten Schau der Kultur, indem er den Geist himmelwärts leitet. Da der Schamane in ständiger Verbindung zu dieser „Weltachse" steht, ist er auch der, der in der Gemeinschaft für Gleichgewicht und Stabilität sorgt und jenen Einklang erzeugt, in dem das Leben gründet. Ist dieses kostbare Gleichgewicht dahin, gehen auch die Versinnbildlichungen der Tiefenstrukturen einer Kultur verloren, so als zerfiele das Skelett zu Staub und es gäbe keine Urformen mehr.

Der große indianische Seher Black Elk (Schwarzer Hirsch), ein Oglala-Sioux, erhielt in einer Vision einen leuchtend roten Stock. Der Stock war lebendig, und als er ihn ansah, „keimte er an der Spitze und trieb Zweige, und an diesen Zweigen sprossen Blätter und rauschten leise, und im Blattwerk begannen die Vögel zu singen. Und dann war (ihm), als sähe (er), nur für einen Moment, drunten im Schatten die Dörfer der Menschen im Kreis und alle Lebewesen mit Wurzeln, Beinen oder Flügeln, und alle waren sie glücklich."[27] Später trauerte Black Elk: „Es gibt keine Mitte mehr, der Heilige Baum ist tot."[28]

Der Flug des Geistes

Der Geist des Schamanen fährt auf, durchbricht die Ebene des Todes und schwingt sich empor zu einem Ort jenseits der Zeit. Der flügelschlagartige Rhythmus der Trommel sowie der Tanz und die Stimmlage beim Gesang entrücken den Geist des Schamanen in Bereiche weit jenseits alles Alltäglichen, machen ihn zu einem Boten auf dem Flug über die gefährliche Schwelle der Dämmerung hinweg, wo sich die nächtliche Traumwelt und das Licht des Tages begegnen und miteinander verschmelzen. Er verwandelt sich in einen Vogel – Flügel und Leib des Seelenvogels sind eins mit der Seele des Schamanen, die Trennung zwischen ihm und seinen Helfern aus der Tierwelt verschwindet. Natur, Kultur und Übernatur gehen ein in das Feld des transzendenten Bewußtseins.

Die Federn, die – an Gebetspfeilen, Heilruten, Stäben, gefiederten Umhängen und Kopfschmuck – so oft dem schamanischen Ritual zugehören, versinnbildlichen nicht nur den Aufstieg der Schamanenseele in den himmlischen Bereich, sondern auch die goldenen Strahlen der Geistessonne, das Licht des erwachten Bewußtseins, das nicht von der Schwerkraft, den Grenzen des Raumes, der Stofflichkeit und den Schranken der Zeit beengt ist.

Auch der Gesang verleiht dem Schamanen Flügel, der Vogelgesang seiner tierischen Schutzgeister. Der Schamane erliegt der „Inkantation", dem bezaubernden Einsingen; es ist der Atem des Gesanges, der ihn in ein Himmelswesen oder einen Seelenvogel verwandelt. Die Jakuten berichten: „Geheimnisvolle Geräusche sind zu hören, manchmal von oben, manchmal von unten, manchmal vor oder hinter dem Schamanen. Du denkst, du hörst den klagenden Ruf des Kiebitz, der sich mit dem Krächzen des Falken mischt und vom Pfeifen der Waldschnepfe unterbrochen wird – dies alles ist die Stimme des Schamanen mit wechselndem Tonfall, so daß sich in deinen Ohren das Schreien der Adler mit dem Klagen des Kiebitz, den spitzen Tönen der Waldschnepfe und dem Kehrreim des Kuckucks mischt."[29] Und Richard Erdoes hat die heiligen Gesänge seiner Sioux-Freunde als die Rufe von Zugvogelschwärmen beschrieben, ein Klang, der den Hörer auf den Flug mitnimmt.

Während ihrer Initiationstrancen finden sich einige flügge werdende sibirische Schamanen in die Krone des Weltenbaumes versetzt, wo sie in Nestern aufgezogen werden: „Droben in der Höhe steht ein besonderer Baum. Dorthin werden die Seelen der Schamanen erhoben, bevor sie ihre Kräfte erlangen. Auf den Zweigen dieses Baumes sind Nester, in denen die Seelen der Schamanen ruhen und umsorgt werden. Der Name des Baumes ist *Tuuru*. Je weiter oben im Baum das Nest liegt, desto stärker wird der Schamane sein, der in ihm aufgezogen wird, desto mehr wird er wissen und desto weiter wird er sehen."[30]

Der Vogelschamane, der zum erstenmal in der Steinzeit, wenn nicht noch früher, auftaucht und der heute noch von der Arktis bis hinunter in die südlichen Ausläufer Amerikas anzutreffen ist, ist in etlichen Magdalénien-Höhlen in Zentralfrankreich eindrucksvoll bildlich dargestellt. Tief in einer Kammer an der Rückwand des großen Labyrinths der Höhle von Lascaux findet sich ein geheimnisvolles Gemälde aus paläolithischen Zeiten. Zur Rechten zeigt es einen Wisentbullen, dessen Eingeweide aus einer Bauchwunde quellen, während ein Speer sein Hinterteil vom After bis zu den Geschlechtsteilen durchbohrt. Der Kopf des verwundeten Tiers ist zur Seite gewandt, als starrte es seine hervorquellenden Innereien an. Zur Linken scheint sich ein Nashorn, unter dessen Schwanz Kotklumpen zu sehen sind, davonzumachen. Und zwischen diesen sorgfältig ausgeführten Figuren liegt ein nur grob skizzierter Mann. Er trägt eine Vogelmaske, seine Hände sind Klauen, und sein steifes Glied deutet auf den verwundeten Bullen. Unterhalb des hingestreckt daliegenden Mannes befindet sich ein Stab, auf dem ein Vogel hockt. Die Gestalt stellt zweifellos einen Schamanen dar, einen Zauberer in Trance, dessen Geist sich auf einem mystischen Flug befindet. Dies läßt uns nicht nur die Tatsache vermuten, daß sein Glied steif ist, ein Umstand, der bei Traum- oder Trancezuständen nicht selten auftritt, sondern auch die

Vogelmaske, die sein Gesicht schmückt, seine Klauen und der Vogelstab, der den Schamanenstäben in aller Welt ähnelt und auf den Flug des Geistes deutet.[31]

Dieses Bild vom Flug des Geistes als Vogel, wie es vor etwa fünfzehntausend Jahren in dieser Initiationskammer dargestellt wurde, hat sich über die Zeit und in vielen Kulturen gehalten: als Schwan in Indien, als Papagei, Falke oder Adler bei den Indianern, als Gans in Sibirien oder als Taube in Europa. Die von der Trance herbeigeführte Entrückung, während der die Seele in Ekstase den Körper verläßt und in das Reich der Geister und Götter fliegt, ist in der Tat ein Akt der Transzendenz.

In der Initiationserfahrung, die ein Schamane durchläuft, rücken die mythischen Bilder, die ins Gesellschaftsgewebe eingesponnen sind, jedoch nicht nur spontan ins Blickfeld, sie werden oft sogar in Szene gesetzt und in ihrer Gestalt und Bedeutung allen offen vor Augen geführt. Die Initiationskrise und die Erfahrung von Tod und Wiedergeburt stellen somit kein Herausreißen des einzelnen aus seinem kollektiven Kontext dar. Es handelt sich vielmehr um die Vertiefung der Muster, die den Bereich des Heiligen und Nicht-Geschichtlichen ordnend gliedern, jenen Bereich, der den vergänglichen Firnis menschlicher Kultur aufrechterhält. Die Entwicklungsrichtung, welche die Psyche in Folge der Krise einschlägt, wird jedoch nicht von der Gesellschaft festgesetzt oder zugeschnitten. Es ist vielmehr so, daß sich der Geist des Schamanen am Kosmos ausrichtet – sein Seinsgrund ist das Universum, und der Bereich des Lebens wird ausgeweitet, um *alle* Dimensionen des „unverborgenen Seins" zu umfassen.

Im Einklang mit allen Welten und Seinsebenen lehrt der Schamane durch sein eindringliches Beispiel, daß Krankheit ein Durchgang zu einem höheren Leben sein kann. Das Bild der Heilung, wie es durch den Schamanen verkörpert ist, zeigt uns die Krankheit als Ausdruck eines tiefgreifenden Wandlungsimpulses im menschlichen Organismus.

SCHAMANISCHES GLEICHGEWICHT

Der Schamane ist ein geheilter Heiler, der die Bruchstücke seines Leibes und seiner Seele wieder gesammelt und durch ein persönliches Wandlungsritual viele Ebenen der Lebenserfahrung in sich zu einem gefügt hat: Körper und Geist, das Alltägliche und Nicht-Alltägliche, den einzelnen und die Gemeinschaft, Natur und Übernatur, das Mythische und das Historische, Vergangenheit, Gegenwart und Zukunft. Die Schwelle der Initiationserfahrung ist das Zwielicht der Dämmerung.

Der Schamane, Meister der Reiche von Himmel, Erde und Unterwelt, ist ein Mensch, der mit der Fähigkeit begabt ist, sich in tiefe Trancezustände zu begeben, ein „Techniker der Ekstase", wie Mircea Eliade ihn treffend genannt hat. In diesen Zuständen ist der Schamane offen für den Kontakt mit Helfern aus der Tier- und Geisterwelt. Oder er läßt seinen Körper hinter sich wie eine Hülle, während die Seele in himmlische Regionen auffährt oder hinab in die Unterwelt von Leiden und Tod. Die Kenntnis dieser Sphären ermöglicht es dem Schamanen, die Seelen der Kranken wiederzufinden, die der Verstorbenen zu führen und unmittelbare Beziehungen zu himmlischen Wesen aufzunehmen. Bei anderen Gelegenheiten kann der Körper des Schamanen zum Gefäß für Wesen werden, welche die leiblich-menschliche Form in Besitz nehmen und sich über sie mitteilen, wodurch die Geisterwelt gegenwärtig, lebendig und zugänglich wird.

Als Mittler zwischen den Reichen des Göttlichen, der Unterwelt und der mittleren Welt wird der Schamane zum Meister der Schwellenerfahrung und stellt sich buchstäblich auf des Messers Schneide, um so einen Aspekt zum Ausdruck zu bringen, der jeder Form von Schamanismus eigen ist: das schamanische Gleichgewicht. Die Anthropologin Barbara Myerhoff berichtet, wie ihr von ihrem Freund, dem Huichol-Schamanen Ramón Medina Silva, ein anschauliches Beispiel für schamanisches Gleichgewicht gegeben wurde:

Vor einigen Jahren wurde mir durch den Kontakt mit den Huichol in Zentralmexiko die Bedeutung und Notwendigkeit eines Höchstmaßes an Gleichgewicht für den Schamanen erstmals bewußt. Ich hatte einige Zeit mit einem *Mara'akáme* oder Schamanen der Huichol namens Ramón Medina Silva gearbeitet. Eines Nachmittags unterbrach er ohne ein Wort der Erklärung unsere Sitzung, in der ich seine Erzählungen über die Mythen seines Stammes auf Band aufnahm, und führte eine Gruppe von Huichol und mich zu einem Platz außerhalb seiner heimatlichen Umgebung.

Wir gelangten in eine Gegend steiler Schluchten, die ein reißender Wasserfall, der über schroffe, schlüpfrige Felsen einhundert Meter in die Tiefe stürzte, in den Stein geschnitten hatte. Am Rande des Wasserfalls zog Ramón seine Sandalen aus und verkündete, dies sei ein besonderer Ort für Schamanen. Dann begann er, von Stein zu Stein über den Wasserfall zu springen, wobei er häufig mit vornübergebeugtem Körper, ausgespreizten Armen und zurückgeworfenem Kopf innehielt und so ganz wie ein Vogel bewegungslos auf einem Bein in Schwebe blieb. Er verschwand, tauchte wieder auf, hüpfte herum und erreichte schließlich die andere Seite.

Ich war durch die Vorführung erschreckt und verwirrt, aber keiner der Huichol schien irgendwie beunruhigt. Die Frau eines der älteren Huichol erzählte mir, daß ihr Mann einst begonnen hatte, ein *Mara'akáme* zu werden, aber daß er gescheitert war, weil es ihm am nötigen Gleichgewicht fehlte. Ich nahm an, daß sie auf seine soziale und psychische Labilität anspielte, denn er war Alkoholiker und somit ein Außenseiter. Ich wußte, ich hatte einer virtuosen Vorführung von Gleichgewicht beigewohnt, aber erst am folgenden Tag, als ich das Ereignis mit Ramón besprach, begann ich zu verstehen, was wirklich vorgefallen war.

„Der *Mara'akáme* muß ganz besonders im Gleichgewicht sein", sagte er und veranschaulichte seine Aussage, indem er seine Finger auf seinem Geigenbogen entlangmarschieren ließ. „Andernfalls wird er sein Ziel nicht erreichen und nach der einen oder anderen Seite hinabfallen." Dabei stürzten seine Finger in einen imaginären Abgrund. „Man geht hinüber; es ist sehr schmal, und ist man ohne Gleichgewicht, wird man von den Tieren gefressen, die in der Tiefe warten."³²

Die Reise des Schamanen, wie Myerhoff sie beschreibt, macht deutlich, daß immer noch eine Verbindung zwischen der vertrauten Welt des Alltagsdaseins und einem paradiesischen Reich ohne Leiden besteht, einer mythischen Welt, die vor den uranfänglichen Aufspaltungen existierte, durch die eine harmonische und göttliche Vorzeit zerstört wurde. Von jenem Bruch an ist die Situation des Sterblichen durch Trennung und Verlust gekennzeichnet. Dieser Zustand wird symbolisch geheilt, wenn der Schamane sich zum magischen Flug aufschwingt.³³

Der Schamane, der die *axis mundi*, den Weltenbaum, erklommen hat, kennt die Nabe von Leben und Tod, Himmel und Erde, den Ruhepunkt zwischen den Gegensätzen, und hat die Auflösung des Getrenntseins wie auch die Erlangung des Gleichgewichts im Unendlichen erfahren. Das Kreiseln seines Tanzes entrückt ihn in die Stille der zeitlosen Mitte. Hier singt der Kwakiutl-Indianer: „Ich bin die Mitte der Welt!"

Als Black Elk, der heilige Mann und Seher, auf dem Gipfel des Harney Peak stand, erlangte er die mystische Schau des Universums als eines Kosmos der Harmonie und des Gleichgewichts jenseits aller Gegensätze: „Dann stand ich auf dem höchsten Berg, und unter mir im Rund sah ich den ganzen Weltenkreis, und während ich dort stand, sah ich mehr, als ich sagen kann, und ich verstand mehr, als ich sah, denn ich schaute nach heiliger Art die Gestalten der Dinge im Geist und die Gestalt aller Gestalten, wie sie in Eintracht leben müssen als ein Sein. Und ich sah, daß der heilige Reif meines Volkes einer von vielen Reifen war, die einen Kreis bildeten, weit wie das Licht des Tages und der Sterne, und in der Mitte sproß ein mächtiger, blühender Baum, um allen Kindern der einen Mutter und des einen Vaters Schutz zu geben. Und ich sah, daß er heilig war."³⁴

Der heilige Politiker

Zur Aufgabe des Schamanen gehört es, das Gleichgewicht innerhalb der menschlichen Gemeinschaft zu erhalten wie auch in ihrem Verhältnis zu den Göttern oder göttlichen Kräften, die das Leben der Kultur lenken. Wenn diese verschiedenen Seinssphären aus dem Gleichgewicht geraten, liegt es in der Verantwortung des Schamanen, die verlorene Harmonie wiederherzustellen.

Als ich mich in Mexiko im Land der Huichol aufhielt, war mir klar, daß Matsúwa nicht nur ein Schamane, sondern auch ein Politiker, ein heiliger Politiker war. Seine politische Einflußnahme geschah nicht nur durch die Zeremonien, zu denen sich die Gemeinde versammelte, um die Götter zu feiern, sondern auch durch seine persönliche Beratung, die er allen Notleidenden angedeihen ließ. Dennoch sind die uralten Rituale, welche die Jahrtausende überdauert haben, das wahre Herz der Huichol-Gemeinschaft und stellen ihre Verbindung zu einer unerschöpflichen und heiligen Vergangenheit dar. Kommt es zu sozialen Zwistigkeiten und Streit, so lösen sich diese meist in jenem zeitlosen Geschehen.

Ich entsinne mich, wie Matsúwa am Ende der zweiten Nacht der Trommelzeremonie *Wima'kwari* Angehörige verschiedener Gruppen der Gesellschaft dazu drängte, sich vor ihn auf den heiligen Grund zu stellen. Er berührte mit seinen Gebetsfedern (*Muviéri*) Gegenstände, die mit der Kraft der Lebensenergie (*Kupúri*) durchtränkt waren, und übertrug diese kostbare Essenz auf all jene, die ihrer bedurften – ein Vorgang ähnlich der Übertragung von Shakti von einem Hindu-Guru auf seinen Schüler. Dadurch bewirkte Matsúwa einen Ausgleich einer sozialen Situation, die offenbar in der Gemeinschaft zum Problem geworden war. Zudem rückte er sein Volk in das eigentliche Kraftfeld – das Feld einer Kraft, welche die Menschen in die Lage versetzt, den wahren Sinn ihres Lebens zu sehen und zu verstehen.

Der androgyne Schamane

Die Auflösung der Gegensätze – von Leben und Tod, Licht und Dunkel, männlich und weiblich – und die erneute Zusammenfügung aus den Bruchstücken ist ein durchgängiger Impuls in der Initiationserfahrung und dem Wandlungsprozeß, die der Schamane durchläuft. Das, was zu Urzeiten ganz war und nun zerbrochen ist, in seinen ursprünglichen Zustand zurückzuführen, stellt nicht nur einen Akt der Einung dar, sondern auch ein Wiedererinnern einer Zeit, als es noch eine „heile" Wirklichkeit gab. In vielen Fällen bringt das schamanische Initiationsritual den Initianden in Beziehung zu einem mythischen Ursprung und verbindet den einzelnen so mit einem Kontinuum, welches die Schranken der *conditio humana* transzendiert. Der Initiand nimmt schließlich das Mysterium der Ganzheit, die in jedem Augenblick schon gegeben war, in sich auf und wird im Vorgang einer tiefgehenden Erinnerung eins mit diesem Ganzen. Die gelegentliche Androgynie des Schamanen ist ein Aspekt des Paradieses, in dem die Zwei zur Eins wird. Im Tod der Teilung lösen sich alle weltlichen Unterscheidungen auf, und das Gleichgewicht ist wiederhergestellt.

Androgynie als Auflösung des Paradoxons der sexuellen Sphäre hat eine uralte Geschichte, und ihre Äußerungen in den Bereichen heiligen Verhaltens sind äußerst vielfältig. Während den Initiationsmysterien, wie beispielsweise der Wahl eines Schamanen, kann die Androgynie zu zwei bedeutsamen Augenblicken in diesem heiligen Kontinuum in Erscheinung treten: am Anfang und am Ende. Die Initiation befreit die Gegensätze und die umherirrenden Pole aus ihrer leidvollen Trennung. Sie bereitet den Boden für die rituelle Wiederholung des Schöpfungsaktes, für den Tod der Entzweiung und die Wiedergeburt der Einheit, indem sie, wenn vielleicht auch nur für ein Augenblick, alle Widersprüche versöhnt und den Initianden das Paradox der göttlichen Wirklichkeit erkennen läßt.

Der Schamane muß in die Ganzheit eingehen und diese schließlich verkörpern. Wie jene Geister der Krankheit, die den Körper während der Initiationskrise verzehren, Heilkraft verleihen, indem sie dem Schamanen unmittelbare Kenntnis des betreffenden Zustands gewähren, gibt das unmittelbare Erleben der geschlechtlichen Ganzheit, das sich oft in der Übernahme der Rolle des anderen Geschlechts ausdrückt, dem Schamanen die Möglichkeit, das Frausein oder Mannsein zu erkennen und zu verstehen und so letztlich ganz zu werden.

Sanfte Männer

In Sibirien scheinen androgyne Schamanen besonders häufig zu sein. Waldemar Bogoras berichtet von der Geschlechtsumwandlung des Tschuktschen-Initianden. Der Geistverbündete, *Ke'let*, verlangt, daß der junge Mann ein „sanftes Mannwesen" werde. Unter den halbwüchsigen Schamanen kam es in Folge ihrer Weigerung, dieser Auflage nachzukommen, oft zum Selbstmord. Dennoch fügen sich viele in die Rolle – trotz ihrer sozialen und psychischen Ambivalenz. Der Wandlungsprozeß wird von den Geistern angekündigt, indem sie den jungen Mann anleiten, sein Haar nach Frauenart zu flechten. Als nächstes schreiben die Geister ihm in Träumen vor, sich Frauenkleider anzulegen. (Schamanische Heiler flechten gelegentlich das Haar eines Kranken oder ziehen ihm Frauenkleider an, um ihn für die Krankheitsgeister unkenntlich zu machen und den weiteren Ablauf der Heilrituale zu fördern.)[35]

Die dritte Stufe dieser Einweihung bringt eine tiefere Feminisierung des Schamanen mit sich. Der Jugendliche, der sich dem Vorgang unterzieht, läßt von seinen männlichen Verhaltensweisen und Handlungsmustern ab und übernimmt die weibliche Rolle. Bogoras berichtet: „Er wirft das Lasso des Rentierhirten und die Harpune des Robbenjägers hin und greift zu Nadel und Kürschnermesser." Seine Geister leiten ihn und lehren ihn Frauenart. Seine Ausdrucksweise ändert sich wie sein Verhalten und in gewissen Fällen sogar sein Körper. „Er verliert seine männliche Stärke, seine

Schnellfüßigkeit im Rennen, seine Ausdauer im Ringen und gelangt so in den Zustand weiblicher Hilflosigkeit. Selbst sein Äußeres ändert sich. Der Verwandelte verliert seinen Mut und Kampfgeist und wird Fremden gegenüber scheu, ja, er gewinnt sogar Gefallen an Klatsch und Kinderpflege. Allgemein kann man sagen, er wird zu einer Frau mit dem Aussehen eines Mannes."[36]

Diese Wandlung kann auch einen tatsächlichen Wechsel der Geschlechterrolle beinhalten. Der „sanfte Mann" erfährt sich schließlich selbst sexuell als Frau. Mit Hilfe seiner Geistverbündeten ist er in der Lage, die Aufmerksamkeit in Frage kommender Männer auf sich zu ziehen, von denen er sich einen zum Ehemann wählt. Die beiden heiraten und leben als Mann und Frau oft bis zum Tode zusammen und nehmen dabei die ihnen zugewiesenen sozialen und sexuellen Rollen wahr. Gewisse sibirische Schamanen berichten von verwandelten Schamanen, die sowohl Tiere als auch menschliche Wesen geboren hätten.[37]

Androgynie als Einung der Gegensätze findet sich auch unter den Ngadju-Dajak. Dieses Volk bezeichnet solche Schamanen als *Basir* (zeugungsunfähig, steril). Die *Basir* kleiden sich in weibliche Gewänder und schlüpfen in eine weibliche soziale Rolle. Mircea Eliade glaubt, daß die Bisexualität und Sterilität der *Basir* daher rührt, daß diese Schamanen als Mittler zwischen zwei kosmologischen Ebenen, Erde und Himmel, angesehen werden und sie in ihrer Person das weibliche Element (Erde) mit dem männlichen Element (Himmel) verbinden.[38]

In früheren Zeiten zog sich der Schamane der Meer-Dajak nach Vollendung seiner Einweihung Frauenkleider an, die er für den Rest seines Lebens trug. Heute wird dieser Brauch nur noch unter besonderen Umständen gepflegt. Wenn dem Schamanen dreimal im Traum befohlen wird, sich als Frau zu kleiden, schlüpft er trotz des Spotts der Dörfler in diese Rolle. Diesem Ruf nicht zu folgen, hieße den Tod herausfordern. Es ist für manche, die sich dieser Wandlung unterziehen, nicht ungewöhnlich, daß sie sich tiefen Ängsten ausgesetzt sehen.[39] Bogoras berichtet von dem Entsetzen, das jene Schamanen, die eine Umwandlung vom Mann zur Frau durchmachen, überkommt.[40] Unter den Korjaken jedoch hielt man androgyne Schamanen für die mächtigsten Zauberer.[41] Und Bogoras bemerkte, daß die Tschuktschen ihre Witze nur flüsternd rissen, da die Leute in Angst und Schrecken vor jenen umgewandelten Schamanen lebten.[42]

Kriegerweiber

Weibliche Schamanen können ähnliche Wandlungen erleben, obwohl Berichte von solchen Fällen eher rar sind. Nach einer Phase äußerster Zurückgezogenheit in den Wäldern kleidete sich Liomki, eine Toradjafrau, wie ein männlicher Krieger und wurde zum Medium für den Ahnengeist, der ihrem Volk verkündete, es sei nicht länger nötig, die Felder zu bestellen oder das Vieh zu hüten. Die Kopfjägerei war gesetzlich verboten worden, und die Menschen hatten Angst, daß die Geister sie fressen würden, weil sie nicht mehr in der Lage waren, die hungrigen Geister mit den Köpfen erschlagener Feinde zu füttern. Also machten sich die Diener des Kultes daran, ein großes Kanu auf Stelzen zu bauen, ein Schamanenschiff, das sie himmelwärts in die Oberwelt befördern sollte, wo sie sich mit den Ahnengeistern vereinigen würden ohne zu sterben.[43]

Es gibt auch einen außergewöhnlichen Bericht von einer Kutenaifrau, einer Prophetin, die Männerkleidung anlegte und sich einem Trupp von Kriegern anschloß. „Männergleiche Frau" hatte in der Niederlassung der North West Company am Columbia River zusammen mit ihrem Mann gelebt, der dort als Dienstbote arbeitete. Nach ihrer Verwandlung verließ sie ihren Mann und heiratete in Folge ihrer Visionen eine andere Frau. Später, um 1812, begann sie, das Ende der indianischen Lebensweise und die Verwüstung der Welt durch zwei gigantische übernatürliche Wesen zu prophezeien. Nach dieser Katastrophe würde eine neue Morgenröte indianischen Lebens aufziehen.[44] Jede dieser beiden Frauen besaß eine messianische Persönlichkeit und war nicht nur einem psychischen und sexuellen Wandel unterworfen, sondern hatte auch mit einem Kulturwandel und einer gesellschaftlichen Veränderung zu tun.

Im folgenden erzählt der Eskimo Manelaq von einer alten Zauberin, die sich in einen Mann verwandelte. Diese Geschichte gibt uns eine Vorstellung von der Kraft der androgynen Schamanin, die Elemente aus der auf der Schwelle erworbenen Gleichgewichtslage heraus zu beeinflussen:

> Einst lebte eine alte Ziehmutter zusammen mit ihrer Adoptivtochter. Kein Mensch kümmerte sich um die beiden, und als die Leute zu neuen Jagdgründen aufbrachen, ließen sie sie zurück.
>
> Die Jagd war schlecht, und die Menschen waren hungrig und litten Not, und niemand wollte die alte Frau und ihre Adoptivtochter dabeihaben. Es machte ihnen nichts aus, wenn sie zurückblieben und des Hungers starben.
>
> Aber die alte Ziehmutter war eine große Schamanin, und als man sie mit dem Mädchen alleingelassen hatte und all ihre Nachbarn des Wegs gezogen waren, nahm sie die Gestalt eines Mannes an und heiratete ihre Adoptivtochter. Aus einer Weidenrute machte sie sich einen Penis, um ganz wie ein Mann zu sein, ihre eigenen Geschlechtsteile aber nahm sie heraus, wirkte einen Zauber über sie und verwandelte sie in ein Stück Holz; sie machte sie ganz groß und machte einen Schlitten daraus. Dann wollte sie einen Hund haben, und den machte sie aus einem Schneeklumpen, mit dem sie sich den Hintern gewischt hatte: einen weißen Hund mit einem schwarzen Kopf. Er wurde weiß, weil der Schnee weiß war, aber er kriegte einen schwarzen Kopf, weil am einen Ende des Schneeklumpens noch Scheiße klebte. So eine große Schamanin war sie, daß sie selbst zum Mann wurde, daß sie sich einen Schlitten machte und einen Hund dazu, um bei den Luftlöchern im Eis zu jagen.
>
> Zuerst litten sie Mangel. Die alte Ziehmutter wußte noch nicht recht zu jagen, aber dann fiel es ihr ein, mächtige Zauberworte auszusprechen; so begann sie, Robben

ans Haus zu locken. Es war früh am Morgen, und es dauerte nicht lange, da hörten sie eine Robbe unter dem Iglu im Boden scharren. Sobald sie sich ein Loch nach oben durch den Boden gewühlt hatte, packte die alte Ziehmutter sie und fing sie mit bloßen Händen. Dennoch wurden ihr die Hände bös zerkratzt und zerbissen.

Darauf zehrten sie von der Robbe, aber sobald diese aufgegessen war, sprach die alte Ziehmutter Zauberworte, um Füchse ans Haus zu locken. Es war früh am Morgen und es dauerte nicht lange, da konnten sie einen Fuchs am Eingang des Iglu scharren hören. Zuletzt fiel der Schneeblock einfach um, und ein kleiner Fuchs kam ins Haus. Nach dem ersten kam noch ein Fuchs, und so ging es fort. Die alte Frau und ihr Adoptivkind lebten in einem Doppelhaus, und erst als das halbe Haus ganz voller Füchse war, machte die alte Ziehmutter dem Locken der Tiere ein Ende. Aber freilich – da waren es schon so viele Füchse, daß das ganze Haus vom Boden bis zur Decke voll war. Darauf lebten sie von all den Füchsen, häuteten sie und aßen das Fleisch. Aus all den Fußballen der vielen kleinen Fuchspfoten bereiteten sie sich Unterlagen für ihre Schlafmatten; und sie fertigten sich Kleider und Decken aus den Fuchsfellen. Einige Zeit darauf kam ein Mann zu ihnen auf Besuch, und der erzählte später, als er wieder zu Hause war, die alte Frau und ihre Adoptivtochter seien über und über an Kleidern und Haaren mit Fuchsfett beschmiert, so sehr hätten sie in fetten Füchsen geschwelgt.

Sobald das Fuchsfleisch aus war, sprach die alte Ziehmutter Zauberworte, um Karibus ans Haus zu locken. Die Karibus strömten herbei, so viele, wie das große Doppelhaus nur fassen konnte und sogar mehr. Sie töteten die Karibus, und da es so viele waren, daß sie sie unmöglich allein aufessen konnten, sagten sie ihren alten Nachbarn Bescheid, aber nur denen, die gut zu ihnen gewesen waren, nicht denen, die ihnen den Hungertod gewünscht hatten. Und der Sommer kam, und das Karibufleisch war immer noch nicht ganz aufgegessen.

Die alte Ziehmutter hatte die Gewohnheit, eine Frau zu sein, wenn sich Besucher einstellten, und nur wenn die beiden unter sich waren, war sie ein Mann. Aber einst geschah es, daß ein junger Mann auf Besuch kam, während die alte Ziehmutter zur Jagd ausgezogen war. Wenn sie aber ein Mann war, so immer ein junger, schöner Mann, denn sie war eine große Schamanin.

Der junge Gast kam ins Haus und sah, daß das junge Mädchen damit beschäftigt war, eine Jacke für einen Mann zu nähen; sie machte kleine, feine Stiche. Er hatte sich noch nicht lange im Haus aufgehalten, als die alte Ziehmutter zurückkam, ohne zu wissen, daß ein Fremder da war, und der Besucher sah deutlich vorm Fenster eine Männerjacke flattern. Aber als der Mann zum Durchgang herein ins Haus trat und den Besucher vorfand, da sank er plötzlich auf die Knie und wurde zur alten Frau. Dies daher, weil sie sich schämte. Als die Adoptivtochter das sah, brach sie in Tränen aus; sie weinte vor Kummer, weil sie ihren Mann verloren hatte, der so gut für sie gejagt hatte.

Aber als der junge Mann davonging, heißt es, wandelte sich die alte Ziehmutter wieder in einen Mann zurück, einen jungen, flinken und geschickten Jäger, und so lebte sie von da an bis zu ihrem Tode.[45]

Jenseits der Gegensätze

Androgynie kann also als Ergebnis der Überwindung der Gegensatzpaare gesehen werden, als Erlangung des Gleichgewichts in einem fließenden Spannungsfeld zwischen zwei Polen und als Vereinigung der Seinsebenen von Himmel und Erde, männlich und weiblich, intuitiv und rational, visionär und alltäglich, dionysisch und apollinisch, Mond und Sonne. Obwohl es zahlreiche Beispiele für Schamanen gibt, die mehr oder weniger androgyn wurden, vollzieht sich der Vorgang des Einens und Überwindens der Gegensatzpaare manchmal auf symbolischer Ebene. So wußte Johannes Wilbert beispielsweise zu berichten, daß unter den Warrau

Venezuelas die Feuerrassel oder *Hebumataro* nach dem heiligen Stein der Hauptgegenstand der Kraft ist. Die erste Kürbisrassel erlangten die Menschen, als ein Schamanenahne zum Geist des Südens aufstieg. Während seines Aufenthalts an jenem Ort erhielt er die heilige Feuerrassel und wurde in der Kunst unterwiesen, Kommunikationskanäle zum Übernatürlichen anzulegen, auf daß er und die seiner Art nie die Verbindung zu den Göttern der vier Himmelsrichtungen und der heiligen Mitte verlieren sollten.

Das Anfertigen der Rassel ist ein zutiefst heiliger Vorgang. Nachdem der Schamane die geeignete Frucht sorgfältig gewählt und bereitet hat, werden vier Schlitzmäuler in den Leib des Kürbis geschnitten. Zuweilen werden sie mit eingekerbten Zähnen geschmückt. Dann werden kleine Quarzkristalle, von denen jedes einen Ahnengeist darstellt, geweiht und eins nach dem andern in den Bauch des Kürbis gesteckt. Der Schamane bezeichnet diese winzigen Kristalle als seine Familie, denn sie werden ihm bei seinem Dienst an den Kranken beistehen. Wenn seine Geistfamilie im Kopf der Rassel versammelt ist, steckt der Schamane einen Achsenschaft durch die vaginaähnlichen Öffnungen zu beiden Enden des Kürbisleibes. Der Griff wird das „Bein" der Rassel genannt, jedoch stellt die Handlung tatsächlich eine symbolische Vereinigung von Männlichem und Weiblichem dar und bezieht sich auf die befruchtende Kraft, die man dem fertigen Instrument zuspricht. Der Warrau-Schamane glaubt auch, daß die Rassel die Weltachse ist. Auf seiner Reise nach dem Tod hält er die Rassel senkrecht vor sich und fährt auf ihrem feurigen Pfad hinauf ins Haus seiner Schutzgottheit. Die Rassel, die selbst eine Vereinigung der Gegensätze darstellt, wird zum Instrument von Gleichgewicht, Wandel und Flug.[46]

Das Doppelwesen

Das Streben des Schamanen gilt dem Erwerb metaphysischen Wissens. Seine Mühen, das Paradox zu verkörpern oder zu umfassen, verlangen von ihm eine ständige Wandlung, als ob er in der Bewegung von einem Blickpunkt zum andern das Experimentierfeld für Verstehen, Weisheit und die wahre Schau abmäße. Diese Blickpunkte erreicht man gewöhnlich auf dem Weg der übersinnlichen Vision. Man kann sie unter die Weihen rechnen, denn die Initiation zielt genau darauf ab, das Geheimnis zu offenbaren, indem man zu ihm wird, den Tod zu überwinden, indem man bei lebendigem Leibe stirbt, die Zweiheit zu durchstoßen, indem man die Gegensätze in sich aufnimmt und die zerbrochenen Formen eint. Die Androgynie des Schamanen drückt die Zweieinigkeit von Erde und Himmel aus; der Schamane wird zur Brücke zwischen der Unter- und Mittelwelt und dem Reich des Himmels. So wird er zum Doppelwesen, dem gleich dem *Rebis*, dem Stein der Weisen, die Wandlungskraft als wesentliche Bestimmung innewohnt.

SCHAMANENGESANG

Good Eagle, ein heiliger Mann der Dakota, erzählte die Geschichte eines anderen heiligen Mannes aus vergangenen Zeiten, der durch die Kraft seines Gesanges den Weltenbaum dazu brachte, seine kostbaren Wasser zu spenden, so daß ein jeder von dieser heiligen und unerschöpflichen Quelle trinken und geheilt werden konnte. Dies ist seine Geschichte:

> Nachdem die Menschen diesem heiligen Mann lang vergangener Tage ihre Opfer dargebracht hatten, errichteten sie eine Schwitzhütte für ihn, in die er sich begab, um sich zu reinigen und in der Einsamkeit neu zu werden. Dann pflanzte er einen Pfahl in die Erde und band die scharlachrot bemalte Haut eines Büffelkalbs daran. Die kranken und leidenden Menschen versammelten sich um den Pfahl, schnitten sich Fleischstücke aus den Armen und legten diese unter den Pfahl. Der heilige Mann stellte eine Holzschale neben die dargebrachten Fleischstreifen und fing an, ein Lied der Kraft zu singen:

> O ihr Menschen, werdet heil,
> Neues Leben bringe ich.
> O ihr Menschen, werdet heil,
> Neues Leben bringe ich.
> Durch des Vaters Allgewalt
> Wirke ich.
> Neues Leben bringe ich.

Während er sang, sickerte heiliges Wasser den Pfahl hinab, bis die Schale zum Rand gefüllt war. Alle leidenden Menschen tranken aus dieser Quelle, und ihre Krankheiten wichen.

Der heilige Mann sandte die Geheilten zu ihren Tipis, wo sie bis zum Einbruch der Nacht ruhen sollten. Dann kehrten die Menschen zum heiligen Pfahl zurück, zur Mitte, wo der heilige Mann Zeichen auf den Boden malte. Keiner der Versammelten verstand die Bedeutung der Inschrift, bis der heilige Mann seine Hände über den Boden hielt und sagte: „Die Geister der Väter sagen mir, morgen werdet ihr Büffel in Hülle und Fülle sehen, und jeder Mann soll drei töten." Und er fuhr fort: „Ihr sollt all denen, die ihr tötet, die Beine abschneiden und die Zungen und Herzen herausschneiden und sie dem Großen Geheimnis zum Opfer zurücklassen, mir aber bringt vierzig Häute."

Die Menschen fanden es vor, wie es ihnen der heilige Mann prophezeit hatte. Sie brachten ihm die Häute, und er fertigte besondere Hemden aus ihnen. Auch stellte er Schießpulver, Zündkapseln und Ladepfropfen aus Ton, Stroh und Holzkohle her. Diese reichte er den Männern. Dann ließ er sein Volk eine Reihe bilden und stellte sich selbst ans Ende. Er entzündete seine Pfeife an den Strahlen der Sonne, und jeder nahm ein paar Züge, die den Atem des Lebens symbolisierten.

Darauf sagte der heilige Mann: „Dies, mein Volk, ist gut. Ich habe eure Krankheiten geheilt. Ich habe euer Leben erneuert. Nun kehre ich zurück an meinen eigenen Ort." Danach wurde er nie wieder gesehen.[47]

Wie der Weltenbaum inmitten der weiten kosmischen Bereiche steht, steht der Gesang in der Mitte des individuellen Kosmos. Wenn sich der Schamanengesang erhebt, wenn der heilige Atem aus den Tiefen des Herzens aufsteigt – in diesem Augenblick ist die Mitte gefunden und die Quelle alles Göttlichen angezapft.

Auf einer Insel Alaskas namens Little Diomede begegnete Knud Rasmussen einer alten Frau, die inmitten ihres Krimskrams in einer kalten, dunklen Höhle lebte. Sie war eine Wahrsagerin, hatte viele Sommer kommen und gehen und viele Leben dem Sommer gleich dahinschwinden sehen. Sie erzählte dem Grönländer von ihrem Leben und ihrem bevorstehenden Tod. Ihre letzten Worte an ihn sprachen vom Ursprung des Gesanges. Aus tiefer Einsicht und mit eindringlichen Worten beschrieb sie die Quelle der heiligen Laute, der wichtigsten Stimmen des Schamanen, jener Stimmen, die während der Schwellenerfahrung laut werden: „Unsere Vorfahren glaubten, daß die Lieder in der Stille geboren werden, wenn alle danach trachten, an nichts als Schönes zu denken. Dann nehmen sie im Geist Gestalt an und steigen auf wie Blasen aus den Tiefen des Meeres, Blasen, die zur Oberfläche streben, um zu zerplatzen. So entstehen die heiligen Gesänge."[48]

Wie in der Erde vergrabene Samen oder Blasen in der Tiefe des Meeres scheint der Gesang nur zu einer bestimmten Zeit aus dem Schamanen hervorzuquellen. Das Leiden des Körpers und die Einsamkeit der Seele können die Hülle auflösen, die den Gesang im Sänger birgt. In jenem Augenblick, wenn der Schamane zutiefst in das Erleben von Freude oder Leid verstrickt ist, im Augenblick der Ekstase, wenn er an einen Ort jenseits der Sterblichkeit entrückt wird, dann kommt es zur großen Lösung in der Kunst, und überwältigend bricht das Lied hervor.

Dies ist ein emotionsgeladener Vorgang und einer, der für den Prosaschreiber, gelinde gesagt, schwer zu beschreiben ist, denn er findet im Reich des Geistes statt. Einige Schamanendichter wie Isaac Tens, Aua und Orpingalik haben jedoch diesen Augenblick beschrieben, in dem der Same des

Gesanges aufkeimt. Orpingalik erklärte Rasmussen: „Den Menschen treibt es um wie die Eisscholle, die draußen im Strom hierhin und dorthin schwimmt. Wenn er Freude fühlt, wenn er Leid fühlt, dann treibt eine fließende Kraft seine Gedanken. Gedanken waschen über ihn weg wie eine Flut, sein Blut wallt in Stößen auf, und sein Herz pocht. Etwas gleich einer linden Luft hält ihn aufgetaut, und dann geschieht es, daß wir, die wir immer denken, wir seien klein, uns noch kleiner fühlen. Und wir werden uns hüten, Worte zu benutzen. Aber es geschieht, daß die Worte, deren wir bedürfen, von selbst kommen. Wenn die Worte, die wir aussprechen, von selbst in uns aufschießen – dann ist uns ein neues Lied gegeben."[49]

Die Lieder und Beschwörungsgesänge des Schamanen sind an und für sich Manifestationen der Kraft, die im Laufe einer qualvollen Prüfung erworben wurde und die den Suchenden mit dem Übernatürlichen in Verbindung bringt. Die Papago in den Wüsten des nordamerikanischen Südwestens sagen, daß die Vision nicht zu denen kommt, die unwert sind. Nur einem Demütigen kommt der Traum, und im Traum geborgen liegt immer auch das Lied.[50]

Diese großen Dichtungen, die den bodenlosen Tiefen des menschlichen Geistes, dem durch die Erfahrung von Krise und Leiden der Bereich des Heiligen aufgetan wurde, entsteigen, sind Ausdruck des Augenblicks schöpferischer Erleuchtung. Jedes spätere Singen wird zum Nachempfinden dieses einschneidenden Wandlungserlebnisses und zu dessen Rekapitulation. Der Sänger bringt dann für einen anderen, der eben in Not ist, seine eigene früher erfahrene Zeit des Elends und der überwindenden Erkenntnis ins Spiel. Aus der Vergegenwärtigung der ursprünglichen Inspiration heraus singt er für jene, die von Krankheit geplagt werden, und für jene, die dem Tod ins Auge schauen – er „singt sie ins Leben".[51]

Orpingalik erklärte einmal, Lieder seien „Gefährten in der Einsamkeit".[52] Als Gestalt gewordene Gefährten leben die Gesänge, wie Menschen leben und wie auch die Welt des Geistes lebt. Und in der Tat ist der Schamanengesang ein göttlicher Laut, der durch den Menschen hervortritt, so wie der hohe, winselnde Laut des Schwirrholzes ein Geisterlaut ist. Geronimo, ein Häuptling und heiliger Mann der Apachen, erzählte der Ethnologin Natalie Curtis, daß das Lied, das er anstimmen wollte, heilig und von großer Kraft sei: „Singe ich, so fahre ich durch die Lüfte zu einem heiligen Ort, wo mir *Yusun* (das Höchste Wesen) die Kraft verleiht, Wunder zu wirken. Ich bin umgeben von kleinen Wolken, und während ich durch die Lüfte fahre, werde ich ein anderer, werde Geist allein."[53] Hier wird der Gesang nicht nur als Vehikel des Fluges erlebt, sondern auch als Mittel und Ausdruck der Verwandlung.

Schamanengesang ist also Ausdruck einer innigen Beziehung zwischen Geist und Materie. Der Geist des Atems, der dem Inneren des menschlichen Organismus in Form des Gesanges entsteigt, kann mit der erleuchteten Seele, wie sie durch die Augen des Menschen scheint, verglichen werden. Orpingalik erzählte Rasmussen: „Lieder sind Gedanken, gesungen mit dem Atem, der einsetzt, wenn Menschen von großen Kräften bewegt werden und die gewöhnliche Rede nicht mehr ausreicht."[54] Und er fuhr fort: „Wie viele Lieder ich habe, kann ich nicht sagen. Ich merke mir solche Dinge nicht. Es gibt so viele Gelegenheiten im Leben, wo dich Freude oder Sorge derart überkommt, daß der Wunsch wach wird, zu singen; so weiß ich nur, daß ich viele Lieder habe. Mein ganzes Wesen ist Gesang. Ich singe, wie ich Atem hole."[55]

Gesang ist auch oft ein Zeichen für die Einkehr einer geistigen Wesenheit in den Schamanen. *Spiritus*, englisch *spirit*, der Geist, leitet sich vom lateinischen *spirare*, „blasen, hauchen, atmen, leben" ab, womit ja auch wirklich Quelle (*Inspiration* als Einhauch) und Träger des Gesanges benannt sind. Bei den Klamath-Indianern sind Geist und Gesang eins; dasselbe Wort bezeichnet sowohl den Gesang, der die Verkörperung des Geistes ist, als auch den Geist, der im Gesang zum Leben erwacht.[56] Eins seiner Lieder trieb Orpingalik zu dem Ausruf: „Mein Atem – so nenne ich dieses Lied, denn ich muß ebenso notwendig singen wie atmen."[57]

Der Schamane, der sich ein Lied wünscht, heftet seinen Geist weder an bestimmte Worte noch singt er eine bekannte Weise. In Träumen oder traumähnlichen Zuständen dringt das Lied durch die Schranke, die den Menschen von der Welt des Geistes trennt. Bei den Papago kann der Schamane ein Lied hören, „und er weiß, daß es der Falke ist, der zu ihm singt, oder die großen weißen Vögel, die vom Meer geflogen kommen. Vielleicht singen auch die Wolken, der Wind oder die haarige Spinne, die an ihrem unsichtbaren Faden schwingt."[58] Vielleicht ist es, wie bei den Huichol, der Gesang des Feuers, übersetzt in Menschenworte, der Wind im trockenen Unterholz oder der Regen, der aufs Strohdach trommelt. Oder vielleicht ist es der Geist des Schamanen, der nun bereit ist, die heiligen Laute zu empfangen, die von innen wie von außen kommen und die hier in Form eines Liedes Ausdruck finden.

Diese Lieder, die in einem Augenblick göttlicher Eingebung im Schmelztiegel der Seele aufwallen, werden oft als Medizin empfunden. Isaac Tens, ein Gitksan-Indianer, erinnerte sich, daß sich sein erstes Zusammentreffen mit dem Geist durch einen Verlust des Bewußtseins angekündigt hatte. Sein Körper bebte: „Während ich in diesem Zustand war, fing ich an zu singen. Ein Gesang kam aus meinem Innern, ohne daß ich irgend etwas hätte tun können, ihn zurückzuhalten. Viele Dinge tauchten gleichzeitig vor mir auf: Riesige Vögel und Tiere, die nur mir sichtbar waren, nicht den anderen im Haus. Solche Visionen treten auf, wenn einer zum Schamanen wird; sie kommen ganz von selbst. Die Lieder drängen von selbst nach außen und sind vollkommen; es braucht keinen Versuch, sie zu erdichten."[59]

Das Wort des Schamanengesanges ist mächtig. Es nennt ein Ding, steht in der heiligen Mitte, zieht alles an sich. Das Wort ist und ist nicht. Es weckt ein Bild und ist selbst erwecktes Bild. Das Wort verklingt, die Poesie ist dahin, aber die bildliche Form dauert im Geist und wirkt auf die Seele. *Poiesis* also, Wirken und Einwirken im ursprünglichen Sinne, ist der Vorgang der Schöpfung.

Die Kraft des Gesanges, sowohl den Sänger als auch den Hörer zu heilen, ist ein durchgängiger und bemerkenswerter Zug der Schamanengesänge. Der Tunguse Semjonow Semjon berichtete, daß, wenn er sang, seine Krankheit gewöhnlich verschwand.[60] Und Aua, ein Netsilik-Eskimo, entdeckte während seiner qualvollen und rastlosen Anstrengungen, Schamane zu werden, daß spontanes Hervorquellen des Gesanges die Linderung seiner Leiden begleitete. „Dann suchte ich die Einsamkeit, und hier wurde ich bald sehr melancholisch. Manchmal brach ich in Tränen aus und fühlte mich unglücklich, ohne zu wissen warum. Dann war plötzlich alles anders, ohne jeden Grund, und ich fühlte eine große, unerklärliche Freude, eine so gewaltige Freude, daß ich sie nicht zurückhalten konnte, sondern heraussingen mußte, einen mächtigen Gesang, in dem nur Platz für ein Wort war: Freude, Freude! Und ich mußte aus vollem Halse singen. Mit einem Mal, mitten in einem solchen Anfall von geheimnisvoller und übermächtiger Verzückung, wurde ich ein Schamane und wußte selbst nicht, wie mir geschah. Aber ich war ein Schamane. Ich konnte auf einmal auf ganz neue Art und Weise sehen und hören."[61]

Gesang wird zum Ausdruck der Verwandlung des Schamanen an Seele und Geist. Eine Seele, die sich einst verwundbar und wund wußte, ist jetzt heil und mächtig. Und ihr Gesang ist das Zeichen der Ganzheit des menschlichen Geistes.

Die Stimme des Schamanen

Die Stimme des Schamanen, erhoben im Lied oder Sprechgesang, in denen uralte Geschichten einer mythischen Vergangenheit oder persönliche Berichte einer Trance, Einweihung oder Heilung anklingen, ist die Trägerfrequenz für die zeitlosen Symbole, die diese archaischste aller Manifestationen des Heiligen kennzeichnen. Bei der Zusammenstellung dieses Buches ging mir auf, daß Schamanen in einer gewählten, metaphorischen Ausdrucksweise, die ein besonderes

Erleben beim Leser auslösen kann, von ihrer Welt sprechen. Und in der Stimme des Erzählers lassen sich oft andere Stimmen vernehmen, die Stimmen von Göttern und Ahnen oder der Schattengeister der Toten, die Stimme des Pilzes, die Gesänge der Geschöpfe und der Elemente, die himmlischen Laute ferner Sterne oder Echos aus der Unterwelt. Nur diese Visionäre sind es, die uns die Ganzheit ihres ekstatischen Lebenswegs übermitteln können. Der westliche Wissenschaftler muß notwendigerweise seine eigenen Wertungen und Neigungen ins Spiel bringen, wenn er sich an die Deutung dessen wagt, was ihm Schamanen erzählt oder was sie beobachtet haben. Meine eigene besondere Neigung liegt auf der Hand: Die obigen Ausführungen spiegeln mein Interesse an Gesängen, Mythen und psychischen Wandlungsvorgängen wider, einschließlich der Phänomene von Tod und Wiedergeburt sowie der Androgynie.

Will man den Schamanismus auch nur in seinen Anfangsgründen verstehen, so ist es letztlich notwendig, genau hinzuhören, wenn Schamanen von ihrem Leben erzählen. Es ist der Schamane, der die gewöhnliche Welt, in der gelebt wird, und die philosophische Vorstellung vom Kosmos, die gedacht ist, in eins verwebt. Menschliches Dasein, Leiden und Tod werden vom Schamanen in ein System philosophischer, psychologischer, spiritueller und soziologischer Symbole gebracht; darin setzt er durch die Auflösung ontologischer Paradoxe und Daseinsschranken eine moralische Ordnung und beseitigt so die schmerzlichsten und unerfreulichsten Seiten menschlichen Lebens. Die Vollkommenheit einer zeitlosen Vergangenheit, das Paradies einer mythischen Ära, sind existentiell in der Gegenwart verwirklichbar. Und durch sein heiliges Wirken teilt der Schamane diese Möglichkeit allen mit.

II.

Reisen in andere Welten

Die umseitig abgebildeten Figuren finden sich unter den Darstellungen einer größeren Gruppe von Antilopenmenschen auf den Wänden der Ndedema-Schlucht in Südafrika. Über diesen Schamanen schwebt ein *Ales*, ein mythisches Geistwesen, das mit den Umwandlungsmysterien in Verbindung steht.

Sereptje
Sibirien/Tawgy-Samojede

Zwanzig Jahre nachdem er zum Schamanen geworden war, erzählte Sereptje, ein Nganasane oder Tawgy-Samojede aus Sibirien, die Geschichte seiner Initiation. Unter den Samojeden und vielen anderen sibirischen Völkern war bei der Wahl des künftigen Nga *(Schamanen) nicht nur die Mitwirkung seiner Schamanenahnen erforderlich, sondern auch die vieler Gottheiten und Geister, feindlich wie freundlich gesinnter, die mit den Elementen wie auch den Krankheiten in Verbindung standen. Der künftige* Nga *wurde von diesen Wesen ausersehen, dem Ruf Folge zu leisten, aber das ausschlaggebende Ereignis, das dem Novizen den Weg wies, war notwendigerweise eine schwere körperliche Krankheit oder seelische Krise, die ihm die Tore zu den Welten jenseits der Alltagserfahrung auftat.*

Sibirische Schamanen werden im allgemeinen von einem oder mehreren Geistern angeleitet und unterwiesen, welche ihnen sowohl den Weg, dem sie zu folgen haben, als auch die Bedeutung dessen, was ihnen auf ihren Reisen ins Innere widerfährt, offenbaren. Anders als die meisten Nga *mußte Sereptje auf sich allein gestellt den Weg entdecken und die Zeichen deuten.*

Mit der Bilderfolge eines Dichtervisionärs berichtet er von den magischen und oft gefährlichen Begegnungen mit Göttern, Geistern und Naturkräften auf seiner Jenseitsfahrt. Als Sereptje endlich alle Ursprünge und Wege der Krankheit entdeckt hat, läßt ihn auch noch sein nicht gerade eben hilfreicher Geistführer im Stich. Alleingelassen im entsetzlichsten aller Reiche sieht er sich dem ausgesetzt, vor dem er sich am meisten fürchtet. Doch durch seine Schamanenkraft findet er den Weg zurück in die mittlere Welt, wo er aus seiner Trance erwacht.[1]

Als ich jung war, träumte ich einen Haufen nichtssagenden Zeugs, so wie alle anderen auch. Aber einmal sah ich mich selbst einen Weg entlanggehen, bis ich zu einem Baum kam. Mit der Axt in der Hand ging ich um den Baum herum und wollte ihn fällen. Da hörte ich eine Stimme sagen: „(Fäll ihn) später!" und ich wachte auf.

Am nächsten Tag sagten die Nachbarn zu mir: „Geh und fäll einen Baum für den *Kuojka*-Schlitten*!" Ich machte mich auf, fand einen passenden Baum und fing an, ihn umzuhacken. Als der Baum umfiel, sprang mit einem lauten Schrei ein Mann aus seinen Wurzeln hervor. Ich war starr vor Angst. Der Mann fragte: „Wohin gehst du?" – „Wohin schon, ich geh zu meinem Zelt." – „Ja natürlich, wenn du schon ein Zelt hast, mußt du auch dorthin gehen. Nun, mein Freund, ich bin ein Mann, der aus den Wurzeln des Baumes gekommen ist. Die Wurzel ist dick, sie sieht nur in deinen Augen dünn aus. Daher sage ich dir, daß du durch die Wurzel hinabsteigen mußt, wenn du mich wirklich sehen willst." – „Was für ein Baum ist denn das?" fragte ich. „Ich hab das nie herausfinden können." Der Mann entgegnete: „Von alters her ist dies der Baum, aus dem die *Kuojka*-Schlitten gemacht werden und aus dem die Schamanen wachsen. Noch in der Wiege gewiegt, werden sie Schamanen – nun, dafür gibt es diesen Baum." – „Na gut, ich komme mit."

Während wir uns zum Abstieg rüsteten, drehte sich der Mann zu mir um und sagte: „Schau mich an und finde heraus, wer ich bin." Seine Kleider erinnerten mich an den Seiten an die Felle wilder Rentiere zur Zeit des Haarwechsels. Ich fragte ihn nicht, warum er solche Kleider trug. Und dann sagte er: „Hab keine Angst vor mir, aber finde heraus, was diese Muster auf meiner *Parka* bedeuten, die schwarzen und die weißen Flicken." Ich erwiderte: „Auf der linken Seite hast du weiße Flicken, denn da trägst du das Gewand (des Geistes) des ersten Schneefalls; die schwarzen Flicken auf der rechten Seite erinnern an Erdflecken, wie sie im Frühling unterm Schnee hervortreten – denn dann ziehst du das Gewand (des Geistes) der Schneeschmelze über." Mein Begleiter drehte mir den Rücken zu, griff meine Hand und sagte: „Jetzt laß

---

* *Kuojka*: Heilige Familienreliquien wie Steine, menschen- und tiergestaltete Figuren aus Holz oder Metall. Sie wurden auf besonderen Schlitten befördert.

uns zu unseren Wirten gehen!" Ich hatte Angst und dachte, ich sei verloren.

Als ich mich umsah, bemerkte ich ein Loch in der Erde. Mein Begleiter fragte: „Was ist das für ein Loch? Wenn es dir bestimmt ist, aus diesem Baum eine Trommel zu machen, so finde es heraus!" Ich erwiderte: „Durch dieses Loch erhält der Schamane den Geist seiner Stimme." Das Loch wurde weiter und weiter. Wir stiegen durch das Loch hinab und gelangten zu einem Fluß, von dem zwei Ströme in entgegengesetzten Richtungen abflossen. „So, nun finde auch dies heraus!" sagte mein Begleiter. „Ein Strom fließt von der Mitte aus gen Norden, der andere gen Süden – zur Sonnenseite hin. Wenn es dir bestimmt ist, in Trance zu fallen, so finde es heraus!" Ich erwiderte: „Der Nordstrom entspringt dem Wasser zum Baden der Toten, der Südstrom dem Wasser für die kleinen Kinder." „Ja, fürwahr, du hast richtig geraten", sagte er.

Dann brachen wir auf, am Ufer des Nordstroms entlang. Mein Begleiter führte mich die ganze Zeit über an der Hand. Wir sahen neun Zelte vor uns, das uns nächste mit einem Seil umwunden. Je ein Baum stand zu beiden Seiten des Eingangs – einer zur Nord-, der andere zur Südseite. „Was meinst du wohl, wozu diese Bäume wachsen?" fragte der Mann. Wieder erwiderte ich: „Einer der Bäume ist licht, als sei er von der Sonne beschienen. Und da die Eltern ihre Kinder mit Liebe und Fürsorge aufziehen, muß dieser der Schutzgeist der Kinder sein." Hierbei klatschte mein Begleiter in die Hände und schlug sich mit der Hand auf das Knie. „Der dunkle Baum ist der Baum des Mondes, der Baum der Geburt, der es den Frauen ermöglicht, den Zeitpunkt der Geburt nach dem Mond festzusetzen." Wieder klatschte der Mann in die Hände und schlug sich aufs Knie. Dann fragte er: „Was bedeuten diese Stangen, die waagerecht über der Feuerstelle im Zelt hängen?"* Plötzlich befand sich eine der Stangen in meiner Hand, und ich zog meinem Begleiter eins damit über. „Diese Stangen sind die Grenzlinie zwischen

---

* Jene Stangen, die dazu dienen, die Teekanne oder den Wasserkessel übers Feuer zu hängen.

zwei Morgendämmerungen, das Rückgrat des Firmaments. Die nördliche Stange ist der Aufgang des Polarlichts, die südliche der Aufgang im Kreislauf der Morgenröten." Als ich das sagte, lobte mich mein Begleiter. Ich bekam es mit der Angst zu tun. „Und was ist das mit einem Seil umwundene Zelt?" fragte mein Begleiter. Und ich sagte: „Wenn der Wahnsinn die Menschen packt und sie Schamanen werden, dann werden sie mit diesem Seil gebunden."

Dann schien es mir, als seien wir auf der Straße. Wir betraten das erste Zelt, wo wir sieben nackte Männer und Frauen fanden, welche die ganze Zeit über sangen und sich dabei die Leiber mit ihren Zähnen zerfetzten. Mir wurde bang. „Dies werde ich dir jetzt selbst erklären, denn du wirst es sowieso nicht raten", sagte mein Begleiter. „Ursprünglich wurden sieben Erden geschaffen, und durch die Geister dieser sieben Erden kommt es, daß Menschen den Verstand verlieren. Manche fangen bloß an zu singen, andere verlieren den Verstand, gehen davon und sterben – andere wieder werden Schamanen. Unsere Erde hat sieben Vorgebirge, und auf jedem lebt ein Wahnsinniger. Wenn du Schamane wirst, wirst du sie selbst finden." – „Wo kann ich sie finden – du hast mich an den falschen Ort gebracht", dachte ich. „Wenn ich dich nicht dahinbringe, die Geister zu sehen, wie könntest du für die Geisteskranken zaubern? Wenn du den Geist des Wahnsinns findest, wirst du anfangen, als Schamane zu wirken und neue Schamanen einzuweihen. Alle Wege der Krankheit müssen dir gezeigt werden."

Wir kamen aus dem ersten Zelt heraus und gingen zum zweiten, das auf dem nördlichen Vorgebirge stand. Das ganze Zelt war von Rauhreif überzogen und in der Mitte mit einem schwarzen Seil umwunden. Um das Rauchloch herum war das Zelt mit irgend etwas Rotem bedeckt. „Dort unten im Süden liegt Asondu – es sind Tungusen", sagte mein Begleiter. „Das ist ihr Zelt. Das schwarze Seil wird dir zum Heilen von Magenleiden dienen, während das rote Zeug dir helfen wird, den Wahnsinn zu heilen, der von Kopfschmerzen kommt. Das mittlere Seil wird dir zum Heilen von Epidemien dienen. Du wirst den Sinn dieses Seils später noch herausfinden. Wenn du zaubern wirst, werden dir Tungusen-Geister erscheinen, die ich selbst nicht verstehe. Wenn du für einen Dolganen oder Tungusen zauberst, so komm hierher, und du wirst es lernen." Das reifbedeckte Zelt hatte zwei Rauchlöcher, eines aus Kupfer, das andere aus Eisen. Wir betraten das zweite Zelt, trafen aber keinen darin an. „Laß uns zurückgehen", sagte mein Begleiter.

Wir gingen in ein anderes Zelt, das mit Fischnetzen bedeckt zu sein schien. Drinnen war ein Feuer, das kaum noch flackerte. Wir trafen dort auf eine entstellte alte Frau in ausgetretenen Stiefeln und ansonsten nackt, abgesehen von ihrem äußeren Kleid; sie wärmte sich am Feuer. Es herrschte ein trübes Licht in dem Zelt, und überall flackerten Schatten. Die alte Frau fragte: „Kennst du mich?" – „Finde selbst die Antwort!" sagte mein Begleiter zu mir. Ich erwiderte: „Wenn ein Kind geboren wird, gibt es auch eine Nachgeburt – du bist ihr Geist, nicht wahr?" Mein Begleiter und die alte Frau schlugen sich vor Erstaunen auf die Knie. „Du bist gut im Raten!" Dann fragten sie wieder: „Warum ist das Feuer dunkel?" Und ich antwortete: „Wenn ein Kind geboren wird, wird ein neues Feuer entfacht. Auch du, du sitzt hier wie eine Hausfrau, die ein neues Feuer entzündet." Wieder schlugen sie sich voll Erstaunen auf die Knie. „Im Südteil des Zeltes ist das Feuer sehr schwach. Menschen reinigt man nach der Geburt durch Räuchern. Dies ist der Ursprung des reinigenden Feuers." – „Das stimmt", sagten sie beide. Das Zelt hatte zwei Arten *Nuks** – die einen waren reifbedeckt, die anderen waren weiß. Ich erriet auch den Sinn dieser *Nuks*. „Wir wickeln die Toten in *Nuks* aus den Fellen wilder Rentiere. Diese bereiften *Nuks* hier sind die *Nil'tis*** der besagten *Nuks*. Die weißen *Nuks* sind die *Nil'tis* unserer Lederkleidung." Beide bestätigten die Richtigkeit meiner Worte.

Wir gingen hinüber zum vierten Zelt, das inmitten des Wassers stand, hinter drei gefrorenen Wassern. Zu einem Teil war es statt mit einem *Nuk* mit sieben Rentierfellen

---

* *Nuk*: Zelt, Plane für eine kegelförmige Hütte.
** *Nil'ti*: eine der Lebenssubstanzen.

bedeckt, während der andere von sich kräuselnden Wellen überzogen war. Ich sagte: „Macht nicht der Schamane sein Gewand aus sieben Rentierfellen? Und da der andere Teil des Zeltes mit Wasser bedeckt ist, muß es dem Geist des Wassers gehören – daher steht es inmitten des Wassers." – „Du wirst ein Schamane sein, du gehst nach unten", sagten sie. Wir betraten das Zelt, wo wir auf eine alte Frau trafen, die zwischen Haufen von Kinderkleidern und getöteten Hunden saß. Zu beiden Seiten des Zeltes waren zwei weiße Lachse. „Erkennst du mich?" fragte die alte Frau. „Finde es heraus!" sagte mein Begleiter. Und ich erwiderte: „Dies ist die Erde, auf die wir uns in mageren Jahren begeben müssen. Sie hier (die alte Frau) wird uns zeigen, wo Fisch und Fleisch zu finden sind." – „Finde es heraus!" wiederholten sie. „Sieben Felle, die werde ich finden, wenn ich als Schamane wirke, ich werde sie finden und erkennen. Jeder Mann macht sich, wenn er Schamane wird, einen Sitz. Sieben Tage lang werde ich schamanisieren und auf diesen sieben Fellen sitzen. Zwei Fische – einer heißt, daß wir in das Feuer blasen und der Atem austritt. Der Atem hat eine Seele. Was heißt es, daß der Fisch (wenn er sein Maul öffnet) nach Luft schnappt? Wenn wir das Feuer anzünden, flammt es auf seinem Rücken auf. Sieht der andere das Feuer auf dem Rücken des einen Fisches, bläst er es aus. Deshalb wurde als Nachbildung dieses Fisches ein hölzerner Fisch gemacht. Wenn ein Kind geboren wird, handeln die Menschen ähnlich. Einer der Fische ist voll Laich – der Laich schwimmt oben. Das Kind muß mit dem Laich eingerieben werden. Wenn ein Kind geboren wird, beschmieren wir es mit Fett. Dies also heißt es. Dann füttern wir den Haus-*Kuojka*, indem wir das Fett ins Feuer werfen und auch sein Gesicht mit Fett beschmieren. Wenn es die Menschen hungert, ist er es, der genug zu essen gibt. Er ist es (der Fisch), den du bitten mußt." Die Südseite war mit Fellen verhängt. Bei näherem Hinschauen sah ich, daß sie wie sieben Schlitze aussahen statt wie Felle. Von außen sahen sie aus wie Felle, von innen wie Schlitze – durch die man hindurchschauen konnte. „Warum sollte ich das herausfinden?" – „Wir Schamanen haben sieben Ruhestätten, von nun an wirst du sie finden. Die sieben Schlitze heißen, wenn ein Mann unter Wasser sinkt, aber noch etwas Luft hat, und du gerade zur Stelle sein solltest, dann kommst du und rettest ihn."

Wir kamen aus dem Zelt heraus – die Nordseite war ganz mit Eis überzogen. „Du wirst das selbst herausfinden", sagte mein Begleiter. „Hierher sollst du nicht kommen, dies ist der Weg eines anderen Schamanen." Als ich untertauchte, gelangte ich an diese Orte, und mir schien, als schwömme ich im Wasser. Wir gingen zu einem anderen Zelt. Zu beiden Seiten stand je ein eiserner Stamm. Eine einhörnige Renkuh war an den Stamm zur Rechten gebunden, während ein Renhirsch mit zerschundenem Geweih an den linken Stamm gebunden war. Eine Geweihsprosse war zerbrochen, die andere verbogen. Ich versuchte zu erraten, womit die beiden Tiere gebunden waren, und fand, daß sie mit den Strahlen der Sonne gebunden waren. „Na, das ist ja eigenartig", dachte ich. „Wie kommt es, daß diese Seile nicht reißen?" Obwohl sie gezwirbelt waren, waren einige der Fasern zerrissen und hingen gerade nach unten, wie Stöcke. „Kennst du diese Hirschkuh?" fragten sie mich. Ich antwortete: „Nein, ich kenne sie nicht." – „Wenn du erst ein Schamane bist (sicher denkst du, dies sei ein echter Stamm – dies ist der Geist all dessen, was Menschen tun) und wenn die Männer während der Zeremonie deine Trommel mit dem Trommelstock schlagen*, dann wird sich dieser Stamm spalten. Die Hirschkuh ist der Ursprung des (aus Stein oder Holz hergestellten) *Kuojka*." – „Und was soll dieses Seil?" – „Es dient dazu, das Renkalb, das dem Mond dargebracht wird, mit dem Mal zu zeichnen." – „Warum ist das Rentier einhörnig?" – „Jeder, der ein Schamane wird, macht Weissagungen über das Rentier, dessen Fell seine Kleidung abgeben wird. Wenn du ein Schamane wirst, bitte nicht diese wilden Rentiere um die Kleidung und mach dir keinen Rock aus dem Fell eines wilden Rentiers. Versieh dich mit Kleidung, aber

---

* Wenn die Nganasanen sich während der Zeremonie um Hilfe an den Schamanen wenden, schlagen sie die Trommel mit einem Stock.

erbitte zuerst die Erlaubnis von der Mutter der wilden Rentiere; sie wird dir Weisungen über das wilde Rentier geben, dessen Fell für deine Kleider verwandt sein will. Eins der wilden Rentiere ist ein Hirsch, er ist der Obergeist der wilden Renhirsche. Von diesem Geist wirst du das Wissen darum erbitten müssen, aus welchem Baum du dir deine Trommel machen sollst, ansonsten wird dein Leben nicht von langer Dauer sein."

Beim Gang um das Zelt sah ich, daß alle *Nuks* mit prächtigem Zierrat versehen und mit Fransen behängt waren. Wir machen uns selbst Fransen, ähnlich den Geweihsprossen des Rentiers. Denn wir nehmen Haare von jedem Tier, um es an die Fransen des Gewandes anzunähen, ähnlich dieser Zeltplane. Mein Begleiter sagte: „Wenn du dann hierherkommst, stelle Fragen, und wenn dir Haare von einem Tier gegeben werden, mache dir Fransen daraus." Dann sah ich zum Rauchloch auf und erblickte neun menschliche Figuren aus Eisen. An mehr kann ich mich nicht entsinnen, auch nicht, wie ich zu ihnen hinaufgekommen bin, aber ich fing an, mit einem Stock auf sie einzuschlagen, und sagte: „Wenn ich im sauberen Zelt schamanisiere*, werde ich durch diese aufsteigen." – „Du wirst fürwahr ein großer Schamane sein, du findest alles heraus", sagte mein Begleiter und klatschte in die Hände. „Wenn das so ist, dann werde ich sicher zum Schamanen. Aber ich will gar kein Schamane sein", sagte ich zu mir. „Nein, du wirst ein Schamane sein, denn du hast alle diese Dinge gesehen", sagten sie.

Wir betraten das Zelt und fanden dort sieben kupferne Mondfiguren, ähnlich denen, die auf den Kleidern des Schamanen sind. „Sieh, sie gehören dir", sagte mein Begleiter und begann, mir die Figuren zu reichen. Ich nahm sie nicht an. „Nein, nimm sie", sagte er und holte sieben Sonnen hervor, die er mir zeigte. „Was ist das?" dachte ich. „Wahrscheinlich werde ich sieben Tage lang zaubern müssen." Dann gab er mir dreimal sieben Sonnenfiguren und sagte: „Finde es heraus!" –

---

* Das Fest des sauberen Zeltes ist eine Frühlingsfeier, die zusammen mit der sieben- oder neuntägigen Zeremonie des Schamanen begangen wird.

„Ich weiß nicht." Mein Begleiter sagte: „Du, der du ein neuer Schamane bist, stehst auf, das heißt gesundest, und heilst dreimal sieben Menschen von ihrer Krankheit." Wenn ich schamanisiere, gehe ich um all diese Zelte herum.

Ich kam aus diesem Zelt heraus und gelangte an ein anderes. Ich glaube, es war meines. Mir erschien es ganz fremd, gar nicht wie mein eigenes. Leute saßen um das Feuer, Männer auf der einen Seite, Frauen auf der anderen. Ich ging hinein, aber nicht als Mensch, sondern als Skelett; ich weiß nicht, wer mich abgenagt hat, ich weiß nicht, wie es geschah. Als ich sie mir genau ansah, sahen sie nicht wie richtige Menschen aus, sondern wie Skelette, denen man etwas übergezogen hat. Auf dem Zeltboden stand ein siebenbahniger Amboß. Ich sah eine Frau, die sah aus, als sei sie aus Feuer. Ich sah einen Mann, der eine Zange hielt. Die Frau hatte sieben Schlitze an ihrem Körper. Aus diesen zog der Mann Eisenstücke wie aus dem Feuer heraus, legte sie auf den Amboß und hieb sie mit dem Hammer. Als das Eisen abgekühlt war, tat es der Mann in den Schlitz des Körpers der Frau zurück, als sei er Feuer. Obwohl in der Feuerstelle ein Feuer brannte, machte der Mann keinen Gebrauch davon.

Ich schaute mich um. In der Nähe der Feuerstelle war eine Frau, die das Feuer mit Tierfellen anfächelte, daß zu allen Seiten Funken flogen. Der Mann nahm ein Stück Eisen, legte es auf den Amboß und hieb es mit dem Hammer, der in Wirklichkeit aus sieben kleinen Hämmern an einem einzigen Stiel bestand. Bei jedem Schlag auf das Eisen stoben Funken auf und flogen durch das Rauchloch nach draußen. Mein Begleiter fragte mich: „Was meinst du wohl, welches Zelt wir betreten haben?" – „Ich weiß nicht", sagte ich. „Aber hier muß es sein, wo die Anhänger für die Schamanenkleider geschmiedet werden, und wahrscheinlich sind es diese Leute, die ich um Anhänger bitten muß für meine Kleider. Der Schamane steigt von vielen Orten hinab, dieser hier ist sicher einer von ihnen." – „Dieser ist auf jeden Fall nicht alle diese Orte", sagten sie. Ich warf meinen Kopf zurück und begann, das Rauchloch zu betrachten. „Was sind das für sieben Figuren im Oberteil des Zeltes?" fragte ich. „Sie sind die Geister deiner künftigen Sägezahn-Anhänger", sagte er. „Gebt ihr mir diese Eisenstücke?" – „Nein, die Zeit dafür ist noch nicht gekommen", sagten sie. Ich begann, mich unwohl zu fühlen. „Warum laßt ihr mich dann raten?" – „Wer sind diese beiden Wesen, der Mann und die Frau; sind es Menschen?" – „Das also ist der Ursprung der Schamanen", sagte ich. „Wahrhaftig." Das ist mein Schicksal – den Verstand zu verlieren. „Wenn du dann ein Schamane wirst, bitte sie um die Erlaubnis, dir Kleider und eine Trommel machen zu dürfen. Bitte sie auch, dir Rentiere für deine Kleider zu geben; wenn du zu diesem Zelt kommst, werden sie dich mit dem Notwendigen versehen. Die Funken sind Vögel, fang sie, mach sie nach; wir lassen Vögel, Gänse daraus machen, auf dem Rücken des Rocks." Als ich als Skelett eintrat und sie schmiedeten, da hieß das, sie schmiedeten mich. Der Meister der Erde, der Geist der Schamanen, ist mein Ursprung geworden. Wenn man ein Schienbein oder sonst etwas anschlägt und es fliegen die Funken, dann wird es einen Schamanen in deiner Generation geben.

Dann kamen wir aus diesem Zelt heraus, und ich fing an, mich umzuschauen. Vor mir lag ein großer Fluß mit sandigen Ufern und ein Hügel mit zwei Zelten darauf. Ich begann zu raten, was für eine Art Hügel das war. Es war, als ob die Zelte auf einem Eisberg stünden, dahinter lugten schwarze Flecken Erde unter dem schmelzenden Schnee hervor. Das nähergelegene Zelt war über und über mit weißen *Nuks* bedeckt, wohingegen das weiter entfernte *Nuks* mit Karomuster hatte.

Als wir näherkamen, sahen wir, daß die Zelte auf beiden Ufern des Flusses standen. Das karierte Zelt stand auf den schwarzen Erdflecken (wegen des schmelzenden Schnees), während das weiße Zelt hinter dem Fluß stand. Es sah aus, als wäre ich zu dem Fluß zurückgekehrt, den ich zu Beginn der Reise gesehen hatte. Einer der Flußarme setzte seinen Weg in Richtung Süden fort, der andere in Richtung Norden. „Finde es heraus!" sagte mein Begleiter. „Wie lange willst du mich noch Sachen raten lassen? Na, jedenfalls, wenn ich ein Schamane werde, dann wird der Ursprung meines

Schamanentums hier sein. Jedesmal, wenn ich untertauche, werde ich in dieses Wasser hinabsinken." – „Flehend wirst du den Ort des Zusammenfließens dieser Ströme anrufen. Wenn du untertauchst, wirst du in der südlichen Strömung schwimmend zurückkehren. Ähnlich dem Fluß wird deine Kehle beginnen zu sprechen, diesen Geist zu beschwören. An dem karierten Zelt, oben am Rauchloch, sind die *Nuks* aus armseligen, kurzhaarigen Fellen. Was heißt das?" Ich sagte: „Die Krankheiten verschlingen alles, jedoch schonen sie die Hälfte der Menschheit, so daß sie sich fortpflanzen kann. Schau her, diese schwarzen Karos überziehen die überlebenden Menschen mit der Schwärze der Krankheiten." – „Jetzt, da wir hier angekommen sind, werde ich dich alleinlassen", sagte mein Begleiter. „Kehrst du zurück, wirst du ein Schamane sein, wenn nicht – wirst du sterben. Von nun an kann ich dich nicht länger leiten. Ich habe dich zu allen Ursprüngen und auf alle Wege der Krankheit geführt. Durch die Schamanenkraft wirst du deinen Weg selbst finden."

Nahe beim Zelt stehend, sah ich auf den Fluß und erblickte eine vorbeiziehende Frau. Sie war ganz rot, Gesicht und Haare ebenfalls, und ihr Kleid war kariert. Einige der Karos waren rot, die anderen blau. „Bis hierher", sagte mein Begleiter, „bis hierher habe ich dich geleitet. Allein den Weg der großen Krankheit habe ich dir noch nicht gesagt. Deshalb habe ich dich hierher gebracht. Du wirst mit der großen Krankheit schamanisieren, hüte dich, daß du nicht fluchst dabei, sondern flehst. Kannst du erraten, wer diese Frau ist?" Ich sagte: „Ihr Körper ist ganz rot, und ihr Kleid ist fremdartig. Der Schamane steht auf und setzt sich, wenn er schamanisiert. Na klar, er sitzt auf verschiedenen Fetzen, offenbar trägt die Frau diese Fetzen mit sich herum. Die rote Krankheit (Masern) tritt dann und wann auf, sie scheint ihre Mutter zu sein. Es gab karierte *Nuks* auf dem Zelt. Das heißt, das Zelt war mit den Kleidern der Frau bedeckt. Sie hat die *Nuks* abgenommen und sich angezogen." Ich schaute auf das Zelt – es war ganz rot. „Wenn ich im Falle solcher Krankheit (der Masern) hierher komme und mich an sie wende, so werde ich die Kranken sicher heilen", sagte ich.

„Ja", sagte mein Begleiter. „Ich habe dir bereits gesagt, daß ich dich verlassen werde. Also, mein Freund, du darfst auf dieses Zelt nicht einmal einen Blick werfen, wer immer auch dort sein mag. Du darfst nicht dorthin gehen. Ich habe dich zu diesem Zelt gebracht, wo dein Ahne, der berühmte Schamane, an Pocken starb. Ich lasse dich hier, damit du dich mit ihr anfreundest, und nicht, damit du an dieser Sache stirbst."

Ich bekam schreckliche Angst. Die Frau sagte: „Du bist von weither gekommen. Und doch bin ich gezwungen, dich zurückzuschicken." Und sie blies mich dreimal an. Als sie so blies, fing ich an, den Ort zu erkennen. Aber sie ließ mich nicht gleich gehen, sondern sagte: „Mein Freund, da drüben steht ein Zelt, aber du darfst den Fluß nicht überqueren, und von nun an solltest du dich nur bis zu mir vorwagen. Wenn du von jenem Zelt Rat holen willst (von seiner Bewohnerin), so werde ich dir Rat geben. In der Zwischenzeit wird sie bestimmt bereits wissen, daß du hier bist. Ich werde sie benachrichtigen. Wenn sie den Mund aufmacht und bläst, dann zieht der Nebel auf. Von diesem Nebel werden die Menschen krank."

Unterdessen stand mein Begleiter beiseite und hörte zu. Dann kam der Nebel. „Finde es heraus!" sagte die Frau. Ich wurde langsam ärgerlich, sagte aber dennoch: „Die Hälfte des Nebels ist der Atem der Menschen; wenn ich ein Schamane bin, werde ich in der Lage sein, den *Nil'ti* des Toten aus diesem Nebel zu befreien." – „Ja, wirklich", sagte die Frau. „Hier ist ein Riff mit einem roten Zelt darauf. Wenn der Kranke geheilt wird, wird die Frau aus der entgegengesetzten Richtung kommen. Wenn der *Nil'ti* auf der anderen Seite des Riffs herabfällt, jenseits der Nebelgrenze – das ist die Grenze des Lebens –, dann ist er nicht zu retten." Da sagte ich mir: „Ich bin sicher, daß ich den Ort erreicht habe, wohin jeder Mensch hinabfährt." Mich der Frau zuwendend sagte ich laut: „Du bist sicher die Herrin der Erde, die alles Leben erschaffen hat." – „Ja, so ist es", sagte sie. „Nun, mein Freund, wir hatten drei Kinder, das zweite lebt in dem roten Zelt, das älteste ist jenseits des Flusses. Du kehrst von diesen Orten zurück. Wenn du ihre Zelte betreten willst, wirst du sterben. Sie sind halb *Barusis*, halb *Nguos*.* Achte darauf, daß du in die Richtung schaust, in der du zurückkehren mußt."

Dann machte ich einige Schritte vorwärts, und als ich mich umsah, erblickte ich sieben Steingipfel. Auf einem von ihnen standen sieben Weiden, auf dem anderen sieben dünne Bäumchen und so weiter – auf jedem Gipfel wuchsen sieben Pflanzen. „Was ist das?" dachte ich. Überall auf den Pflanzen waren Nester von allen möglichen Vögeln. Auf dem höchsten Gipfel, in der Mitte, brütete eine Rohrdommel über ihren Jungen. Ihre Flügel waren aus Eisen. Sie sah aus, als brütete sie und läge dabei im Feuer. Die Frau deutete auf diese Nester und sagte: „Du bist sicher müde, komm her, leg dich hin und finde heraus was das ist." – „Das ist die Rohrdommel, die das Gewächs für den Zunder schafft, so daß es keinem Menschen daran mangelt. Diese sieben Gipfel sind der Ursprung jeder Pflanze: Die künftigen Schamanen gehen um sie herum. In diesen Nestern sind Geister – die Obergeister der ganzen laufenden und fliegenden Vogel- und Tierwelt." – „Was kannst du am Ufer sehen?" fragte die Frau. „Ich kann zwei Steingipfel sehen." – „Finde es heraus!" Ich erwiderte, als wir an einem der Gipfel anlangten: „Diese ist die Herrin des Wassers, wir können sie um Fisch bitten. Der andere Gipfel ist schwarz. Wird ein Kind geboren, so wird es auf eine Unterlage aus Moderholz gelegt. Die Hälfte des Gipfels ist mit solchem Moderholz bedeckt, die andere Hälfte mit Moos. Wenn der Schamane hierher kommt, kann er das Kind im Krankheitsfalle heilen. Der Geist dessen lebt hier."

Dann verließ ich sie und sah nichts als die Erde. Es schien, als ginge ich an einem Fluß entlang. Ein Ufer war voller Kiesel, das andere bedeckt mit bunten Steinen – ockergelben sowie erdschwarzen (Graphiten). Eine Frau begann zu sprechen: „Die bunten Steine sind Eisen, Kupfer und verschiedene Metalle. Wenn du ein Schamane wirst, machst du dir Anhänger aus ihnen, daher gehst du zu ihnen." Als ich das

---

* *Barusi*: feindlich gesinnte Geister; *Nguo*: freundlich gesinnte Gottheiten oder Geister.

Ufer entlangging, sah ich zwei Gipfel: Einer von ihnen war mit Pflanzenwuchs in leuchtenden Farben bedeckt, der andere war ganz und gar schwarze Erde. Zwischen ihnen schien ein Inselchen zu liegen mit einigen sehr schönen roten Pflanzen darauf, die in Blüte standen. Sie erinnerten an die Blüten der Mamurabeere. „Was ist das?" dachte ich. Es war niemand in der Nähe, aber ich fand es selbst heraus. Wenn ein Mensch stirbt, wird sein Gesicht blau und verändert sich: Dann gibt es für den Schamanen nichts mehr zu tun. Wie ich bemerkte, wuchs das rote Gras nach oben, das schwarze nach unten. Plötzlich hörte ich einen Schrei: „Nimm einen Stein von hier!" Die Steine waren rötlich. Da ich das Zeichen des Überlebens trug, schnappte ich mir einen roten Stein. Was ich für Blumen gehalten hatte, waren Steine. Jemand sagte zu mir: „Wenn du ein sauberes Zelt gemacht hast, entzünde ein Feuer mit Feuerstein. Wenn du zu deinem eigenen Zelt kommst, sprich hierüber mit den Menschen, nicht einfach so im Sitzen, sondern beim Schamanisieren, denn du bist ein Schamane, der mit der Kehle von neun Krankheiten singt."

Plötzlich kam ich wieder zu Sinnen; ich mußte wohl lange dagelegen haben, bei der Wurzel des Baums. Also fällte ich den Baum und machte einen *Kuojka*-Schlitten daraus. Das war unser Ahnen-*Kuojka*. Jedesmal, wenn ich schamanisieren gehe, höre ich die schrecklichen Gesänge auf den Gipfeln. Bevor ich wieder zu mir kam, hörte ich eine Stimme sagen: „Wenn du ein Schamane wirst, wirst du ein langes Leben haben." Das war vor zwanzig Jahren, und ich war noch nicht verheiratet. Wenn ich schamanisiere, sehe ich einen Pfad gen Norden. Wenn ich nach einem Kranken Ausschau halte, ist der Pfad schmal wie ein Faden. Ich weiß nicht, wer mich führt, vor mir sehe ich die Sonne und den Mond. Am unteren Teil des schmalen Pfades stehen zerschlissene, kegelförmige Zelte; auf diesem Pfad gehst du dem Atem des Menschen nach. Der andere Teil des Pfades, der nach oben führt, ist ziemlich wirr – ich verstehe nicht warum. Der Mensch, der gesund werden soll, hat einen Atem wie ein weißer Faden, aber der, der stirbt, hat einen wie ein schwarzer Faden. Auf diesem Pfad schaust du seitwärts und schreitest voran. Dann findest du den *Nil'ti* des Menschen und nimmst ihn.

Es war Neumond und klares Märzwetter, als wir zu dritt loszogen. Man hatte mir die Augen mit dem Fell des wilden Rentiers verbunden und mich zu Fuß losgeschickt, einen Baum für die Trommel zu finden. Die Begleiter folgten mir auf Rentieren. Der für die Trommel geeignete Baum tönt wie eine Trommel. Ich rannte vorwärts mit verbundenen Augen und lauschte. Die Geister machen es einem nicht gleich möglich, den Baum zu finden, sie führen uns irre. Es sind im ganzen drei tönende Bäume statt einem – der dritte muß dann umgehauen werden.

Du gehst also zu einem dieser Bäume hin – er kommt dann auch auf dich zu. „Soll ich diesen Baum nehmen?" fragte ich mich und begann, mich an ihn anzupirschen, als ob er ein wildes Rentier wäre. Aber wenn du versuchst, ihn zu nehmen, stößt dich jemand weg, so daß du zur Seite springst. „Tu es nicht oder du stirbst!" Das ist der Baum, in dem die Geister deiner Familie leben – der Baum, der deine Familie gegen Tod und Krankheiten schützt. Erkennst du deinen Irrtum, so gehst du weiter, bevor du weggestoßen wirst.

Dann hörst du einen anderen Baum wie eine Trommel tönen, und er kommt auf dich zu, und du machst dich bereit, ihn zu fangen. Aber das darfst du nicht tun. Das ist der Baum, in dem der Atem deiner ganzen Herde und der Atem der Herden der Deinen „gemischt" werden. Legst du Hand an diesen Baum, stirbst du.

Endlich sehe ich einen dritten Baum, er steht und bewegt sich nicht. Ich schleiche mich langsam an ihn heran. Der Baum sagt: „Komm, komm schon, ich bin für dich!" Dann fälle ich ihn. Meine Begleiter erledigten die Arbeit mit der Axt, nicht ich. Sie dürfen auf gar keinen Fall Verwandte sein. Wenn der Baum trotz alledem der falsche ist und nicht der richtige, dann flehst du vergebens, wenn du den Trommelrahmen biegst – der bricht dann sowieso, und jemand aus der Sippe des Schamanen muß sterben. Aber wenn du so einen Verdacht hast, mach dennoch eine Trommel aus diesem

Rahmen, selbst wenn es eine schlechte wird, aber vollziehe vorher eine Zeremonie, damit niemand stirbt.

Wenn ich zur Heilung eines kranken Menschen Zeremonien für die bösen Geister durchführe, dann sagen die: „Hier, ich habe mich dir ergeben, aber was wird er mir geben?" Ich frage: „Was du von ihm verlangst, dafür will ich schon sorgen." – „Der Kranke muß ein wildes Rentier töten", sagt die Krankheit. Der Mann tötet wirklich ein Rentier, gibt mir das Fell, und ich mache mir daraus ein neues Gewand. Es kann geschehen, daß der Geist nicht offen redet und sagt: „Er sollte einen Wolf töten, einen Fuchs oder sonst ein Wild." Aber in Wirklichkeit tötet der Kranke ein Rentier.

KISLASOW
Sibirien/Sagaier

Der berühmte Kam (Schamane) Kislasow aus dem Sagaier-Dorf Kislan war schon sehr alt, als er diesen Bericht von den wilden Erfahrungen abgab, die ihn viele Jahre zuvor während seiner Initiationskrankheit heimsuchten. Trotz des unter sibirischen Schamanen üblichen Widerstrebens, Einzelheiten über ihre Einweihung zu enthüllen, gewährte er dem ungarischen Ethnologen Vilmos Diószegi die seltene Ehre, an diesem Wissen teilzuhaben.

Kislasow lebte ein Stück außerhalb seines Dorfes, hinter einem Hang in einer aus rohen Stämmen errichteten einsamen und heruntergekommenen Jurte, die von Birken umgeben war. Dem alten Mann war es offenbar sehr darum zu tun, sich allgemein über seinen Beruf als Kam auszusprechen. Als Diószegi sich jedoch erkundigte, wie er zum Schamanen geworden war, verfiel Kislasow in tiefes Schweigen, doch seine Frau plauderte eifrig Einzelheiten aus: „Die Krankheit packte ihn, als er dreiundzwanzig war, und im Alter von dreißig wurde er Schamane. So wurde er zum Schamanen: durch Krankheit und Qualen. Er war sieben Jahre lang krank. Während er litt, hatte er Träume; mehrmals wurde er zusammengeschlagen, manchmal wurde er an geheime Ort *gebracht. Er ist viel herumgekommen in seinen Träumen, er hat viel gesehen."*²

*Mit einem Blick brachte Kislasow sie zum Schweigen. Als Diószegi sich dann nach Aspekten der Schamanenkrankheit und den psycho-symbolischen Geschehnissen wie der Zerstückelung erkundigte, die zur Zeit der Initiationskrise auftreten, wurde das Schweigen in der Jurte drückend. Wie Diószegi sagte: „Die Stille dröhnte in meinen Ohren."³ Schließlich sprudelte die Geschichte doch noch aus dem so lebensfrohen Kislasow hervor, und das Band zwischen dem alten Schamanen mit seiner weißen Mähne und dem ungarischen Ethnographen war geknüpft.*⁴

Ich heiße Igor Michailowitsch Kislasow. Ich lebe im Dorf Kislan an der Mündung des Yes. Ich gehöre zum Klan der Tag Harga. Pürigesh war mein Urahne. Shtuk war sein Sohn. Shtuk war ein Schamane. Hizinah war der Sohn Shtuks. Er hinterließ zwei Söhne. Der Erstgeborene war kein Schamane, aber sein jüngerer Bruder Hizilas wurde einer. Hizilas hinterließ eine einzigen Sohn: Torah. Torahs Sohn war Payatai, und der hatte einen Sohn namens Ochi. Ochis Sohn war Mamay. Mamay zeugt mich, und ich wurde Schamane. Aber nicht die Gabe habe ich geerbt, sondern die Schamanengeister meines Klans.

Ich war krank und träumte. In meinen Träumen wurde ich zu meinen Ahnen getragen und auf einem schwarzen Tisch in Stücke geschnitten. Sie zerhackten mich und warfen mich dann in den Kessel, und ich wurde gekocht. Einige Leute waren da: zwei schwarze und zwei helle. Ihr Häuptling war auch da. Er erteilte Befehle, was mit mir zu geschehen hätte. Ich sah dies alles. Während die einzelnen Teile meines Körpers gekocht wurden, fanden sie einen Knochen in der Rippengegend, der ein Loch in der Mitte hatte. Dies war der überzählige Knochen. Er bewirkte, daß ich zum Schamanen wurde. Denn nur die können Schamanen werden, in deren Körper so ein Knochen gefunden wird. Man schaut durch das Loch dieses Knochens und fängt an, alles zu sehen, alles zu wissen, und eben so wird man Schamane. Als ich aus diesem Zustand zu mir kam, wachte ich auf. Das heißt, meine Seele war zurückgekehrt. Dann erklärten die Schamanen: „Du bist von jenem Schlag, der Schamane werden kann. Du solltest Schamane werden, mußt anfangen zu schamanisieren."

Wenn der Schamane zum Schamanenhäuptling geht, das heißt zum Familienahnen, dann muß er auf dem Weg dorthin den Berg Ham Saraschan Harazi überqueren. Auf der Spitze jenes Berges steht eine Kiefer, deren Stamm einem sechseckigen Klotz gleicht. Die Schamanen schnitzen dort ihre Symbole hinein. Wer dort sein Zeichen, sein *Tamga* eingräbt, der wird ein echter Schamane. Manchmal geschieht es, daß ein bestimmtes *Tamga* „abfällt", es verschwindet vom Baum. Dann stirbt sein Besitzer. Nachdem man sich am Fuß dieses Baumes ausgeruht hat, geht die Reise weiter. Dann gelangt der Schamane an eine Kreuzung, auf der ein unsichtbarer Schamane sitzt. Er wacht über den Kreuzweg. Das ist der Ort, von dem alle Pfade ausgehen: der Pfad der Tiere, die den Geistern geopfert werden; der Pfad der Tollwutgeister; der Pfad der Geister aller anderen Krankheiten. Dies ist der Ort, wo alle wilden Tiere des Waldes auf die ihnen eigene Spur einschwenken. Wenn dieser Kreuzweg mit Hilfe des Geistes der Krankheit von einem erreicht wird, der Schamane wurde, dann muß er zum unsichtbaren Schamanen beten und ihm Schnaps opfern. Der rechte Pfad wird ihm erst gewiesen, nachdem das Opfer stattgefunden hat. Dann darf er die Reise auf dem festgesetzten Pfad fortsetzen.

Im Lauf der Reise gelangt der Schamane zu einer schmalen Brücke über einen reißenden Fluß, die er überqueren muß. Nachdem er den Fluß überquert hat, ist er nicht mehr weit vom Schamanenahnen entfernt, aber es gibt noch ein Hindernis, das er bezwingen muß. Es gibt da zwei Klippen. Manchmal schließen sie sich, und dann treten sie wieder auseinander. Tag und Nacht bewegen sie sich ohne Unterlaß. Nachdem sie zusammengeschlagen sind, beginnen sie wieder auseinanderzustreben, und genau in dem Moment kann der Schamane zwischen ihnen hindurchschlüpfen. Aber wer träge ist und sich nicht beeilt, kommt dort um. In einem solchen Fall wird der Schamane krank und stirbt. Hat er aber Erfolg, wandelt er bereits auf des Schamanenahnen Grund, der mit schwarzen Felsen übersät ist. Dort lebt der Ahne. Der Schamane kann ihn nicht sehen, doch er spürt seine Gegenwart.

Als ich während meiner Krankheit schlief, kam mein Bruder zu mir auf Besuch und erzählte mir: „Ich habe das Gebirge bereits überquert!" Auch sagte er mir: „Der Berg ist schuld an deiner Krankheit! Bald wirst du jedoch wieder gesund sein!" Aber es sollte sich noch lange keine Besserung einstellen. In meinen Träumen wanderte ich im Gebirge umher. Dann ging ich weiter und weiter, und mein Bruder blieb zurück. Ich ließ sogar das Gebirge hinter mir. Ich gelangte in ein anderes Land. Auch dort waren einige Leute. Sie alle schrieben etwas. Ihre Tische waren aus schwarzer Erde, und an den Seiten hingen Trommeln. Auf der gegenüberliegenden Seite standen ebenfalls Tische, und auch an deren Seiten hingen Trommeln, aber mit dem Boden nach oben. Auch die Tische standen hier auf dem Kopf. Selbst die Schamanenkleider waren gewendet. Zuvor habe ich gehört: Das sind die Trommeln jener Schamanen, die nicht lange leben. Wer sich eine von diesen aussucht, wird bald sterben – wenigstens sagten das die Leute. Also nahm ich eine weiße Trommel und ein Gewand von der anderen Seite. Und so wurde ich Schamane.

Sobald es mir besser ging, stellte ich meine Ausrüstung zusammen und wurde ein Schamane. Ich ging mich dem Schamanenhäuptling vorstellen, begleitet von neun schwarzhaarigen und sieben strohblonden Menschen sowie drei Kindern. Kein Schamane begleitete mich. Ich tat einen Schlag Grütze in einen Napf, legte ein paar gekochte Kartoffeln darauf und ging zum Schamanenhäuptling, dem Ahnen. Als ich ankam, maß er meine Trommel aus, ihren Umfang, ihre Länge und ihre Höhe. Er zählte die Anhänger, die daranhingen. Als er fertig war, gab er mir die *Menschen*. (Die Schamanen nennen ihre Geister *Menschen*). Sie sind meine Freunde. Manchmal kommen sie unerwartet über mich, dann verschwinden sie wieder. Sie sind ziemlich unstet. Ihnen verdanke ich mein Wohlbefinden, und mit ihrer Hilfe wird mir, wenn ich den Puls eines Kranken fühle, klar, was mit ihm nicht stimmt. Dann fing ich an, als Schamane zu wirken.

YIBAI-DTHULINS SOHN
Australien/Wiradjuri

Yibai-dthulins Sohn* war ein Wiradjuri, Mitglied der Murri-Unterklasse und des Känguruh-Totems. A. W. Howitt berichtet, daß ihm diese Schilderung erst gegeben wurde, als Yibai-dthulins Sohn erfahren hatte, daß Howitt selbst eingeweiht worden war und ihm die ungewöhnlichen Einzelheiten der heiligen Reise, die der Schamane im Laufe seiner Initiation unternimmt, anvertraut werden konnten.

Yibai-dthulins Sohn wurde zuerst von seinem Vater in die Lehre genommen, als er noch ein Kind war. Als er das Alter von zehn Jahren erreichte, unterzog er sich weiteren Einweihungen, deren Einzelheiten er im folgenden Bericht mitteilt. Diese Phase seiner Lehrzeit umfaßt auch Reisen in die Unterwelt und den himmlischen Bereich, Begegnungen mit Toten, Tierverbündeten und Geistern, einen Durchgang durch „zusammenschlagende Pforten" und andere Elemente, die dem Schamanismus in allen Teilen der Welt gemein sind.

Der Mulla-mullung *(Schamane) der australischen Wiradjuri schöpft seine Kraft aus übernatürlichen Quellen, an die er auf seinen Jenseitsreisen gelangt. Er ist immer in der Lage, die Lebenden und Toten in ihrem unkörperlichen Sein zu sehen, entweder als Gespenster oder als Geist eines Verstorbenen. Er kann nach Belieben seinen Körper verlassen und an ferne Orte natürlicher oder übernatürlicher Art reisen oder entrückt werden. Seine Kraft kann zu guten oder bösen Zwecken verwandt werden. Wie immer kommt der* Mulla-mullung *in*

---

* Howitt nennt uns nicht seinen Namen.

Träumen oder Trancezuständen zu seinem Wissen; jedoch scheinen sein Wissen und seine Macht leicht vergänglich zu sein, wie es bei Yibai-dthulins Sohn der Fall war.[5]

Mein Vater ist *Yibai-dthulin*. Als ich ein Junge war, nahm er mich mit in den Busch, um mich zum *Mulla-mullung* auszubilden. Er preßte zwei große Quarzkristalle (*Wallung*) gegen meine Brust, und sie verschwanden in mir. Ich weiß nicht, wie sie hineingingen, aber ich fühlte sie durch mich hindurchgehen wie eine Wärme. Das geschah, um mich klug zu machen und fähig, Dinge hochzuholen. Er gab mir auch einige Dinge wie Quarzkristalle in Wasser. Sie sahen aus wie Eis, und das Wasser schmeckte süß. Danach konnte ich Dinge sehen, die meine Mutter nicht sah. Wenn ich mit ihr draußen war, sagte ich: „Was ist das da vorne, als ob Menschen herumgingen?" Sie sagte immer: „Kind, da ist nichts." Das waren die *Jir* (Geister) die ich zu sehen begann.

Als ich zehn Jahre alt war, wurde ich zu den *Burbung* gebracht und sah, was die alten Männer aus sich hervorholen konnten. Und als mein Zahn draußen war, jagten mich die alten Männer mit den *Wallung* im Mund und schrien „*Ngai, Ngai*" und machten Handbewegungen in meine Richtung. Für eine Weile ging ich in den Busch, und während ich dort war, kam mein Vater zu mir heraus. Er sagte: „Komm her zu mir", und er zeigte mir ein Stück Quarzkristall in seiner Hand, und als ich draufschaute, versank er im Boden, und ich sah ihn ganz mit rotem Staub bedeckt wieder hochkommen. Das jagte mir große Angst ein. Dann sagte er: „Komm her zu mir", und ich ging zu ihm hin, und er sagte: „Versuche einen *Wallung* hochzuholen." Ich versuchte es und holte einen hoch. Er sagte dann: „Komm mit mir dorthin." Ich sah ihn vor einem Loch im Boden stehen, das zu einem Grab führte. Ich ging hinein und sah einen toten Mann, der mich überall abrieb, um mich klug zu machen, und der mir einige *Wallung* gab. Als wir herauskamen, deutete mein Vater auf eine *Gunr* (Tigerschlange) und sagte: „Das ist dein *Budjan* (Totem); es ist auch meins." An den Schwanz der Schlange war ein Strick gebunden, der bis zu uns hinreichte. Es war einer von den Stricken, wie sie die Zauberheiler zusammengerollt aus sich hochholen.

Er nahm ihn auf und sagte: „Folgen wir ihr." Die Tigerschlange kroch durch mehrere Baumstämme und ließ uns durch. Dann gelangten wir an einen großen Currajong-Baum und gingen hindurch und danach an einen Baum mit einer großen Geschwulst um seine Wurzeln. An solchen Orten lebt *Daramulun*. Hier kroch die *Gunr* hinunter in den Boden, und wir folgten ihr und kamen im Inneren des Baumes wieder hoch, und der war hohl. Dort sah ich einen Haufen kleiner *Daramuluns*, die Söhne von *Baiame*. Nachdem wir wieder herausgekommen waren, führte uns die Schlange in ein großes Loch im Boden, worin eine Anzahl Schlangen waren, die sich an mir rieben, mir aber nichts taten, denn sie waren ja mein *Budjan*. Sie taten das, um mich zu einem klugen Mann zu machen und um mich zu einem *Mulla-mullung* zu machen. Mein Vater sagte dann zu mir: „Wir fahren auf in *Baiames* Lager." Er setzte sich rittlings auf einen *Mauir* (Faden) und setzte mich auf einen andern, und wir hielten uns gegenseitig an den Armen. Am Ende des Fadens war *Wombu*, der Vogel *Baiames*. Wir fuhren durch die Wolken, und auf der anderen Seite war der Himmel. Wir fuhren an der Stelle durch, wo die Heiler durchfahren, und sie öffnete und schloß sich in einem fort sehr schnell. Mein Vater sagte, wenn ein Heiler bei der Durchfahrt berührt würde, würde sein Geist verletzt, und nach Hause zurückgekehrt würde er krank werden und sterben. Auf der anderen Seite sahen wir *Baiame* in seinem Lager. Er war ein sehr großer, alter Mann mit langem Bart. Er saß da mit untergeschlagenen Beinen, und von seinen Schultern reichten zwei große Quarzkristalle bis zum Himmel über ihm. Es waren auch eine Anzahl von *Baiames* Jungen da und von seinem Volk, die Vögel und wilde Tiere sind.

Von der Zeit an und während ich im Busch war, fing ich an, Dinge hochzuholen, aber ich wurde sehr krank, und seitdem kann ich nichts mehr tun.

Der alte K'xau
Afrika/Kung

Dieser außergewöhnliche Bericht eines alten Kung-Buschmanns wurde von der Anthropologin Megan Biesele aufgenommen. Obwohl ich den Text bearbeitet habe, so daß er sich als flüssige Schilderung lesen läßt, wird dem Leser die Anwesenheit von Fräulein Biesele und das Verhältnis zwischen ihr und dem energiegeladenen alten Heiler spürbar. Sie beschreibt dieses Interview als „Kommunikation, die in einem über mehrere Stunden anhaltenden Ausbruch von Enthusiasmus von selbst zustande kam."[6] Der steinalte, blinde K'xau wurde von seinem Freund N//au ins Haus der Biesele gebracht. Der alte K'xau sagte zu der Anthropologin: „Stell deine Maschine an. Ich habe was zu sagen."[7]

Abwechselnd heiter und eindringlich beschreibt der alte K'xau seine Fahrt in die unergründlichen Wasser der Unterwelt, seinen Aufstieg ins Lager des Gottes an Himmelsfäden sowie seine Einweihung in die Mysterien der Kraft des Medizintanzes. K'xau verwebt seine Jenseitsreisen mit der Trancereise des Heilers in den Körper eines von der Krankheit Befallenen und seiner eigenen Initiation. Wie Biesele erklärt: „In gewissem Sinne sind diese drei Themen – die Heilreise in den Körper, die Reise zum Himmel und das erstmalige Einfahren der Kraft (N/um) – nur eines, insofern sie alle Einweihungen sind, Sprünge, die Glauben und Vertrauen erfordern sowie das Wagnis, den Verlust der Seele zu riskieren."[8]

Ein Wort muß noch zu N/um, der Heilmedizin, gesagt werden. Biesele erklärt, es sei keine physische Substanz. „Es ist Energie, eine Art übernatürlicher Wirkkraft, deren Erweckung den Weg zur Heilung ebnet. Mit ihr verbunden sind andere besondere Kräfte wie Hellsehen, Ausfahren aus dem Körper, Röntgenblick und Wahrsagen."[9] N/um, das seinen Sitz im Bauch hat, wird durch langdauernde Trancetänze und die Hitze des Feuers wachgerufen. Es steigt die Wirbelsäule hinauf – „kocht auf" – und strömt in den Kopf; dort kann es dann dazu verwandt werden, die Krankheiten, von denen andere geplagt werden, herauszuziehen.

Über die Hälfte der Männer in der Kung-Gesellschaft sind Heiler, und viele Frauen sind ebenfalls in der Lage, diese Rolle auszuüben. Nur wenige gelangen jedoch zu der Ausdruckskraft, Phantasie und Macht des alten K'xau.[10]

Freundin, grad gestern kam die Giraffe und packte mich wieder. *Kauha* (Gott) kam, packte mich und sagte: „Wie kommt's, daß die Leute singen, du aber nicht tanzt?" Als er so sprach, nahm er mich mit, und wir gingen fort von diesem Ort. Wir reisten, bis wir zu einem breiten Gewässer kamen. Es war ein Fluß. Er führte mich zum Fluß. Die beiden Flußarme umgaben uns von beiden Seiten, eine Hälfte floß zur Linken, die andere zur Rechten.

Kauha ließ die Wasser steigen, und ich legte meinen Körper in die Richtung, in der sie flossen. Meine Füße waren hinten, mein Kopf war vorne. Genauso lag ich. Dann tauchte ich in den Strom ein und fing an, mich vorwärts zu bewegen. Ich ging in den Fluß, und mein Körper fing an, so zu machen. (K'xau macht mit den Händen träumerische Wellenbewegungen, um zu zeigen, wie sein Körper im Wasser wogend vorwärts glitt.) So fuhr ich dahin. Metallstücke drückten auf meine Seiten. Metallene Dinge stützten meine Seiten. So fuhr ich dahin, meine Freundin. So lag ich ausgestreckt im Wasser. Und die Geister sangen.

Die Geister tanzten einen Tanz. Ich fing an mitzutanzen, so etwa hüpfte ich herum. Ich machte mit und tanzte mit ihnen, aber *Kauha* sagte zu mir: „Komm nicht her und fang dann an, derart herumzutanzen. Leg dich jetzt hin und schau zu. So nämlich sollst du tanzen", sagte er und zeigte mir, wie man tanzt. Also tanzten wir beide auf seine Weise. Wir tanzten und tanzten. Wir gingen zu meinem Beschützer, und *Kauha* sagte zu ihm: „Hier ist dein Sohn." Zu mir sagte er: „Dieser Mensch wird dich tragen und *N/um* in dich geben." Der Mensch packte mich bei den Füßen. Er hieß mich grade sitzen. Aber ich war unter Wasser! Ich schnappte nach Luft! Ich schrie: „Töte mich nicht! Warum tötest du mich?" Mein Beschützer antwortete: „Wenn du weiter so herumschreist, werde ich dich Wasser schlucken lassen. Ganz gewiß werde ich dich heute Wasser schlucken lassen." Wir kämpften miteinander, bis wir müde waren. Wir tanzten und stritten, und lange, lange wehrte ich mich gegen das Wasser. So trieben wir es, bis die Hähne schrien.

(K'xau singt leise einen Medizingesang.) So sang mein Beschützer. Auf diese Weise hieß er mich singen. Also, meine Freundin, sang ich den Gesang und sang ihn und sang ihn, bis ich in den dämmernden Tag hineingesungen hatte. Dann, meine Freundin, sprach mein Beschützer zu mir und sagte, ich würde heilen können. Er sagte, ich würde aufstehen und in Trance eingehen. Er erzählte mir, daß ich in Trance gehen würde. Und, meine Freundin, die Trance von der er sprach – ich war bereits mittendrin. Dann sagte er, er würde mir etwas zu trinken geben. Meine Freundin, mein kleiner Trunk war ungefähr so groß. Er ließ mich trinken und sagte, daß ich den Tanz tanzen würde, den ich gelernt hatte. Und so, meine Freundin, habe ich mich einfach an diesen Tanz gehalten und bin mit ihm aufgewachsen.

Dann erzählte mir mein Beschützer, daß ich in die Erde eingehen würde. Daß ich weit durch die Erde fahren und dann an einem anderen Ort auftauchen würde. Als wir auftauchten, stiegen wir an einem Faden hoch – es war der Himmelsfaden! Ja meine Freundin. Und dort oben im Himmel, die Menschen dort oben, die Geister, die Toten dort oben, die singen für mich, damit ich tanzen kann.

Wenn die Leute sich schlecht fühlen, meine Freundin, dann tanze ich nicht. Aber wenn jemand stirbt, trage ich ihn auf meinem Rücken und lege ihn hin. Ich lege ihn so hin, daß wir zusammenliegen. Er liegt da mit seinen Füßen nach dort. Und sein Kopf liegt über meiner Schulter. Ich lege ihn auf meinen Körper und trage ihn auf meinem Rücken. Ich trage ihn und lege ihn dann wieder hin. So mache ich es, meine Freundin. Ich tanze ihn, tanze ihn, tanze ihn, tanze ihn, damit der Gott mir seinen Geist gibt. Dann kehre ich zurück vom Gott und tue seinen Geist zurück in seinen Körper. Meine Freundin, ich tue ihn zurück, tue ihn zurück, tue ihn zurück, tue ihn zurück, tue ihn zurück, und so kommt er lebend davon. Manchmal behandele ich jemanden, und er stirbt, und der Gott sagt: „Dieser Mensch wird heute sterben. Ich werde ihn nehmen und mit ihm fortgehen!" Er wird nicht wiederkehren! Nicht wenn das gesagt wird. Wir jedoch, die wir mit diesem Kranken zusammen waren, bei ihm geblieben sind, wenn der Gott sich mit ihm fortmachen will, knausern dann mit ihm. Wir wollen ihn nicht gehen lassen. Dann sticht ihn der Gott genau hier! (In die Schulter.) Er ersticht ihn mit einem Metallstück. Der Gott sticht ihn! (In den Nacken.) Dann krieche ich, der ich in seinem Innern war, in seinem Körper entlang und komme hier heraus. (Er deutet auf seine Magengrube.)

Ich bin nämlich ein großer Tänzer. Ja, ich bin ein großer Tänzer. Ich lehre andere das Tanzen. Wenn Leute singen, gehe ich in Trance. Ich gehe in Trance und tue *N/um* in die Leute, und ich trage jene auf meinem Rücken, die *N/um* lernen wollen. Dann gehe ich los! Ich fahre auf der Stelle auf und übergebe sie dem Gott!

Meine Freundin, wenn du den Gott besuchen fährst, dann sitzt du so (in einer ehrerbietigen Haltung, mit über den Knien gekreuzten Armen). So sitzen die Leute, wenn sie zum Gott fahren, zum großen, großen Gott, dem Meister. Freundin, genau so sitzen sie. Auf die Weise sitzt du, und die Fliegen hängen sich haufenweise überall an deine Seiten. „Was willst du?" fragt der Gott. Und das Metallstück, das dort sitzt, fängt an, hin und her zu tanzen. Es wackelt, meine Freundin. So wackelt es. Gottes Metallstück. Freundin, so wackelt es. Und Mambas. Pythons. Alles mögliche. Bienen. Heuschrekken. Alles. Wenn du dorthin gehst, beißen sie dich. Ja, sie beißen dich (deutet lebhaft auf seine Beine). Ja, sie beißen deine Beine und beißen deinen Körper. Wenn du dorthin fährst, sitzt du so. Die Mamba beißt dich. Sie liegt in deiner Nähe. Ja, die Mamba liegt dort. Das, was die Tswanas *Noga* nennen, die Mamba, die liegt dort und beobachtet dich. Meine Freundin, sie ist ein übles Ding. Sie tötet dich, und du stirbst.

Gottes Glied liegt so. (K'xaus Hände zeigen seine ungeheure Größe, wie es nach vorne absteht.) Laaang! Eine

Menge Leute stehen in einer Reihe vor ihm, und sie tragen es auf ihren Schultern. Sie nehmen es und legen es grade hin. Meine Freundin, sie nehmen es auf ihre Schultern. Einer steht hier. Ein andrer steht hier. Ein andrer steht dort. Alle heben sie es hoch und laden es auf ihre Schultern. Und ein andrer hier vorn. Dort liegt sein Glied! Ein seltsames Ding. Die Leute haben sich zusammengetan und tragen es auf ihren Schultern. Sie gehen damit herum. Es hat Hörner. Sie tragen es zu einem Stuhl und legen es auf dem Stuhl ab, damit es nicht im Sand liegt. Freundin, sie errichten einen Stuhl, und sie bringen es her und bringen es so, daß es auf dem geöffneten Stuhl liegt. Freundin, dort sitzt das Ding – ein übles Ding! Ein seltsames, furchtbares Ding! Ak, ak, ak, ein böses Ding – Gottes Frau (K'xau schlenkert mit hängenden Fingern). So lang sind sie, meine Freundin, schreckliche Dinger, wirklich (K'xau bedeutet, daß ihre Schamlippen so lang sind wie seine Arme). Meine Freundin, sie ist ein furchtbares Ding, schlicht und einfach. Diese Frau rührt also Grütze. Sie rührt Maisgrütze. Sie rührt Hirsegrütze. Dann kommt sie dich kratzen und krallen, damit du dich davonmachst. Meine Freundin, die Leute fangen an zu essen. Sie essen, und sie kommt, setzt sich hin und beobachtet sie. Und sie wackelt hin und her, genau das tut sie. Während sie essen, halten die Leute Ausschau, etwa so. (K'xau macht es vor, indem er seinen Kopf erst nach links und dann nach rechts dreht.) Sie essen, und sie sind wachsam. Sie schauen von einer Seite zur andern, denn andere versuchen, ihr Essen zu stehlen. Während sie essen, kommen viele Leute zusammen und schnappen ihnen ihr Essen fort. Die Geister, meine Freundin. So treiben sie es, während du versuchst zu essen.

Wenn du dorthin gehst, singen die Frauen, sie singen zum Tanz. (K'xau singt ein oder zwei Zeilen.) Genauso singen sie. Du hörst es, und du denkst darüber nach, und du fängst an zu tanzen: huh, huh, huh! Sie tanzen den Giraffentanz. (K'xau singt.) Dort nämlich, wo der Gott ist, da tanzt du so. Und die Frauen singen so. (K'xau singt.) Sie singen und singen. Dann kommt der *Dwamananani*.

Ja. Er ist ein Geist. Eins seiner Beine fehlt. So muß er sitzen. (K'xau macht vor, wie jemand sitzen würde, der nur ein rechtes Bein hat.) Und so steht er. Seine andere Seite ist einfach leer – dort ist kein Bein. Das eine Bein steht allein. Also hüpft er einfach herum, wenn er tanzt. Er hüpft und tanzt: huh-ahuh, huhahuh!

Dann ist da noch ein andrer, dessen Beine sind ganz weich. Er kommt und steht so da; beim Gehen stützt er sich ab. Sein Kopf sieht so aus. Er hat Hörner. So etwa. Und seine Ohren stehen ab. Sein Gesicht, meine Freundin, ist sooo breit. Sein Gesicht ist riesig! Bis hierhin reicht es. (K'xaus Hände zeigen, wie das Gesicht bis zum Hinterkopf geht.) Und die Haare hängen bis hier unten an seinem Körper runter. (Der Geist hat lange Haare auf der Brust.) Er ist ein furchtbares Ding, meine Freundin. Ein übles Ding! Ein Ding, vor dem du wegrennst. Die Menschen müssen sich von ihm heilen, weil es so schlecht ist. Die Menschen fürchten es.

Wenn der Gott auf seinem Stuhl sitzt, dann wacht er über alles. Und wenn Menschen von sonstwoher kommen und ihn sehen, dann zittern sie vor Furcht. Sie zittern sich vor ihm zu Tode! Er ist ein furchtbares Ding! Freundin, so sagen es die Leute. Wenn du zu ihm kommst, holt er sein Ding hervor, und du mußt es grüßen. Du fragst: „Wie geht's?" – „Danke, gut", sagt es. Du hast acht, und er holt einen Speer hervor. Er bewahrt einen Speer dort auf. Der ist da einfach in seinem Haus. Freundin, das Haus ist ein schlechter Ort! Die Leute sagen, es gibt dort Leoparden. Die Leute sagen, es gibt Zebras. Heuschrecken, sagen sie. Löwen, sagen sie. Schakale, sagen sie. Die sind in seinem Haus, mitten in seinem eignen Haus. Und Pythons, sagen sie, kommen und gehen in jenem Haus. Elenantilopen sind da. Giraffen sind da. Gemsantilopen sind da. Kudus sind da. Und diese Dinger bringen sich gegenseitig nicht um. Sie sind der Besitz des Gottes.

Ein Pferd ist da, und der Gott reitet es! Gottes Pferd! Ja, Freundin, er reitet das Pferd. Er setzt sich in einen Sattel und reitet. Er hat ein Gewehr, die Art von Gewehr, die „Khwi!"

macht. Er reitet sein Pferd und kommt herum. Seine Stiefel, sie gehen bis an die Knie, ganz große! Und sie sind aus Metall. Der Gott trägt Metallstiefel. Und sie sind so hoch wie seine Knie. Esel sind auch da. Freundin, da ist alles.

Wenn du dorthin gehst, Freundin, dann machst du dich ganz klein. Freundin, wenn du dorthin gehst, dann stehst du nicht aufrecht. Du machst dich ganz klein, so daß du eine Mamba bist. Wenn du dorthin gehst, wo der Gott ist, bist du eine Mamba. Auf die Weise gehst du zu ihm. Denn wenn du das tust, läßt er dich leben. Wenn du ihm gegenübertrittst wie ein normaler Mensch, stirbst du. Du wirst nicht wiederkehren. Wenn du dorthin zurückgehst, bist du gestorben, und du wirst nicht mehr wiederkehren. Wenn du aber eine Schlange bist, Freundin, dann bleibst du am Leben. Wenn du eine Mamba bist, bleibst du am Leben.

Wenn du beim Gott anlangst, machst du dich ganz klein. Du bist klein geworden. Klein kommst du zum Gott herein. Du tust, was du dort zu tun hast. Dann kehrst du dorthin zurück, wo alle sind, und du verbirgst dein Gesicht. Du verbirgst dein Gesicht, damit du nichts siehst. Du kommst und kommst und kommst, und schließlich gehst du wieder in deinen Körper ein. Alles Volk, die *Zhu/twasi* (Kung), die zurückgeblieben sind und dich erwarten – sie fürchten dich. Freundin, sie haben Angst vor dir. Du gehst, gehst, gehst in die Erde ein, und dann kehrst du zurück, um einzugehen in die Haut deines Körpers. Und du sagst „hi-i-i-i!" (K'xau stößt das zittrige Stöhnen jener aus, die in Trance „gestorben" und zurückgekehrt sind.) Das ist der Laut deiner Rückkehr in den Körper. Dann fängst du an zu singen. (Er singt.) Die *N/um K'xausi* sind dann da! Sie nehmen Pulver und blasen es – Pfu! Pfu! – dir ins Gesicht. Sie packen deinen Kopf und blasen von beiden Seiten über dein Gesicht. So kannst du wieder ins Leben zurückkehren! Freundin, wenn sie dir das nicht antun, stirbst du! Du stirbst einfach und bist tot. Freundin, so geht es mit dieser Medizin (*N/um*), die ich mache, diesem *N/um* hier, das ich tanze.

Freundin, wenn jemand stirbt, gehe ich auf diese Weise in seinen Körper ein. Ich gehe in seine Hinterbacken ein. Ich gehe in seinen Fuß ein, meine Freundin, und fahre sein Bein hoch, fahre sein Bein hoch, fahre sein Bein hoch und gehe in seine Hinterbacken ein. Da hab ich ihn. Wenn ich ihn habe, lege ich sein Bein geradeaus. Hier – ja! – hier liegen seine Beine geradeaus, und dann fange ich an, seine Seele in meinen Armen zu wiegen. Freundin, wenn ich ihn wiege, mache ich das so. (K'xau macht sein eigenes Zittern vor.) Ich mache „Ko-Ko-Ko" (der Laut des Zitterns). Ich zittre und zittre, und dann spreize ich seine Beine. Zu der Zeit ist er bereits am Leben! Genau das tue ich. Da du meine Freundin bist, sage ich dir: das hat es mit meinen *N/um* auf sich, dem *N/um*, das ich mache.

Wenn jemand anderes stirbt, gehe ich in seinen Körper ein. Ich gehe hier ein! (Er deutet auf seinen Kopf.) Zum Scheitel gehe ich ein! Dort trete ich ein und fange an, mich nach unten durchzuarbeiten. Wenn ich in seinem Körper nach unten gelange, ist er bereits am Leben! Er ist bereits am Leben. Freundin, so mache ich das. Ich suche dort nach ihm. Ich schaue nach seiner Seele, genau das tue ich.

Freundin, dieses *N/um* hier – als ich so klein war, ich nahm gerade die Brust, und *Kauha* kam still herbei, der Gott kam und gab mir *N/um*. Er schöpfte Wasser und gab es mir zu trinken. Es war sein Harnwasser. Die Wasser aus seinem langen Ding. Die Wasser seines langen Unterleibs. Die also gibt er dir zu trinken. Bitteres Zeug! Wenn du es trinkst (er macht Zittern vor), zitterst du! Du pißt, und dann brichst du. „Uah, uah!" (K'xau macht Erbrechen vor.) Natürlich brichst du, weil es Harn ist. So ein Ding – die Wasser von so einem langen Ding, die Wasser, die sich aus seinem Ende ergießen. Furchtbares Ding. Wenn du es trinkst, stirbst du. Das, Freundin, bei meinem Gaumen, das hat er mich trinken lassen.

Freundin, dieses *N/um* hier – unter all diesen vielen Leuten ist nicht einer, der mich darin übertrifft. Freundin, so sieht es damit aus, mit dieser großen Medizin, die ich tanze. Wird eine Giraffe getötet, dann *tshwa* ich sie (das heißt, sie rituell verzehren; Trancetöter essen gewisse Nahrung auf diese Weise, damit sie das *N/um* nicht stören, das sie in sich entwickeln). Wird eine Elenantilope getötet, ein männliches Tier, *tshwa* ich es. Oder ein männlicher Kudu – wird einer getötet, *tshwa* ich ihn. Wenn eine weibliche Kudu gestorben ist, *tshwa* ich sie. Freundin, das tue ich. Starkes *N/um*. Ich *tshwa* viele Dinge wie *N/n*-Beeren (*Grewia*). Ich *tshwa N/n*. Ich *tshwa* Gwa (*Grewia*). Ich *tshwa* Mongongo-Nüsse. Wenn ich sie nicht *tshwa*, sterbe ich.

Meine Freundin, so sind die Wege dieses *N/um*. Wenn Menschen singen, tanze ich. Ich gehe in die Erde ein. Ich gehe an einem Ort, gleich der Stelle, an der Menschen Wasser trinken. Ich gehe weit, sehr weit hinein. Wenn ich auftauche, steige ich bereits hoch. Ich steige Fäden hinauf, die Fäden, die dort drüben im Süden liegen. Ich nehme sie und steige sie hinauf. Ich steige einen hinauf und lasse ihn, dann gehe ich einen andern hinaufsteigen. Ich komme an einen andern und steige, dann komme ich an einen andern. Dann lasse ich ihn und steige auf einen andern. Dann folge ich dem Faden der Quellen, jener, in die ich eingehen werde! Dem Faden der Metallquellen. Wenn du an den Quellen anlangst, tauchst du unter den Metallstücken durch. (K'xau faltet seine Hände und hält sie über seinen Hinterkopf.) Und du gehst unter ihnen durch. Es tut weh. Wenn du dich ein wenig aufrichtest, packen die Metallstücke deinen Nacken. Du legst dich hin, damit sie dich nicht packen. Wenn es dich packt, bist du in die Quelle eingegangen. Freundin, wenn du in die Quelle eingegangen bist, dann kehrst du einfach wieder. Und dann kommst du raus. Das macht dieses *N/um*. Diese Medizin (*N/um*) hat's wirklich in sich.

Freundin, so ist es mit diesem *N/um*, das ich mache! Sein Besitz! Es sind viele! Gemsantilopen, Leoparden, Löwen, solche Dinge. Wenn Menschen singen, kommen die Dinge aus seinem Besitz, dem Besitz des großen, großen Gottes! Freundin, nun wo du hierher zu mir gekommen bist, werden die Tiere des Gottes zu uns kommen. Du wirst kommen und zusehen, wie die Leute singen. Die Frauen werden singen, und du wirst zusehen. Meine Freundin, so wollen, wir's machen.

Freundin, wenn mich jemand bittet, *N/um* in ihn zu tun, weigere ich mich. Meine Medizin ist ein schlechtes Ding. Es würde die Leute verrückt machen. Freundin, es würde jemanden derart verrückt machen, daß er so herumliefe. (K'xau zeigt an, wie er im Kreis herumliefe.) Freundin, er würde unentwegt im Kreis rennen, bis ich ihn zum Stillstand brächte. Ich würde zu ihm kommen und in seinen Körper eingehen. Und ich würde in seinem Inneren liegen. (K'xau zeigt, wie er zum Kopf des Menschen eingehen und nach unten in seinen Magen vordringen würde.) Wenn es ihn schüttelt, kommt das daher, daß ich in seine Innereien eingedrungen bin und dort liege. Mein Kopf kommt hier in seinem Schoß zu ruhen. Meine Füße sind oben, wo sein Kopf ist. Mein Hintern ist hier in seiner Brust, ich liege also so. Und er sitzt da und macht: dhu-dhu-dhu-dhu (der Laut der Trance und des Herzschlags). Das also macht er.

Er geht in Trance, geht in Trance. Wenn er am Ende ist, komme ich in seinen Schoß und platze heraus! Wenn ich in seinen Schoß komme und herausspringe, steht er auf! Er ist bereits am Leben und sitzt aufrecht da! Das tue ich. Das ist mein *N/um*.

Ein Mensch, der von mir *N/um* haben will, ist einer, der übel redet. Es ist zu stark. Aber wenn ich *N/um* in einen tue, trage ich ihn auf dem Rücken. Wir zwei kommen direkt am Mund des Feuers zu liegen. Das Feuer ist hier, und wir liegen daneben. Freundin, wir liegen hier, und dann gehen wir beide davon, dort oben im Himmel lasse ich ihn Heuschrecken essen. Im Haus des Gottes, im Haus des großen, großen Gottes. Ich drehe seinen Kopf und halte ihn so, und ich trage ihn zu dem Haus. Seine Arme und Beine hängen schlaff an meinem Körper runter. Der Gott fragt mich barsch: „Wessen Kind ist das?" Ich sage: „Mein Kind." – „Nein", sagt er, „das ist das Kind eines andern." Aber ich streite es ab. Ich sage: „Nein, es ist mein Kind. Und ich habe es hierher zu dir gebracht, damit du es ansiehst." Das sage ich.

Dann erschießt ihn der Gott. Das tut er. Pfeile, etwa so lang. (K'xau macht eine Bewegung, als zöge er Pfeile aus einem unsichtbaren Köcher auf seinem Rücken. Sie sind etwa zwölf Zentimeter lang.) Sie stinken. Sie dringen in sein Zwerchfell ein und bohren sich genau durch sein Rückgrat. Wenn der Gott ihn erschossen hat, steckt der Pfeil dort bei seinem Rückgrat und bewegt sich daran entlang. Meine Freundin, genau das tut er.

Meine Freundin, diese Medizin (*N/um*) hier – ich kann dir sagen! So macht sie es. Freundin, es ist ein übles *N/um*!

III.

DIE VISIONSSUCHE

Umseitig die Abbildung eines Sioux-Häuptlings, dessen Federschmuck seinen Kopf wie ein Strahlenkranz umgibt, vergleichbar den Strahlen der Sonne. Die Figur ist ein Detail einer bemalten Büffelhaut.

IGJUGARJUK
Eskimo/Karibu

Die Karibu-Eskimo lebten im Ödland der arktischen Eiswüsten im Westen der nördlichen Hudson Bay. Die Kultur dieses Nomadenvolkes war laut Rasmussen inländischen Ursprungs und wohl die primitivste, die ihm während seiner ganzen Expedition begegnet war. Obwohl die Karibu Küstenbewohner waren, deuteten das Fehlen von Werkzeugen und die Schlichtheit ihrer Zeremonien darauf, daß es nicht zu einer kulturellen Angleichung an die modernere Lebensweise der anderen Küstenvölker gekommen war.[1]

Igjugarjuk, ein Karibu-Schamane, beschrieb Rasmussen, wie er zum Zauberer geworden war. Er sprach so langsam und deutlich, daß Rasmussen seine Erzählung Wort für Wort mitschreiben konnte. Obwohl es dem Polarforscher schwerfiel zu glauben, daß irgendein Mensch – und sei es auch ein Schamane – überleben könnte, wenn er bei vierzig Grad Kälte über eine Zeit von dreißig Tagen in einem winzigen Iglu hockt, nichts ißt und trinkt als insgesamt zwei Schluck Wasser, stellte er Igjugarjuk gegenüber dessen Bericht nie in Frage. Rasmussen sagt: „Ich befürchtete, ihn durch Zweifel oder Fragen mißtrauisch zu machen, und schließlich war ja das, was ich in Erfahrung bringen wollte, die spezifische Glaubenswelt dieser Menschen. Und es kann nicht der geringste Zweifel daran bestehen, daß sie in dem Glauben lebten, das heilige Werk selbst, das in der Fähigkeit bestand, in die Rätsel des Lebens Einblick zu nehmen, verleihe dem Novizen wie dem praktizierenden Schamanen die Kraft, Dinge durchzustehen, die gewöhnliche Sterbliche nicht überleben könnten."[2]

Igjugarjuk suchte sich für sein Leiden und seinen rituellen Tod die zwei Dinge aus, die für den Menschen am gefährlichsten sind: Hunger und Kälte. Als er auf dem Höhepunkt seiner Krise vor Erschöpfung zusammenbrach, erschien ihm ein Helfergeist in Gestalt einer schönen Frau und verlieh ihm besondere Kräfte. Dieser weibliche Geist wird Pinga *genannt. Man glaubt, daß sie irgendwo im Raum lebt und nur im Notfall in Erscheinung tritt.*

Als der angehende Schamane nach seinem Rückzug in die Einöde des rauhen Winters zu seinen Leuten zurückgebracht wurde, war er so abgemagert, daß er einem Skelett glich. Nach einem Jahr sexueller Enthaltsamkeit, einer besonderen Diät und anderer Entsagungen wurde er schließlich zum Schamanen.

Neben seiner Eigenschaft als Heiler und Seher war Igjugarjuk ein Meister der Einweihung anderer. Er weihte Kinalik ein, indem er sie durchs Herz schoß, und Aggjartoq, indem er ihn fünf Tage lang in einem vereisten See versenkte.[3] *Laut Igjugarjuk kann ein Mann oder eine Frau jedoch nicht einfach zum Schamanen werden, nur weil er oder sie es wünscht. Vielmehr überbringt eine „geheimnisvolle Kraft", die im Universum existiert, den Ruf in Form eines Traums. Diese Kraft nennen die Karibu* Sila. *Sie ist eine Macht, die gleichzeitig das Universum, das Wetter sowie eine Mischung aus Intelligenz und Weisheit repräsentiert. Sie ist darüber hinaus eine Kraft, die herbeigerufen und angewandt werden kann.*[4]

Als ich Schamane werden sollte, suchte ich mir die Leiden aus, die für uns Menschen am gefährlichsten sind: Hunger und Kälte. Zunächst hungerte ich fünf Tage lang und durfte dann einen Schluck warmes Wasser trinken. Die Alten sagen, daß *Pinga* und *Hila* den Novizen nur bemerken und ihm helfen, wenn das Wasser warm ist. Anschließend litt ich weitere fünfzehn Tage Hunger, und wieder bekam ich einen Schluck warmes Wasser. Danach hungerte ich zehn Tage lang, und dann durfte ich wieder essen, jedoch durfte es nur jene Nahrung sein, die nicht unter irgendein Tabu fällt, am besten mageres Fleisch, und niemals Eingeweide, Hirn, Herz oder sonstige Innereien, noch Fleisch, das vom Wolf oder Vielfraß angegangen worden war, während es im Vorratsloch lag. Fünf Monde lang mußte ich mich an diese Diät halten und durfte dann die folgenden fünf Monde alles essen. Aber danach war ich wieder gezwungen, der Diät zu folgen, die all jenen vorgeschrieben ist, die Buße tun, um rein zu werden. Die Alten maßen den Speisen, die der angehende Schamane zu sich nehmen durfte, große Bedeutung zu.

Ein Novize etwa, der die Kraft zu töten besitzen will, darf nie von einem bestimmten Lachs essen. Ißt er von diesem Lachs, wird er sich selbst umbringen statt andere zu töten.

Unterwiesen wurde ich vom Vater meiner Frau, Perqánâq. Als ich vor *Pinga* und *Hila* gebracht werden sollte, zog er mich auf einem kleinen Schlitten, der nicht größer war, als daß ich gerade darauf sitzen konnte. Er zog mich weit fort, bis zur anderen Seite des Hikoligjuaq. Es war eine lange Tagesreise ins Landesinnere bis hin zu einem Ort, den wir Kíngârjuit nennen: die hohen Berge, die bei Tikerarjuaq liegen (an der Südostküste des Hikoligjuaq). Es herrschte Winter und es war Nacht. Man konnte den Mond gerade erst als haarfeine Sichel sehen, er war eben am Himmel aufgezogen. Man holte mich erst wieder ab, als der nächste Mond die gleiche Größe hatte. An dem Ort, an dem ich bleiben sollte, baute Perqánâq ein kleines Iglu, und das war gerade groß genug, daß ich ein Dach überm Kopf hatte und mich setzen konnte. Man gab mir kein Schlaffell, um mich gegen die Kälte zu schützen, nur ein Stück Karibufell, um darauf zu sitzen. Und so wurde ich eingeschlossen – der Eingang wurde mit einem Block verschlossen, aber es wurde kein loser Schnee über das Iglu geworfen, um es warm zu machen. Als ich fünf Tage lang dort gesessen hatte, kam Perqánâq mit Wasser, lauwarm, in einem wasserdichten Karibufellbeutel. Erst fünfzehn Tage später kam er wieder und gab mir ein gleiches; und er blieb nur so lange, bis er es mir gegeben hatte, und war dann wieder verschwunden, denn selbst der alte Schamane durfte meine Einsamkeit nicht stören.

Das Iglu, in dem ich saß, war fernab von den Pfaden der Menschen errichtet worden, und als Perqánâq die Stelle gefunden hatte, die er für geeignet hielt, stellte er den kleinen Schlitten in einiger Entfernung ab, und dort mußte ich sitzen bleiben, bis das Iglu fertig war. Nicht einmal ich, der ich mich schließlich dort aufzuhalten hatte, durfte einen Fußabdruck in der Nähe des Iglu hinterlassen. So mußte der alte Perqánâq mich vom Schlitten rübertragen zum Iglu, damit ich hineinkriechen konnte. Sobald ich da saß, schärfte mir Perqánâq ein, daß ich die ganze Zeit über, die ich dort sein sollte, nur an eins zu denken, nur eins zu begehren habe, nämlich *Pingas* Aufmerksamkeit darauf zu ziehen, daß ich dort saß und Schamane werden wollte: *Pinga* sollte mich besitzen. Diese Prüfung fand mitten im kältesten Winter statt, und da ich die ganze Zeit nichts bekam, um mich zu wärmen, und ich mich nicht bewegen durfte, war ich ganz kalt, und es war so anstrengend dort sitzen zu müssen und sich nicht hinlegen zu trauen, daß ich manchmal meinte, ich sterbe ein wenig. Erst gegen Ende der dreißig Tage kam dann ein Helfergeist zu mir, eine wunderbare und schöne Frau, die ich mir nie so vorgestellt hatte. Sie war eine weiße Frau. Sie kam zu mir, als ich vor Erschöpfung zusammengebrochen war und schlief. Aber dennoch sah ich sie, wie sie über mir schwebte, und von dem Tag an konnte ich meine Augen nicht mehr schließen oder träumen, ohne sie zu sehen. Das ist das Merkwürdige an meinem Helfergeist, daß ich sie nie im Wachen gesehen habe, immer nur in Träumen. *Pinga* hatte sie zu mir gesandt, und sie war ein Zeichen, daß *Pinga* mich nunmehr bemerkt hatte und mir die Kräfte verleihen würde, die mich zum Schamanen machten.

Als ein neuer Mond angezündet wurde und die gleiche Größe hatte wie der, der uns beim Verlassen des Dorfes geschienen hatte, kam Perqánâq mit seinem kleinen Schlitten wieder und machte in großem Abstand vom Iglu halt. Zu diesem Zeitpunkt war ich nicht mehr sehr am Leben und hatte nicht die Kraft aufzustehen, tatsächlich konnte ich nicht mal auf meinen Füßen stehen. Perqánâq zerrte mich aus dem Iglu, schleppte mich zum Schlitten und zog mich in derselben Weise nach Hause, wie er mich nach Kíngârjuit gezogen hatte. Ich war inzwischen so ausgezehrt, daß die Adern an meinen Händen und an Körper und Füßen ganz zurückgetreten waren. Eine ganze Zeitlang durfte ich nur sehr wenig essen, damit sich meine Eingeweide allmählich wieder weiten konnten, und später kam dann die Diät, die dazu beitragen sollte, meinen Körper zu reinigen.

Ein ganzes Jahr lang durfte ich nicht mit meiner Frau schlafen, die mir jedoch das Essen bereiten mußte. Ein ganzes Jahr lang mußte ich meinen eigenen Kochtopf haben;

niemand sonst durfte von dem essen, was für mich gekocht worden war.

Später, als ich wieder ganz ich selbst war, begriff ich, daß ich zum Schamanen meines Dorfes geworden war, und es kam vor, daß meine Nachbarn oder weit entfernt lebende Menschen mich zu sich riefen, um einen Kranken zu heilen oder „den Weg zu sichten", wenn sie auf Reisen gehen wollten. Wenn dies geschah, wurden die Leute meines Dorfes zusammengerufen, und ich erzählte ihnen, was man von mir verlangt hatte. Dann verließ ich Zelt oder Iglu und ging hinaus in die Einsamkeit, weg von menschlicher Wohnstatt, aber die Zurückbleibenden mußten unentwegt singen, damit sie nur froh und munter blieben. Gab es etwas Schwieriges herauszufinden, mußte sich meine Einsamkeit über drei Tage und zwei Nächte hinziehen. Die ganze Zeit über mußte ich ohne Rast umherwandern und durfte mich nur hin und wieder auf einen Stein oder eine Schneewehe setzen. Wenn ich lange genug draußen gewesen und müde geworden war, konnte ich beinahe eindösen und dabei das träumen, was ich hier draußen hatte finden wollen und woran ich die ganze Zeit gedacht hatte. Jeden Morgen jedoch konnte ich heimgehen und darüber berichten, was ich bis dahin herausgefunden hatte, aber sobald ich gesprochen hatte, mußte ich wieder umkehren, hinaus ins Freie, dorthin, wo ich ganz allein sein konnte. In der Zeit, in der man auf der Suche ist, darf man ein wenig essen, aber nicht viel. Wenn ein Schamane „von den Geheimnissen der Einsamkeit" erfährt, daß der Kranke sterben wird, kann er wieder heimkehren und dort bleiben, ohne daß er das Verstreichen der üblichen Zeit abgewartet hätte. Nur in Fällen einer möglichen Heilung muß er die ganze Zeit über draußen bleiben. In der ersten Nacht nach seiner Rückkehr von einer solchen Geist-Wanderung in der Einsamkeit darf der Schamane weder mit seiner Frau schlafen, noch darf er sich zum Schlafengehen ausziehen, noch sich lang hinlegen, sondern muß im Sitzen schlafen.

Diese Tage der „Suche nach Wissen" sind sehr anstrengend, denn man muß die ganze Zeit über gehen, ganz egal wie das Wetter ist, und darf sich nur kurz ausruhen.

Gewöhnlich bin ich völlig fertig, übermüdet, nicht nur körperlich, sondern auch geistig, wenn ich gefunden habe, wonach ich suchte.

Wir Schamanen aus dem Inland haben keine besondere Geistersprache und glauben, daß die wahren *Angatkut* auch keine brauchen. Auf meinen Reisen habe ich mitunter Geistersitzungen der Salzwasseranwohner erlebt, beispielsweise beim Küstenvolk am Utkuhigjalik (Back River oder Great Fish River). Diese *Angatkut* schienen mir nie vertrauenswürdig. Es kam mir immer so vor, als sei es diesen Salzwasser-*Angatkut* mehr um Tricks zu tun, mit denen sie ihr Publikum zum Staunen brachten, wenn sie so in der Gegend herumsprangen und allen möglichen Unsinn und Lügen in ihrer sogenannten Geistersprache stammelten. Auf mich wirkte das nur komisch, Zeugs, mit dem man nur bei Unwissenden Eindruck schinden kann. Ein wirklicher Schamane springt nicht in der Gegend herum und macht Tricks, noch versucht er, sich der Dunkelheit zu bedienen, die Lichter zu löschen, um seinen Nachbarn Angst einzujagen. Was mich betrifft, ich bilde mir nicht ein, viel zu wissen, aber ich glaube nicht, daß Weisheit oder das Wissen um Dinge, die verborgen sind, auf solche Weise gefunden werden kann. Wahre Weisheit wird nur fern der Menschen gefunden, draußen in der großen Einsamkeit, und man findet sie nicht im Spiel, sondern nur durch Leiden. Einsamkeit und Leiden schließen den menschlichen Geist auf, und daher muß ein Schamane seine Weisheit dort suchen.

Aber während meiner Besuche bei den Salzwasser-Schamanen, sowohl unten bei Igluligârjuk als auch am Utkuhigjalik, habe ich nie offen meine Verachtung für ihre Art, die Geister anzurufen, ausgesprochen. Als Fremder sollte man immer auf der Hut sein, denn man weiß ja nie – vielleicht könnten sie doch zauberkundig und wie unsere Schamanen fähig sein, durch Worte und Gedanken zu töten. Was ich dir jetzt erzähle, wage ich dir nur anzuvertrauen, weil du ein Fremder aus einem fernen Land bist, aber zu meinen eigenen Stammesbrüdern und -schwestern würde ich nie darüber sprechen, ausgenommen zu jenen, die ich zu Schamanen auszubilden hätte. Als ich am Utkuhigjalik war, hatten die Leute dort von meiner Frau erfahren, ich sei ein Schamane, und daher baten sie mich, einen kranken Mann zu heilen, einen Mann, der so siech war, daß er nicht mal mehr Essen schlucken konnte. Ich rief alle Bewohner des Dorfes zusammen und forderte sie auf, ein Sing-Fest zu feiern, wie es bei uns Brauch ist, denn wir glauben, daß alles Böse einen Ort flieht, wo Menschen fröhlich sind. Und als das Fest begann, ging ich allein hinaus in die Nacht. Sie lachten mich aus, und meine Frau konnte mir später berichten, wie sie sich über mich lustig gemacht hatten, weil ich keine Tricks zur allgemeinen Unterhaltung vorführte. Aber ich hielt mich abseits an einsamen Orten, fern vom Dorf, fünf Tage lang, und dachte unausgesetzt an den kranken Mann und wünschte ihm Heilung. Er wurde gesund, und seitdem hat sich in dem Dorf keiner mehr über mich lustig gemacht.

LAME DEER
Nordamerika/Sioux

John Fire Lame Deer, ein Vollblut-Dakota, der auf der Rosebud-Reservation in South Dakota geboren wurde, hat in seinem langen Leben so manches getrieben. Er malte Schilder und löhnte bei der Kartoffellese. Er war Soldat, Indianerpolizist und Sträfling. Er sang, war Rodeo-Clown und Alkoholschieber, und er hütete Schafe. Hinter dieser ungewöhnlichen Bandbreite von Berufen und Mißgeschicken stand die Frucht einer großen Vision, die er auf dem Weg der traditionellen Visionssuche erlangte, die er als junger Mann unternahm – jener Vision, die ihn seiner wahren Berufung zuführte: der zum Heiler, Schamanen und Medizinmann. Lame Deer sagte einmal: „Den Dreh zu finden, hat mich mein ganzes Leben gekostet. Irgendwie war's immer ein Hin- und Herspringen über die Grenzlinie des Verstandes."[5] Lame Deer ist inzwischen gestorben. Aber sein Humor und sein weises Herz haben ihm offenbar ein langes, unglaublich reiches und wagemutiges Leben beschert. Sein Gesicht, ein furchiges Abbild der Badlands, und seine Augen, die wie die eines Adlers funkelten, sind von seinem guten Freund, dem Fotografen und Schriftsteller Richard Erdoes, dem Gedenken festgehalten worden.

Lame Deer sagte einst zu Richard Erdoes: „Ich glaube, ein Medizinmann zu sein, ist ein Geisteszustand, mehr als irgendwas sonst, eine Weise des In-die-Welt-Sehens und des Verstehens dieser Erde, ein Sinn dafür, was es mit all dem auf sich hat. Bin ich ein Wichasha Wakan? Ich glaube schon. Was sonst könnte oder sollte ich sein? Wenn sie mich in meinem geflickten, verwaschenen Hemd sehen, mit meinen ausgelatschten Cowboystiefeln, dem pfeifenden Hörgerät im Ohr, und wenn sie sich die Bruchbude mit dem stinkenden Außenklo anschauen, die ich mein Zuhause nenne – das alles will nicht so recht ins Bild eines Weißen von einem heiligen Mann passen. Du hast mich betrunken gesehen und pleite. Du hast mich fluchen hören oder schmutzige Witze reißen. Du weißt, ich bin nicht besser oder weiser als andere auch. Aber ich war auf der Bergspitze, habe meine Vision erlangt und die Kraft; alles übrige ist nur Beiwerk." [6,7]

Ich war allein auf der Bergspitze. Ich saß da in der Visionsgrube, einem Loch, das man in den Hügel gegraben hatte, meine Arme um meine Knie geschlungen, und sah dem alten Chest nach, dem Medizinmann, der mich dorthin gebracht hatte, wie er tief unten im Tal verschwand. Er war nur noch ein wandernder dunkler Fleck zwischen den Kiefern, und bald war er endgültig verschwunden.

Jetzt war ich ganz auf mich gestellt, für vier Tage und Nächte ohne Essen oder Wasser, auf dem Berg allein, bis er mich wieder holen kam.

Indianerkinder sind nie allein. Sie sind immer umgeben von Großeltern, Onkeln, Cousins und Verwandten aller Grade, welche die Kinder hätscheln, ihnen vorsingen oder ihnen Geschichten erzählen. Wenn die Eltern irgendwohin gehen – die Kinder kommen mit.

Aber hier saß ich nun, zusammengekauert in meiner Visionsgrube, zum erstenmal im Leben mir selbst überlassen.

Ich war sechzehn, trug noch meinen Jungennamen, und ich kann dir sagen, ich hatte gehörige Angst. Ich zitterte, und das nicht nur vor Kälte. Das nächste menschliche Wesen war viele Meilen entfernt, und vier Tage und Nächte sind eine lange, lange Zeit. Sicher, wenn das alles vorbei sein würde, dann wäre ich auch kein Junge mehr, sondern ein Mann. Dann hätte ich meine Vision gehabt. Man würde mir einen Mannesnamen geben.

Siouxmänner fürchten sich nicht vor Hunger, Durst oder Einsamkeit, und mich trennten nur noch sechsundneunzig Stunden davon, ein Mann zu sein. Der Gedanke tat gut. Gut tat auch die Wärme der Sterndecke, in die mich der alte Chest gehüllt hatte, um meine Blöße zu bedecken. Meine Großmutter hatte sie eigens hierfür gemacht, für mein erstes *Hanblechia*, meine erste Visionssuche. Es war eine wunderschön gefertigte Steppdecke, weiß, mit einem großen Morgenstern aus vielen leuchtend bunten Stoffstücken. Der Stern war so groß, daß er den größten Teil der Decke einnahm. Sollte *Wakan Tanka*, der Große Geist, mir die Vision und die Kraft gewähren, würde ich ein Medizinmann werden und, in jene Decke gehüllt, viele Zeremonien vollziehen. Ich bin jetzt ein alter Mann und vielfacher Großvater, aber ich habe immer noch diese Decke, die meine Großmutter für mich gemacht hat. Ich hüte sie wie einen Schatz. Eines Tages wird man mich in ihr begraben.

Der Medizinmann hatte mir auch eine Friedenspfeife mit einem Beutel *Kinnickinnick* dagelassen – unserem Tabak aus der Rinde der roten Weide. Diese Pfeife war mir sogar ein noch besserer Freund als meine Sterndecke.

Für uns Indianer gibt es nur die Pfeife, die Erde, auf der wir sitzen, und den freien Himmel über uns. Der Geist ist überall. Manchmal zeigt er sich in einem Tier, einem Vogel oder einigen Bäumen und Hügeln. Manchmal spricht er aus den Badlands, aus einem Stein oder selbst aus dem Wasser. Der Rauch aus der Friedenspfeife – er fährt gerade auf zur Geisterwelt. Aber das ist eine Zweibahnstraße. Kraft fließt durch den Rauch zu uns hinab, durch den Pfeifenstiel. Du fühlst die Kraft, wenn du die Pfeife hältst; sie fährt durch die

Pfeife direkt in deinen Körper, daß dir die Haare zu Berge stehen. Die Pfeife ist nicht bloß ein Ding – sie ist lebendig. Diese Pfeife zu rauchen, würde mir ein gutes Gefühl geben und mir helfen, meine Angst abzuschütteln.

Als meine Finger an ihrem Kopf aus glattem, roten Pfeifenstein entlangfuhren, rot wie das Blut meines Volkes, da war mir nicht länger bang. Jene Pfeife hatte meinem Vater gehört und vor ihm seinem Vater. Sie würde eines Tages an meinen Sohn übergehen und durch ihn an meine Enkel. Solange wir die Pfeife hatten, würde es eine Sioux-Nation geben. Als ich die Pfeife betastete, sie befühlte, ihre Glattheit spürte, die sie durch den langen Gebrauch bekommen hatte, da spürte ich, daß meine Vorväter, die einst aus ihr geraucht hatten, mit mir auf dem Berg waren, mitten in der Visionsgrube. Ich war nicht länger allein.

Außer der Pfeife hatte mir der Medizinmann noch eine Kürbisrassel gegeben. Darin befanden sich vierzig kleine Fleischvierecke, die sich meine Großmutter mit einer Rasierklinge aus ihrem Arm geschnitten hatte. Ich hatte ihr dabei zugesehen. Das Blut war ihr in Strömen von der Schulter bis zum Ellenbogen hinabgelaufen, wie sie sorgfältig jedes Stück Haut auf ein Taschentuch legte und darauf bedacht war, nicht ein einziges zu verlieren. Das hätte diese Anthropologen zum Wahnsinn getrieben. Stell dir vor, so eine uralte Zeremonie mit einer Rasierklinge statt mit einem Feuersteinmesser zu vollziehen! Mir war es egal. Jemand, der mir lieb war, hatte Schmerz ertragen, mir etwas von sich gegeben, ein Stück von seinem Körper, um mir beten zu helfen und mein Herz zu stärken. Wie konnte ich Angst haben, wenn so viele Menschen – lebende und tote – mir beistanden?

Eines machte mir jedoch Kummer. Ich wollte ein Medizinmann werden, ein *Yuwipi*, ein Heiler. Aber du kannst nicht einfach Medizinmann lernen wie ein Weißer, der Medizin studiert. Ein alter, heiliger Mann kann dich die Kräuter lehren und die rechte Weise, eine Zeremonie zu vollziehen, wo alles seinen bestimmten Platz hat, wo jeder Bewegung, jedem Wort eine eigene, besondere Bedeutung zukommt. Diese Dinge kannst du lernen – so wie Buchstabieren oder das Abrichten von Pferden. Aber für sich bedeuten diese Dinge nichts. Ohne die Vision und die Kraft wird solches Lernen nutzlos sein. Es würde keinen Medizinmann aus mir machen.

Wie aber, wenn ich versagte, wenn ich gar keine Vision haben würde? Oder wenn ich von den Donnerwesen träumte oder der Blitz in den Berg einschlüge? Das würde mich auf der Stelle zu einem *Heyoka* machen, einem Verdreher, einem Drunter-Drüber, einem Clown. „Wenn du die Kraft empfängst, wirst du es wissen", hatte mein Onkel Chest zu mir gesagt. „Wird sie dir nicht gegeben, dann wirst du uns nicht belügen, du wirst uns nichts vormachen. Das würde dich töten oder einen, der dir nahe steht, einen, den du lieb hast."

Die Nacht zog herauf. Ich fühlte mich immer noch schwindlig und benommen von meinem ersten Schwitzbad, in dem ich mich gereinigt hatte, bevor ich den Hügel hinaufstieg. Ich war nie zuvor in einer Schwitzhütte gewesen. Ich hatte in dem kleinen, bienenkorbförmigen Gehäuse aus gebogenen Weidenruten gesessen, das mit Decken umhängt war, um die Hitze zu halten. Der alte Chest und drei andere Medizinmänner waren mit mir in der Hütte gewesen. Ich hatte mit dem Rücken gegen die Wand gesessen und war so weit wie möglich von den rotglühenden Steinen weggerutscht, die in der Mitte lagen. Als Chest Wasser über die Steine goß, hatten mich Schwaden zischend-heißen Dampfs eingehüllt und meine Lungen gefüllt. Ich hatte gedacht, die Hitze würde mich umbringen, mir die Augenlider aus dem Gesicht brennen! Doch inmitten all dieses wirbelnden Dampfes hatte ich Chest singen gehört. Es konnte also gar nicht so schlimm sein. Ich hatte nicht gerufen: „All meine Verwandten!" – woraufhin er die Klappe der Schwitzhütte zurückgeschlagen hätte, um kühle Luft einzulassen – und ich war stolz darauf. Ich hatte ihn für mich beten gehört: „O heilige Steine, wir empfangen euren weißen Atem, den Dampf. Er ist der Atem des Lebens. Möge dieser Junge ihn einatmen. Macht ihn stark."

Das Schwitzbad hatte mich für die Visionssuche vorbereitet. Selbst jetzt, eine Stunde später, prickelte meine Haut immer noch. Aber es schien mein Gehirn leer gemacht zu haben. Vielleicht war das gut so, jede Menge Platz für neue Einsichten.

Die Nacht hatte sich über den Hügel gesenkt. Ich wußte, daß *Hanhepi-wi* aufgegangen war, die Nachtsonne, so nämlich nennen wir den Mond. In meiner engen Höhle gekauert sah ich sie nicht. Gleich einem samtenen Umhang umschloß mich die Schwärze. Sie schien mich von der Außenwelt abzutrennen, selbst von meinem eigenen Körper. Sie ließ mich auf die Stimmen in meinem Innern lauschen. Ich dachte an meine Vorväter, die vor mir auf diesem Hügel gekauert hatten, denn die Medizinmänner in meiner Familie hatten diese Stelle als Ort der Meditation und für die Visionssuche gewählt, seitdem sie vor gut zweihundert Jahren zum erstenmal den Missouri überquert hatten, um im White-River-Gebiet Büffel zu jagen. Mir war, als könnte ich ihre Gegenwart unmittelbar durch die Erde spüren, gegen die ich lehnte. Ich konnte sie in meinen Körper eingehen fühlen, konnte fühlen, wie sie sich in meinem Herzen und meinem Kopf regten.

Laute drangen zu mir durch das Dunkel: das Heulen des Windes, das Flüstern der Bäume, die Stimmen der Natur, Tierlaute, das Schreien einer Eule. Plötzlich fühlte ich die Gegenwart von etwas Übermächtigem. Dort unten mit mir in meinem engen Loch war ein großer Vogel. Die Grube war grade breit genug für mich, und ich war ein schmales Bürschchen, aber der riesige Vogel flog um mich herum, als ob er den ganzen Himmel für sich hätte. Ich konnte seine Schreie hören, manchmal aus der Nähe und manchmal aus weiter, weiter Ferne. Ich fühlte, wie Federn oder ein Flügel meinen Rücken und meinen Kopf berührten. Dieses Gefühl war so überwältigend, daß es einfach zu viel für mich war. Ich zitterte, und meine Knochen erstarrten zu Eis. Ich griff nach der Rassel mit den vierzig Fleischstückchen meiner Großmutter. Es waren auch viele kleine Steine darin, winzige Fossilien, die man von einem Ameisenhaufen gelesen hatte. Die Ameisen sammeln sie. Kein Mensch weiß warum. Diesen kleinen Steinen sagt man nach, sie hätten Kraft in sich. Ich schüttelte die Rassel, und sie machte ein beruhigendes Geräusch, als ob Regen auf einen Felsen prasselt. Sie sprach zu mir, aber das konnte meine Ängste nicht vertreiben. Ich nahm die heilige Pfeife in meine andere Hand und fing an zu singen und zu beten: „*Tunkashila*, Großvater Geist, steh mir bei." Aber auch das half nichts. Ich weiß nicht, was in mich gefahren war, aber ich war nicht länger ich selbst. Ich fing an zu weinen. Im Weinen war selbst meine Stimme eine andere. Sie hörte sich an wie die eines älteren Mannes, ich konnte diese fremde Stimme nicht einmal erkennen. Ich gebrauchte lang verschollene Worte in meinem Gebet, Worte, die heutzutage keiner mehr gebraucht. Ich versuchte, meine Tränen abzuwischen, aber sie wollten nicht abreißen. Zu guter Letzt zog ich einfach die Steppdecke über mich, rollte mich darin ein. Und immer noch fühlte ich, wie mich die Vogelschwingen berührten.

Langsam wurde mir klar, daß eine Stimme mir etwas zu sagen versuchte. Es war ein Vogelschrei, aber ich sage dir, ich fing an, einiges zu verstehen. Das kommt manchmal vor. Ich kenne eine Frau, die einen Schmetterling auf ihrer Schulter sitzen hatte. Der Schmetterling sprach zu ihr. So wurde sie zu einer großen Medizinfrau.

Ich hörte auch eine menschliche Stimme, fremdartig und mit hohem Tonfall, eine Stimme, die nicht von einem gewöhnlichen Lebewesen stammen konnte. Urplötzlich war ich hoch droben bei den Vögeln. Der Hügel mit der Visionsgrube lag hoch über allem andern. Selbst auf die Sterne konnte ich hinuntersehen, und der Mond lag dicht zu meiner Linken. Es sah so aus, als ob die Erde und die Sterne unter mir ihre Bahnen zogen. Eine Stimme sagte: „Du bringst dich hier selbst zum Opfer, um ein Medizinmann zu werden. Zur rechten Zeit wirst du einer sein. Du wirst andere Medizinmänner lehren. Wir sind das Vogelvolk, die Geflügelten, die Adler und die Eulen. Wir sind eine Nation, und du sollst unser Bruder sein. Nie wirst du einen von uns töten oder verletzen. Du wirst uns verstehen, jedesmal, wenn du kommst, um hier auf diesem Hügel eine Vision zu suchen. Du wirst die Kräuter und Wurzeln lernen, und du wirst Menschen heilen. Du wirst nichts dafür verlangen. Des Menschen Leben ist kurz. Mach deines wert."

Ich fühlte, daß diese Stimmen gut waren, und langsam wich meine Furcht. Ich hatte jedes Zeitgefühl verloren. Ich wußte nicht, ob es Tag oder Nacht war. Ich schlief und war doch hellwach. Dann sah ich eine Gestalt vor mir. Sie kam aus dem Dunkel und dem wirbelnden Nebel hervor, der mein Erdloch durchwallte. Ich sah, daß dies mein Urgroßvater war, Tahca Ushte, Lame Deer, der alte Häuptling der Minneconjou. Ich konnte das Blut an der Brust meines Urgroßvaters herabtropfen sehen, dort, wo ihn die Kugel eines weißen Soldaten getroffen hatte. Ich verstand, daß mein Urgroßvater wünschte, ich möge seinen Namen annehmen. Das machte mich unsagbar glücklich.

Wir Sioux glauben, daß etwas in uns ist, das uns kontrolliert, beinah so etwas wie ein zweites Ich. Wir nennen es *Nagi*; andere nennen es vielleicht Seele, Geist oder Wesen. Man kann es nicht sehen, fühlen oder schmecken, aber jenes eine Mal auf dem Hügel – und nur das eine Mal –, da wußte ich, daß es in meinem Innern ist. Ich fühlte die Kraft durch mich branden wie eine Flut. Ich kann sie nicht beschreiben, aber sie erfüllte mich ganz und gar. Jetzt wußte ich mit Gewißheit, daß ich ein *Wichasha Wakan* werden würde, ein Medizinmann. Wieder weinte ich, doch diesmal vor Freude.

Ich hatte keine Ahnung, wie lange ich dort oben auf dem Hügel gewesen war – eine Minute oder ein ganzes Leben. Ich fühlte eine Hand auf meiner Schulter, die mich sanft rüttelte. Es war der alte Chest, der mich holen kam. Er sagte mir, ich hätte vier Tage und vier Nächte in der Visionsgrube gelegen, und es sei Zeit hinabzusteigen. Er würde mir etwas zu essen und Wasser zu trinken geben, und dann sollte ich ihm alles erzählen, was mir während meines *Hanblechia* widerfahren war. Er würde meine Visionen für mich deuten. Er sagte mir, daß die Visionsgrube mich in einer Weise verändert hätte, wie ich es zu der Zeit noch nicht würde verstehen können. Er sagte mir auch, daß ich nun nicht länger ein Junge, sondern ein Mann sei. Ich war Lame Deer.

LEONARD CROW DOG
Nordamerika/Sioux

Leonard Crow Dog entstammt einer Familie von Medizinmännern. Seine Vorfahren waren zu ihren Zeiten ebenso berühmt, wie es Crow Dog heute ist. Er wurde 1942 auf der Rosebud-Reservation geboren, in einer Landschaft von Nadelwäldern, Hügeln, flachem Grasland und Flüssen. Die heiligen Männer seines Stammes erkannten früh, daß der Junge mit Kräften begabt war, und sie erlaubten ihm nie, die Schule des weißen Mannes zu besuchen, denn das wäre bei seiner langen, harten Ausbildung zum Medizinmann hinderlich gewesen.

Der erste Crow Dog, Leonards Urgroßvater, ein enger Freund von Crazy Horse, war ein Führer der Ghost-Dance-Bewegung, die zum Massaker von Wounded Knee im Jahre 1890 führte. Leonard selbst war bei der Besetzung von Wounded Knee im Jahre 1973 der Medizinmann, und im Frühjahr 1974 setzte er eine Wiederbelebung des Ghost Dance in Gang. Eingeborene aus den gesamten Vereinigten Staaten sowie aus Kanada und Mexiko versammelten sich, um an diesem kraftvollen messianischen Ereignis teilzunehmen. Vom November 1975 bis zum März 1977 saß Leonard für sein politisches Eintreten in Wounded Knee im Gefängnis.

Leonard Crow Dog ist nicht nur eine politische Figur und ein traditioneller Sioux-Medizinmann, er ist auch ein Sonnentänzer, der sich viele Male durchbohrt hat, ein Sänger der heiligen Gesänge seines Volkes, ein fahrender Verkünder der Native American Church und ein Philosoph der Tat, der danach strebt, alle indianischen Nationen durch die Schaffung eines pan-indianischen Glaubens zu vereinigen. Bei mehr als achtzig nordamerikanischen Stämmen ist er anerkannter Medizinmann, und er hat seine Medizin von Küste zu Küste und von Kanada bis Mexiko ausgeübt. Seine metaphysische Sicht hat sich, wie sein guter Freund Richard Erdoes sagt, in den fünfundzwanzig Jahren, die seit der Zeit vergangen sind, als er im Alter von zwölf Jahren ein praktizierender Medizinmann wurde, weiter entfaltet und vertieft.[8]

Man kennt mich als Leonard Crow Dog, aber Leonard ist nur ein Name des weißen Mannes, den ich tragen muß. Der eigentliche Name, den ich als kleiner Junge erhielt, mein indianischer Name, lautet: *Der seine Medizin verteidigt*. Wenige kennen ihn. Ich versuche, mein Leben um diesen Namen zu entfalten. Nicht immer habe ich meine Medizin gut verteidigt, doch ich gebe mir Mühe.

Bevor mir der Weg des Medizinmannes gewiesen werden konnte, mußte ich mich reinigen, ich mußte auf den Hügel hinaufsteigen zum *Hanblechia*, um nach einem Traum zu rufen, um eine Vision zu bitten, die mir den Weg zeigen würde. Das ist ein hartes Unterfangen, besonders für einen kleinen Jungen. Es erforderte allen Mut, den ich besaß. Bevor ich mich auf meine Visionssuche begeben konnte, mußte ich mich im *Oinikaga*-Tipi, dem *Inipi*, der Schwitzhütte, reinigen. Mein Onkel Good Lance und mein Vater machten alles für mich bereit. Good Lance sollte die Zeremonie leiten, und mein Vater sollte ihm dabei helfen. Das *Inipi* ist wohl unsere älteste Zeremonie, denn es wird um die einfachsten, grundlegendsten, lebensspendenden Dinge herum errichtet: das Feuer, das von der Sonne kommt, die Wärme, ohne die es kein Leben geben kann; *Iñyañ Wakan*, oder *Tunka*, der Stein, der da war, als die Erde entstand, und der da sein wird am Ende der Zeit; die Erde, der Mutterschoß; das Wasser, das alle Geschöpfe brauchen; unser grüner Bruder, der Salbei und von all diesen umgeben: der Mensch, der Mensch, so wie er ist, nackt wie bei der Geburt, wie er die Last, den Geist unzähliger Generationen vor ihm fühlt und sich selbst als ein Teil der Erde erfährt, als Kind der Natur, nicht als ihr Herr.

Es ist auch die einfachste aller Zeremonien. Alles, was du brauchst, ist ein Fleck Erde von knapp zwei Metern Durchmesser, sieben junge Bäume, die sich biegen lassen, Steine, Holz fürs Feuer, ein paar Decken und einen Eimer frisches Wasser aus dem nächsten Bach. Ein Mensch allein könnte ohne fremde Hilfe, ohne fremden Zuspruch einen Trost, einen großen Auftrieb in dieser Zeremonie erfahren. Er bräuchte kein Geld, keinen Pfarrer mit steifem Kragen, um ihm beizustehen. Er könnte sich in einer halben Stunde eine Schwitzhütte bauen. Viele haben das getan, da bin ich sicher, wenn sie Not fühlten.

Nun also sollte ich mich das erste Mal reinigen, in mein erstes Schwitzbad gehen, das eigens für mich hergerichtet wurde! Mir war sehr feierlich, ehrfurchtsstarr und unbehaglich zumute. Mein Vater und mein Onkel wie auch die anderen Verwandten nahmen mir die Befangenheit, indem sie Witze rissen und komische Bemerkungen machten. Im Leben sind das Heilige und der Alltagstrubel, Trauer und Lachen, Kopf und Bauch allesamt bunt durcheinander gemischt. Der Große Geist will nicht, daß wir alles hübsch sauber auseinanderhalten. Das überläßt er den Weißen, die sonntags in der Kirche ein Verhaltenskostüm tragen und wochentags ein anderes. Wir taten etwas Heiliges, aber das bedeutete nicht, daß wir nicht lachen sollten, während wir Holz fürs Feuer sammelten. „Dieses *Inipi* für meinen Sohn ist sehr wichtig", sagte mein Vater. „Wir wollen nur das heilige Holz, das Holz der Balsampappel, *Chan-Wakan*, dafür verwenden." So geschah es. Good Lance legte zunächst vier Stöcke auf den Boden, ein Viereck, und legte dann vier weitere darüber, während er zum Westen, zum Norden, zum Osten und zum Süden betete. Nach heiliger Art errichtete er einen kegelförmigen Holzstoß für das Feuer.

Das Häufchen grauer Steine wartete bereits, Steine, die schon viele Schwitzbäder hinter sich hatten, gute, erprobte Steine, die nicht im Feuer springen und zerplatzen würden. Sie waren von der *Sintkala Wakshu*, Vogelstein, genannten Art. Sie sind manchmal von Mustern überzogen, zart und fein wie Spinnweben, die schnell in der Sonne verblassen. Die Wissenschaft, wenn dich das interessiert, bezeichnet sie als Kalkstein. Neben dem Steinhaufen lag ein riesiger, ausgebleichter Büffelschädel, auf den das Zeichen des Blitzes gemalt war. Die Augenhöhlen waren mit zwei Salbei- und Graskugeln ausgestopft. Good Lance band eine kurze Schnur mit einem Tabaksopfer um eins der Hörner. Er war, wie ich schon sagte, darauf bedacht, daß alle Rituale, bei denen er zugegen war, auch nach echter, alter Art abliefen.

Er vergewisserte sich, daß kein Dosentabak in einer seiner Zeremonien verwandt wurde, nur *Chanshasha*, unser alter roter Weidenrindentabak. Er verzog das Gesicht, als er den blanken, neuen Metalleimer mit der ebenso blanken, neuen Kelle sah. Aus seinem alten, abgewetzten Koffer holte er eine uralte Schöpfkelle aus Büffelhorn hervor. „Wir nehmen die hier statt dessen", sagte er, „und was den Eimer anbelangt, so sollten wir eigentlich einen Büffelpansen als Wasserbehälter nehmen, aber heutzutage kriegst du keinen mehr, also muß dieses Ding hier", wobei er dem sein Auge beleidigenden Eimer einen leichten Tritt versetzte, „es wohl tun." Good Lance war in dieser Beziehung ganz anders als die anderen Medizinmänner, die es schon längst aufgegeben hatten, sich um Details zu scheren, weil die, wie sie sagten, eh nur unwichtige Äußerlichkeiten wären. „Und geht nicht im Unterzeug ins *Oinikaga*-Tipi, mit Bruchband und feschen Höschen mit Blümchen drauf", ermahnte uns Good Lance. „Der Geist kann das nicht leiden. Ihr geht nackt rein."

Mein Vater und mein Onkel machten dann eine Schwitzhütte für mich. Sie nahmen zwölf junge Weidenstämme und steckten sie senkrecht in den Boden, so daß sie einen Kreis bildeten, sechs auf der einen und sechs auf der anderen Seite. Sie bogen diese Stöcke zu einer Art Kuppel zusammen, etwa hüfthoch, und banden sie mit Streifen roten Tuchs aneinander. Sechs Tabaksopferbeutel wurden an diesem Gerippe festgebunden. „Dies sind die Knochen des *Oinikaga*-Tipis; jetzt müssen wir ihnen Fleisch und Haut geben", sagte Good Lance. Dann bedeckte er das Gerippe mit Decken und breitete eine große, verschossene Plane über das Ganze. Nun war die Hütte fertig und sah ganz nach einem mit Leinwand überspannten Iglu aus, wie es ein Anthropologe mal beschrieben hat. Auch ich durfte helfen, sammelte Salbei und legte den Boden der kleinen Hütte damit aus. Außer meinem Vater, Good Lance und mir waren noch vier andere Verwandte da, die sich mit mir reinigen sollten. Ich fragte mich, wie sie wohl alle reinpassen würden. Die Hütte sah so klein aus.

Dann hoben sie die Feuergrube aus, ein rundes Loch, genau in der Mitte der kleinen Hütte. „Das ist das Universum, das ganze Universum ist in diesem winzigen *Oinikaga*-Tipi enthalten", erklärte mir mein Vater. „Die ganze Welt ist mit uns dort drin, um zuzuhören, wenn wir beten." Die Erde, die sie aus der Feuergrube geschaufelt hatten, schütteten sie zu einem geraden Damm auf, der knappe drei Meter weit aus der Hütte hinausführte, und mit der restlichen Erde machten sie einen kleinen Hügel. „Der stellt *Unchi* dar, unsere Großmutter Erde. Denk daran", sagten sie mir. „Und der kleine Damm, der zu ihr hinführt, das ist *Chanku-Wakan*, die Heilige Straße des Lebens. Geh sie gerade." Die Grube in der Hütte, der kleine Erdhaufen und der Holzstoß lagen alle auf einer Linie. In der Nähe des einen Eingangs, auf der rechten Seite, bildeten zwei kleine Astgabeln mit einem dritten Zweig, der waagerecht darübergelegt war, ein Gestell, gegen das unsere heilige Pfeife, weitergereicht vom Vater an den Sohn, gelehnt wurde.

Nun war alles bereit. Das Feuer, in dem die Steine aufgeheizt wurden, flackerte bereits. Wir zogen uns aus und betraten die Hütte. Good Lance war der Führer, also ging er zuerst und setzte sich mit seinem Wassereimer auf die rechte Seite. Ich ging als Vorletzter rein. Der Letzte war mein Vater, der den Helfer spielte. Klein wie ich war, mußte ich doch auf allen Vieren reinkriechen. „Möge dich das an deine Brüder erinnern", sagte jemand, „an den Büffel, den Hirsch, die Antilope, die auf vier Beinen gehen. Bete für sie." Der Eingang des *Initipi* wies nach *Wiyohpe*, nach Westen. Ich konnte die untergehende Sonne durch den Eingang sehen. Die heiße Luft über dem Feuer ließ ihre Strahlen tanzen. Ich war überrascht, wie leicht wir alle hineinpaßten.

„Sitz nicht so schlaff da wie ein *Washichu*", sagte mein Cousin neben mir. „Sitz auf den Knien wie ein Indianer."

Good Lance griff ein Büschel duftendes Gras und zündete es mit einem Streichholz an. Er steckte auch das Salbeibündel an. Ich werde nie vergessen, wie süß es jenes erste Mal roch. Nach so vielen Jahren berührt es mich immer noch genauso, sooft ich ein Schwitzbad nehme. „Dies wird deinen Körper heilig machen", sagte Good Lance und räucherte mich ein, indem er das schwelende Gras über mir und um mich herum schwenkte. Er ermunterte mich, den süßen Duft einzuatmen, meine Hände dicht an das brennende Ende der Kräuter zu halten, sie zusammenzureiben, mich überall mit dem süßen Geruch einzureiben. Jemand zerdrückte ein anderes Kraut zwischen seinen Händen, *Wahpe-Washtemna*, indianisches Parfüm, und rieb seinen Körper ein. Good Lance bat dann um Ruhe. „Der Augenblick ist gekommen. Ich möchte, daß ihr still seid. Hört auf zu schwatzen. Wenn ich die Steine hinlege, gedenkt *Wakichagapi*, gedenkt eurer toten Verwandten und Freunde, betet für sie im Geiste." Dann rief er nach den ersten sechs Steinen.

Einer meiner älteren Cousins hatte das Feuer zu hüten. Er tat all das, was draußen erledigt werden mußte. Auf einer Astgabel brachte er die ersten sechs Steine herbei und reichte sie einen nach dem andern in völligem Schweigen heran. Jedesmal, wenn ein Stein auftauchte, griff sich Good Lance die große Astgabel und senkte sie in die Feuergrube. Mein Cousin hätte gern eine Schaufel genommen, weil das leichter gegangen wäre, aber Good Lance ließ es nicht zu. Zuerst legte er einen Stein in die Mitte der Grube, dann vier Steine darum, dann einen weiteren Stein oben auf den mittleren. So stellten sie die Erde, die vier Richtungen des Universums und den Himmel dar. Der Helfer draußen schloß die Klappe, und wir saßen im Dunkeln.

Die Steine glühten dunkelrot, wie in der Esse erhitztes Eisen. Tausend winzige Funken stoben von ihnen auf, und sie machten ein Geräusch wie ein aufgestörter Ameisenhaufen. Und heiß waren sie! Ich rutschte von ihnen fort, so weit ich konnte, preßte meinen Rücken gegen die Wand der Schwitzhütte und nahm das ganze Geschehen sehr bewußt wahr: die Hitze, das Gefühl des Salbeis unter meinem Hintern, die rotglühenden Steine.

„Wenn es für dich zu heiß wird", flüsterte mein Vater mir zu, „sag *Mitakuye Oyasin*, all meine Verwandten. Dann machen wir die Klappe auf und lassen etwas kühle Luft rein. Aber nur, wenn du es unbedingt mußt."

Mit seinem Büffelhornschöpfer goß Good Lance eiskaltes Wasser über die rotglühenden Steine. Es zischte gewaltig, und wir waren auf der Stelle in eine Wolke sengenden weißen Dampfs eingehüllt. Der war so heiß, daß es mich wie eine Schockwelle traf. Mir war, als hätte ich meinen Kopf in unseren alten Küchenherd gesteckt, wenn sein Boden mit feurigen Kohlen bedeckt war. Ich wagte nicht zu atmen; ich dachte, wenn ich es täte, würden meine Lungen verkohlen. Aber ich schrie nicht. Ich steckte nur einfach den Kopf zwischen die Knie. Good Lance betete. Er gebrauchte uralte Worte, von denen ich einige nicht verstand. Er betete für die Toten, die uns lieb waren, für unsere Soldaten, die in Übersee ihren Dienst taten, in Korea, Okinawa, Deutschland. Er betete für die Erde, die Tiere, die Pflanzen. Er betete zu *Tunkashila*, dem Großvater Geist: „Gib diesem Jungen hier einen guten Traum, eine gute Vision. Laß ihn den Medizinpfad wandeln. Mach ihn wert."

Nach jedem Satz sagten wir alle: *„Hau, ohan, Tunkashila onshimala ye."* Wir alle versuchten, den heißen Dampf mit den Händen zu erwischen, ihn über uns zu reiben.

„Dieser Dampf ist der heilige Atem des Universums. Hokshila, Junge, du bist wieder in deiner Mutter Schoß. Du sollst wiedergeboren werden." Sie alle sangen zwei Lieder, uralte Lieder, die in jene Tage zurückreichten, als wir Sioux über die Prärie schweiften, als wir an den Großen Seen Mais anpflanzten. Ich fühlte mit einmal, wie mich die Weisheit von Generationen berührte. Die Männer, meine Verwandten, sangen laut und kräftig, während ich kaum atmen konnte. Ich fragte mich, wie sie es bloß anstellten.

Good Lance rief: *„Ho, Mitakuye Oyasin"*, und mein Cousin draußen schlug die Klappe zurück, ließ den Dampf abziehen, ließ Licht und wunderbare Kühle einströmen. Mein Vater zündete die heilige Pfeife an, erhob ihren Stiel im Gebet, nahm vier Züge und reichte sie an mich weiter. Ich sog den Rauch ein, so fest ich konnte, und hoffte, die Pfeife würde mir nicht ausgehen, denn das wäre ein schlechtes Zeichen gewesen. Mein Vater sorgte dafür, daß sie es nicht tat, indem er den Tabak im Pfeifenkopf sacht mit einem Stocher aus Salbeiholz auflockerte. Dieser Stocher hatte, wie ich wußte, einmal die Brust eines Sonnentänzers durchbohrt. Ich nahm meine vier Züge und reichte die Pfeife weiter.

„Diese *Chanupa*, diese heilige Pfeife", sagte mein Vater, „möge dich leiten. Sie ist die Seele unseres Volkes. Ihr roter Stein ist das Blut und das Fleisch der Dakota. Ihr Stiel ist unser Rückgrat. Die Feder am Stiel birgt in sich die Weisheit *Wanblees*, des Adlers. Der Rauch, der ihr entsteigt, ist der Atem *Tunkashilas*. Mit der Pfeife kannst du nicht lügen. Solltest du je die Unwahrheit sagen, während du rauchst, wird dich der Blitz erschlagen." Der Tabak schmeckte und roch gut. Sein schwerer Duft erfüllte die Schwitzhütte. Ich fühlte mich wunderbar, stolz, mit den Erwachsenen zu rauchen. Ich fühlte mich eins mit ihnen. Ich reichte die Pfeife weiter.

Nachdem Good Lance an der Reihe gewesen war, rief er nach weiteren Steinen, keine besondere Anzahl. Er ermahnte uns nicht eigens, ruhig zu sein. Die ersten sechs waren die wichtigsten gewesen. Wieder wurden heiße Steine hereingebracht und die Klappe geschlossen. Die Hitze, der Rauch, der Tabak – sie alle hatten mich schwindlig und benommen gemacht. Sie hatten meinen Kopf leer gemacht, so daß die Geister eingehen konnten. Ich fühlte mich schwach, aber ich fühlte auch die Kraft durch meine Adern strömen, eine neue, seltsame Kraft. Als ich in die glühenden Steine starrte, meinte ich, einen kleinen Vogel zu sehen. Ich erkannte in ihm einen Adler. Kaum geschaut, verwandelte er sich in eine Pfeife. Das alles ging blitzartig vor sich, in einem Augenblick, aber für mich war es sehr wirklich.

„Das Glühen, die Hitze, die Flamme, das Feuer, *Petaowihankeshni*, das Feuer ohne Ende. Dein Großvater entzündete es für deinen Vater, der es dir nun anzündet", sagte jemand im Dunkeln. „Hokshila, Junge, hüte dieses Feuer. Gib es an die nächste Generation weiter, an den Sohn, den du einmal haben wirst, auf daß er es an seine Kinder weitergeben kann." Wieder wurde Wasser darübergegossen. Wieder hüllte uns der heiße, wirbelnde Dampf ein. Dieses Mal fühlte er sich gut an. Ich genoß das Gefühl, wie er meine

Lungen aufheizte und sich heiß in meinem ganzen Körper ausbreitete.

Die Kraft mußte auch in die andern eingegangen sein. Die Gesänge hoben sich zu einer neuen Höhe, einer neuen Stärke, einer neuen Eindringlichkeit, wie ich niemals zuvor Gesänge gehört hatte. Sie schüttelten die kleine Hütte, als würde sie von einer Riesenhand gepackt. Sie zitterte wie ein Blatt im Wind. Unter uns schien die Erde zu schwanken.

„Der Großvater ist hier", sagte Good Lance. „Die Geister sind hier. Des Adlers Weisheit ist hier."

Wir alle glaubten es, wußten es. Die Pfeife wurde rechts herum gereicht, und wir rauchten wieder. Viermal im ganzen wurden die Steine gebracht; viermal wurde das Wasser darübergegossen; viermal beteten wir und sangen; viermal rauchten wir.

Nach dem letzten Mal sagte Good Lance zu mir: „Hokshila, du bist gereinigt worden; du bist nun kein Kind mehr, du bist nun bereit und gestärkt, um hinaufzugehen und nach einem Traum zu rufen. *Hechetu.*"

Dann sagten wir alle der Reihe nach: „*Mitakuye Oyasin*, all meine Verwandten!" Und das meinte alle Zweibeiner, alle Vierbeiner, selbst die mit acht oder gar keinen Beinen. Es meinte die mit Flügeln und die mit Flossen, die mit Wurzeln und Blättern, alles Lebendige, all unsere Verwandten. Mein Vater nahm die Pfeife auseinander und säuberte sorgfältig den Kopf. Mein erstes *Inikagapi* war vorbei.

Aber das Schwitzbad war nur der Anfang, nur der erste Teil des *Hanblechia*. Nachdem ich meinen glänzenden Körper mit Salbei trockengerieben hatte, zog ich mich an. Ich fühlte mich gut, prickelnd, als sei dies mein erster Tag auf Erden. Ich sah meine Schwestern ein kleines Stück zum Fluß hin abseits zusammenstehen. Delphine brachte ein Fleischopfer, um mir fasten zu helfen. Sie stand ruhig da und hielt eine Friedenspfeife, eine kleine, L-förmige, rote Pfeife, so, daß der Stiel nach oben in die Wolken wies. Einige ihrer Cousinen schnitten ihr Fleischstückchen aus den Armen, lüpften die winzigen Hautvierecke mit einer Nadel und trennten sie mit einer Rasierklinge ab. Blut floß als dünnes

Rinnsal den Arm meiner Schwester von der Schulter zum Ellbogen hinab. Sie stand einfach da, still, völlig unbewegt, und sah geradeaus. Unsere Cousinen nahmen jedes kleine Fleischstückchen und legten es auf ein viereckiges rotes Tuch.

Nachdem sie zwanzig Stücke geopfert hatte, wurde das rote Tuch, das diese enthielt, zu einem kleinen Bündel zusammengeschnürt und an die Pfeife gebunden, die mir meine Schwester mit den Worten überreichte: „Wenn du dich fürchtest oder den Mut verlierst, nimm dies als einen Halt."

Denk doch: du kannst durch dein Leiden jemandem helfen, den du liebst. Wenn du einen Verwandten hast, der krank ist, und du möchtest, daß er wieder gesund wird – wenn du dann gar nichts anderes hast, schau, du hast doch dein Fleisch, das du geben kannst, und du opferst es für ihn. Die Opfergaben meiner Schwester waren ebenso viele stille Gebete für mich, und der Gedanke daran brachte mich fast zum Weinen.

Good Lance gab mir auch einen Medizinbeutel mit einem Stein und einigen Tabaksschnüren darin. Mein Vater gab mir eine Adlerknochenpfeife. „Wenn es schlimm wird", riet er mir, „dann blas auf ihr." Es gab nichts mehr zu tun, als auf den Hügel zu steigen.

Mein Vater und einer meiner Onkel, Joe Yellow Wolf, führten mich hinauf. Die Fastenstätte der Crow Dogs, ihr heiliger Ort, befindet sich auf dem Grass Mountain, einem steilen Hügel mit einem guten Ausblick auf unser Haus, den Fluß, das Tal, eine ganze Hügelkette auf der anderen Seite. Ein Teil dieses Hügels besteht aus einem breiten Plateau, wo sich manchmal verirrtes Vieh herumtreibt. Das Plateau wird zum Ende hin schmaler und ist dort dicht bewaldet. Das Gras und die Kräuter gehen dir bis zu den Knien. Dort unter den Kiefern ist unsere Visionsgrube, ein L-förmiges Loch, das man im Boden ausgehoben hat, zunächst gerade nach unten, worauf sich ein kurzer, waagerechter Gang tief unter den Wurzeln der Bäume anschließt. Du sitzt am Ende dieses Gangs und fastest.

Ein erwachsener Mann fastet je nachdem zwischen ein und vier Tagen. Ein Medizinmann, der eine große Vision sucht, fastet immer vier Tage. Ich kenne einen Heiler, Pete Catches, der sogar noch länger gefastet hat. Auch seine Frau ging durch ein langes Fasten. In meinem Fall war beschlossen worden, daß ich zwei Tage und zwei Nächte lang allein dort oben ohne Essen oder Wasser bleiben sollte. Ich war nur ein Junge, vier Tage wären zuviel gewesen. Andererseits wollte ich ein Medizinmann werden, daher sollte es mehr als bloß ein Tag sein.

„Hokshila, Sohn, denkst du, du kannst so lange durchhalten?"

Ich sagte „Ja", und das Herz schlug mir bis zum Hals.

Sie steckten Gebetsfahnen – rote, schwarze, gelbe und weiße – im Geviert um das Fastloch herum. Sie banden eine Schnur mit 105 Tabaksbeuteln im Viereck darum. Sie legten den Büffelschädel direkt vor den Eingang. Dann war es an der Zeit, daß ich mich auszog und in das Loch hinabstieg. Mein Vater und mein Onkel krochen mit mir hinein, obwohl für sie wirklich kein Platz war. Sie hüllten mich in eine Sterndecke ein und schnürten mich mit einem Wildlederriemen darin fest. Das symbolisierte die Hoffnung, ich möge eines Tages ein *Yuwipi Wichasha* sein, eine Art Medizinmann, der seine Zeremonien einer Mumie gleich in eine Decke geschnürt vollzieht. Na ja, sie klopften mir auf die Schulter, murmelten ein paar ermunternde Worte und ließen mich allein, mit klopfendem Herzen, ein ziemlich verängstigtes, kleines Bündel.

Die ersten Stunden waren die schwersten. Es war stockdunkel und totenstill. Ich saß da, ohne mich zu rühren. Meine Arme und Beine schliefen ein. Ich konnte weder sehen noch hören noch fühlen. Ich wurde fast körperlos, ein Ding mit einem Herzen und wilden Gedanken, aber ohne Fleisch und Knochen. Würde ich je wieder sehen und hören können? Mit meinen Fingern umklammerte ich die kleine Pfeife, betastete das Bündel mit dem Fleisch meiner Schwester. Ich entdeckte, daß mir das ein wenig Mut machte. Ich weiß nicht, wie lang ich dort saß. Jedes Zeitgefühl hatte ich längst verloren. Ich wußte nicht, ob es Tag oder Nacht war, hatte nicht einmal die Möglichkeit, es herauszufinden. Ich betete und betete, Tränen liefen mir in Strömen über die

Wangen. Ich wollte Wasser haben, aber fuhr fort zu beten. Gegen Abend des zweiten Tages – diese Zeitangabe ist nur eine wilde Vermutung – erblickte ich Räder vor meinen Augen, die sich in einen feurigen Reif fügten und sich dann wieder in leuchtende, farbenprächtige Kreise schieden, die vor meinen Augen tanzten und sich wieder zu einem großen Kreis zusammenzogen, einem Kreis mit einem Mund und zwei Augen.

Plötzlich hörte ich eine Stimme. Sie schien aus dem Innern jenes Bündels zu kommen, das ich war, eine Stimme aus dem Dunkel. Es war schwer zu sagen, wo genau sie herkam. Es war keine menschliche Stimme; sie hörte sich nach einem Vogel an, der wie ein Mensch spricht. Meine Nackenhaare sträubten sich, die Härchen auf meinem Rücken richteten sich auf, mein Fleisch kribbelte, ich bekam eine Gänsehaut. Ich versuchte, die Stimme zu verstehen, und hielt die heilige Pfeife so fest gepackt, daß sie hätte brechen können. „Gedenke des Reifs", sagte die Stimme, die nicht die eines Menschen war. „Diese Nacht werden wir dich lehren." Und ich hörte viele Füße in meiner kleinen Visionsgrube umgehen. Und plötzlich war ich aus meinem Loch befreit, in einer anderen Welt, und stand vor einem Schwitzbad auf einer Prärie, die war mit wilden Blumen übersät und mit Herden von Hirschen und Büffeln.

Ich sah einen Mann auf mich zukommen. Er schien keine Füße zu haben, er schwebte einfach aus einem Nebelschleier auf mich zu. Er hielt zwei *Wagmuha*, zwei Rasseln, in seiner Hand. Er sagte: „Junge, was immer du deinem Volk erzählst, übertreibe nicht. Handle stets nach dem, was deine Vision dir zeigt. Heuchle nie." Der Mann trug eine altmodische Wildledertracht mit Borstenbesatz. Ich streckte meine Hände nach ihm aus, da war ich auf einmal wieder in meiner Sterndecke. Meine Hand lag auf dem Medizinbeutel mit den Steinen und den Tabakschnüren. Ich besitze ihn heute noch. Ich werde ihn immer bewahren. Immer noch hörte ich die Stimme: „Gedenke des Reifs. Gedenke der Pfeife. Sei ihr Sprachrohr." Ich hatte keine Angst mehr. Wer auch immer da sprach, er wollte mir nichts Böses.

Plötzlich wuchs vor mir eine kohlschwarze Wolke, aus der Blitze zuckten. Die Wolke wuchs und wuchs; sie bekam Flügel; sie wurde ein Adler. Der Adler sprach zu mir: „Ich gebe dir eine Kraft, nicht daß du sie für dich gebrauchst, sondern für dein Volk. Sie gehört dir nicht. Sie gehört den *Ikche Wichasha*, den Menschen schlechthin." Ich sah einen Reiter auf einem grauen Pferd auf mich zukommen, in seiner einen Hand hielt er einen Salbeikranz. Er hielt ihn hoch über sich. Wie der Mann, den ich zuvor gesehen hatte, hatte dieses Pferd keine Beine. Es kam gleichfalls einfach auf mich zugeschwebt. Und wieder löste sich alles in Schwärze auf, und nur ich blieb nackt in meine Decke gekauert zurück. Und wieder kam aus dem Nebel ein seltsames Wesen herbeigeschwebt, dicht behaart, bleich, formlos. Es wollte mir meine Medizin wegnehmen, aber ich rang mit ihm, verteidigte sie. Es kriegte meine Medizin nicht. Dann verschwand es ebenfalls.

Plötzlich rüttelte mich jemand an der Schulter. „Wach auf, Junge." Ich biß mir auf die Lippen, um nicht aufzuschreien, aber es waren nur mein Vater und mein Onkel, die mich holen kamen. Die zwei Tage und Nächte waren um.

Wieder im Haus erzählte ich ihnen, was ich gesehen hatte. „*Takoja*, Enkel", sagte Good Lance, „du hast einen guten Traum gehabt; er wird dich weit bringen. Hokshila, du wirst ein Medizinmann sein, ein *Yuwipi*. Aber zuvor wirst du vier Jahre lang ein Reiftänzer sein, bis du erwachsen bist. Jetzt werde ich etwas für dich tun." Bis zu jener Zeit hatte ich Schwierigkeiten mit dem Sprechen. Ich war zungenlahm, konnte nicht richtig reden, stotterte. Immer wenn ich einen Fremden traf, kriegte ich kein Wort raus. Niemand konnte mich verstehen. Good Lance legte mir seine Hände auf Kopf und Mund. Er umfächelte mich mit einer Adlerschwinge. Er betete: „*Tunkashila*, mach, daß dieser Junge redet." Und als ich am nächsten Morgen aufwachte, konnte ich besser sprechen, und bald konnte ich fließend reden. Nach dem Gebet sagte Good Lance: „Ich werde dir etwas Gutes zum Geschenk machen: einen Reif und ein Pferd. Jetzt geh schlafen."

Ich ging zu Bett, aber ich konnte nicht einschlafen. Ich schwebte zwischen Wachen und Schlafen hin und her. Noch immer hatte ich Visionen, konnte sie nicht abstellen, versuchte es auch nicht. Ich sah Kürbisrasseln vor meinen Augen tanzen, Sterne und viele, viele Farben, alle Farben des Regenbogens, wie sie sich in endlosem Kreisen drehten und drehten. Ich faßte unter mein Kopfkissen. Dort hatte ich meinen Medizinbeutel hingesteckt, der mit dem Stein und den Tabakschnüren. Ich umschloß ihn fest mit der Faust. So schlief ich schließlich zufrieden ein. Ich hatte meine Medizin gut verteidigt, wenn auch nur in einem Traum.

BROOKE MEDICINE EAGLE
Nordamerika/Nez Percé und Sioux

Heut fand ich ein paar dürre, bleiche Knochen
Und las sie auf, tat sie in einen Sack,
Sie auszuwerfen und die Zukunft zu befragen,
Wenn mich modernes Zeug im Stich gelassen hat.

Brooke Medicine Eagle – ihr heiliger Name lautet Tochter des Regenbogens und des Morgensternklans, deren Helfer Sonne und Mond sind und deren Medizin der Adler ist – *ist die Ururgroßnichte von Großvater Joseph, dem Führer und heiligen Mann der Nez Percé. Aufgewachsen auf der Crow-Reservation in Montana, wo die amerikanischen Eingeborenentraditionen verblichen, fand sie ihren Pfad, indem sie auf die alten heiligen Wege ihres Volkes zurückkehrte. Medicine Eagle war in ihren Zwanzigern, als sie sich einer rituellen Schulung bei der Medizinfrau der Nord-Cheyenne unterwarf, bei* Steht neben dem Feuer *(Josie Limpsie), die auch* Frau, die alles weiß *genannt wird.* Steht neben dem Feuer, *eine der höchsten traditionellen religiösen Führerinnen ihres Volkes, ist die* Hüterin der heiligen Büffelmütze.
Die Beschreibung, die Medicine Eagle von ihrer Vision auf Bear Butte gibt, entspricht der einer Frau, deren Sorge und Arbeit vorrangig weltweiten Belangen gelten, welche

die Völker aller Rassen und Traditionen angehen. Sie glaubt, daß die Träume und Visionen Black Elks und anderer Seher nunmehr allmählich eintreffen. „Sein (Black Elks) Stand war Warten. Unsere Generation muß nun zu ihren Ursprüngen zurückgehen, um jene Schönheit, von der er sprach, zu erfahren und die Ernte ohne Schuldgefühle einzubringen. Schuldgefühle lassen es nicht zu, daß wir aus der Quelle dieser großen Vision schöpfen."

In wirtschaftlichem Elend aufgewachsen wurde ihr ein Stipendium an der Universität von Denver zuerkannt, wo sie sich ein Diplom in Psychologie und Mathematik sowie den Magistergrad in Sozialpsychologie erwarb. Sie arbeitete an verschiedenen Universitäten, sparte sich Geld, ließ die westliche Bildung fahren und überließ sich dem Wind des Schicksals.

Medicine Eagle ist eine Dichterin und Sängerin heiliger Gesänge, eine Tänzerin traditioneller Formen und eine Heilerin.[9]

Die Visionssuche, auf die ich gegangen bin, unternahm ich mit meiner Lehrerin vom Stamm der Nord-Cheyenne. Sie ist fünfundachtzig Jahre alt und ist als die *Hüterin der heiligen Büffelmütze* bekannt. Bei ihrem Volk heißt sie einfach *Frau, die alles weiß*. Sie und eine jüngere Medizinfrau führten mich an einen Ort in South Dakota, den man Bear Butte nennt. Es ist Prärieland, das allmählich ansteigt und in die Black Hills übergeht. Das ist der traditionelle Ort des Fastens und der Visionssuche für die Sioux und die Cheyenne, und das schon seit Jahrhunderten. Die Cheyenne halten es so, daß du fastest und damit Leib, Seele und Gefühle reinigst. Dann begibst du dich für vier Tage und Nächte nur mit einem Lendenschurz bekleidet und einer Büffelfelldecke auf die Spitze eines Berges, und dort bleibst du, ohne Essen oder Wasser, und bittest um eine Vision. Auf diese Art Suche bin ich gegangen.

Die jüngere Medizinfrau führte mich die Kuppe hinauf. Sie bereitete und segnete ein Salbeibuschbett auf einem felsigen Hügel auf halbem Weg. Dies sollte mein Bett sein.

Nachdem wir eine Pfeife geraucht und Gebete gesprochen hatten, ließ sie mich allein. Ich brachte also die Zeit dort damit zu, zu fasten und um eine Vision zu bitten.

Es wurde gerade dunkel. Oben auf dem Berg konnte ich das Land unter mir überblicken: Dort unten war ein See, in weiter Ferne lagen die Black Hills, und ich konnte die Lichter von Rapid City sehen. Ich hoffte, daß es nicht regnen würde, denn hier oben wollte ich wirklich nicht naß werden. Ein paar Wölkchen huschten über den Himmel, aber es war noch ziemlich warm, später Herbst. Ganz friedvoll lag ich einfach da. Und neben mir tauchte eine Frau auf, älter als ich, aber eigentlich keine alte Frau. Sie war sehr einfach angezogen, Wildleder, und es überraschte mich, daß ihr Gewand keine Perlenstickerei aufwies. Sie trug ihr rabenschwarzes Haar in langen Zöpfen, und sie stand neben mir und fing an, zu mir zu sprechen. Wie sie so sprach, vernahm ich ihre Worte, jedoch nicht mit den Ohren; eigentlich hörte ich sie überhaupt nichts sagen. Mir war, als flößte sie mir etwas durch den Nabel ein, und es strömte durch mich hindurch, und manches davon konnte ich in Worte fassen, aber nicht alles, als habe sie mir etwas durch meinen Magen eingegeben und es dann aufsteigen lassen. So mußten die Worte, die ich dem beilegte, meine eigenen sein, und im Laufe der Zeit habe ich mehr und mehr von dem entdeckt, was sie mir erzählte.

Dann zogen die Wölkchen, die den Mond verdeckten, ab, und wie sie dahinzogen, flirrten Regenbogen im Schein des Mondes über ihr Kleid, und ich konnte erkennen, daß ihr Kleid mit Kristallperlen besetzt war, Hunderten von winzigen Kristallperlen; bei der leisesten Bewegung flirrten zarte Regenbogen über sie hin. Um diese Zeit etwa regte sich noch etwas anderes. Vom höher gelegenen Teil des Berges herab wurde es allmählich hell, und ich hörte sanfte Trommelschläge, sehr sanft. Es gibt einen Tanz, den die Frauen tanzen, und der ist sehr sanft. Und von jenem Berg herab kamen langsamen, leisen und sanften Schrittes die alten Frauen, die Geister jenes Landes, jenes Berges, alte grauhaarige Frauen, indianische Frauen, sie tanzten herab. Entweder *waren* sie Licht oder sie brachten das Licht. Auf gewundenem Pfad kamen sie den Berg hinab und umkreisen den Hügel, auf dem ich lag. Und wie sie im Kreis tanzten, sehr schnell, bildete sich in jenem Kreis ein weiterer Kreis, ein Kreis junger Frauen meines Alters, meiner Zeit, junge Frauen, die ich kannte, und auch sie tanzten. Diese beiden Kreise tanzten und kreisten, und sie begannen, sich ineinander zu verweben und wieder auseinander, wiegend ineinander überzugehen und wieder auseinander. Und dann bildete sich in diesem Kreis noch ein weiterer Kreis von sieben alten Großmüttern, weißhaarigen Frauen, Frauen, die für mich bedeutsam waren, kraftvollen alten Frauen.

In der indianischen Tradition findet sich ein erstaunliches Maß an Humor. Und der Humor stellte sich ein, während diese ernste und schöne Zeremonie stattfand. Da kam meine Freundin gerannt: mit fliegendem Haar sauste sie den Berg hinab. Immer kommt sie zu spät, dachte ich. Sie ist ein sehr edler Mensch, aber sie ist sehr unstet. In den Kreis kam also Dianne geflogen, ihr Haar wallte herab – wie immer war sie zu spät dran. Und auf ihrer Hand trug sie eine Taube. Die Regenbogenfrau blickte auf mich herab und sagte: „Ihr Name ist Mondtaube", und sie lächelte. Dianne ließ dann die Taube fliegen. Die Kreise um mich herum verschwanden, und ich war wieder allein mit der Regenbogenfrau.

Sie sagte mir, daß die Erde in Not sei, daß das Land in Not sei und daß hier auf diesem Land, dieser Schildkröteninsel, *Turtle Island*, diesem nordamerikanischen Kontinent, ein Gleichgewichten not täte. Sie sagte, daß die drängende, aggressive, analytische, intellektuelle, aufbauende, machende Energie ein großes Übergewicht über die weibliche, empfangende, gewährende, sich-ergebende Energie gewonnen habe. Sie sagte, was not täte, sei ein Aufrichten und Gleichgewichten. Und da wir das Gleichgewicht verloren hätten, müßten wir mehr Nachdruck auf das Sich-Ergeben legen, darauf, empfangend, gewährend und nährend zu sein. Sie sprach zu mir als Frau, und mir war es bestimmt, diese Botschaft vor allem an Frauen weiterzugeben. Aber nicht nur den Frauen tut es not, in dieser Weise zu erstarken; uns allen tut es not, Männern wie Frauen gleichermaßen.

Frauen sind in diesen Raum hineingeboren. Es ist natürlicher für uns, empfangend und nährend zu sein. So ist es einer Frau in diesem Körper bestimmt. Doch selbst die Frauen in unserer Gesellschaft tun sich dabei schwer. Keine von uns hat gelernt, dies geschehen zu lassen. Wir wissen, wie wir etwas *tun*, wir wissen, wie wir etwas *herstellen*, etwas *machen*, etwas *versuchen*. Aber wir müssen zulassen, offen sein, uns ergeben, dienen. Dies sind Dinge, von denen wir nicht viel verstehen. Sie sagte mir also, daß vor allem Frauen jenen Ort finden müssen, die Stärke ihres eigenen Ortes finden müssen, und daß die ganze Gesellschaft, Männer und Frauen, dieses Gleichgewicht braucht, damit wir uns selbst ins Lot bringen können.

Weiter sagte sie mir, daß wir auf diesem nordamerikanischen Kontinent alle Kinder des Regenbogens seien, wir allesamt – wir alle sind Mischblütige. Und vor allem an mich wandte sie sich und sagte, sie habe das Gefühl, ich würde eine Botin zwischen den Kulturen sein, über die Regenbogenbrücke hinweg, von der alten Kultur zur neuen, von der indianischen Kultur zur herrschenden und wieder zurück. Und in gewissem Sinne können wir in dieser Generation das alle sein. Wir können dazu beitragen, die Kluft zu überbrücken, die Brücke in das neue Zeitalter des Gleichgewichts zu bauen.

Über solche Dinge sprach sie zu mir, darüber, uns zu reinigen, so daß wir durchlässig werden für Liebe, Licht und Ergebung. Und als sie geendet hatte, stand sie einen Augenblick lang ruhig da. Ihre Füße blieben an Ort und Stelle, sie aber schoß über das Firmament in einem Regenbogen, der sich über die Himmel spannte, mit ihrem Kopf an der Spitze des Bogens. Und dann begannen die Lichter, die den Regenbogen bildeten, zu erlöschen, beinah wie ein Feuerwerk am Himmel. Sie erloschen von ihren Füßen aus und erloschen und erloschen. Und dann waren sie fort.

Als ich am nächsten Morgen erwachte, war der Abschluß des Regenbogens, der in der Nacht zuvor zu wachsen begonnen hatte, auf der anderen Seite des Himmels. Und eine Zeitlang tauchten danach Tag für Tag immer wieder Regenbogen in meinem Leben auf.

Es gibt nur sehr wenige Frauen, die den Pfad des Schamanen gehen, und doch ist dies mein Weg. Ich wurde auf der Crow-Reservation in Montana aufgezogen. Mein Blut ist Sioux und Nez Percé. Als ich auf der Reservation aufwuchs, wurde indianische Tradition dort sehr klein geschrieben. Mehr und mehr jedoch kehre ich auf den Stammesweg zurück. Dies geschah, als ich anfing, meine Visionen zu haben; durch meine Visionen wurde ich auf die alten Wege zurückgezogen. Ich habe es mir nicht ausgesucht oder gewünscht. Es kam einfach so.

Da ist noch ein Gefühl, das sich für mich mit der Visionssuche verbindet: Wenn die traditionellen Indianer beten, dann hießen ihre Gebete immer: „Nicht nur für mich selbst bitte ich, sondern auf daß die Menschen leben mögen, mögen die Menschen leben." Jeder von uns kann träumen, aber wenn du eine Vision suchst, so tust du dies nicht nur für dich selbst, sondern auf daß die Menschen leben mögen, daß für uns alle das Leben besser werde, nicht nur für dich, sondern für alle Menschen.

Ich sehe meine Aufgabe darin, in jeder nur möglichen Weise dazu beizutragen, daß die Erde geheilt werde. Ich fühle, daß wir in einer Zeit leben, in der die Erde verzweifelt nach Heilung verlangt. Überall wo wir hinsehen: Dürren, Erdbeben, Stürme, Umweltverseuchung. Ja, die Erde selbst verlangt nach Heilung. Und ich fühle, daß meine Berufung in jeder Weise liegt, in der ich helfen kann: die Erde ganz, das heißt heil zu machen und auf diese Ganzheit acht zu haben.

Das indianische Volk ist das Volk des Herzens. Als der weiße Mann in dieses Land kam, sollte er den Intellekt, jene analytische, intellektuelle Daseinsweise mit sich bringen. Und das indianische Volk sollte das Herz ausbilden, die Gefühle. Und jene beiden sollten sich einen, um das neue Zeitalter zu bauen, in Gleichgewicht, nicht das eine *oder* das andere.

Das geht jetzt erst seit etwa zweihundert Jahren so, und ich denke, wir sehen allmählich, wie die Kraft dieses Landes, jene empfangende Kraft, wieder zurückkehrt, und daß sich nach und nach ein Gleichgewicht abzuzeichnen beginnt.

Und ich fühle: das, was wir sind, ist dieses Land. Wir sind jene Kinder, von denen die Regenbogenfrau gesprochen hat. Wir sind die, denen es aufgetragen ist, dies zu tun. Wir sind jene Verschmelzung.

In der Philosophie der wahren Indianer ist Indianersein eine Haltung, ein Geisteszustand; Indianersein ist ein Daseinszustand, der Ort des Herzens. Dem Herzen zu gewähren, der Energieverteiler auf diesem Planeten zu sein; deinem Herzen, deinem Empfinden, deinem Fühlen zu gewähren, deine Energie zu verteilen; jene Energie aus der Erde zu ziehen und vom Himmel herunter; sie herunterzuziehen und vom Herzen – der wahren Mitte des Wesens – aus zu verteilen, das ist unsere Aufgabe.

Etliche Überlieferungen sprechen von vier oder fünf verschiedenen Welten und sagen, der Schöpfer habe all diesen Welten ein einfaches Gesetz gegeben: daß wir in Harmonie und Gleichgewicht mit allen Dingen leben sollten, einschließlich der Sonne. Und ein ums andere Mal haben die Menschen diese Harmonie zerstört; auch wir haben sie zerstört. Und wieder haben wir es ohne irgendwelche Not getan. Wenn wir dieses Gleichgewicht jetzt nicht wiederherstellen, war dies unsere letzte Chance.

Wir müssen zu Klarheit und Widerstandslosigkeit gelangen, bevor wir nach einer Vision suchen – zum Ergeben und Lassen. Wenn du nicht willens bist, dich jetzt in deiner eigenen Erfahrung zu bewegen, dann wird sich dir die Vision nie öffnen. Du mußt dich in jenem Kreis bewegen, in dem es keinen Widerstand gibt, kein Hoch noch Tief, in dem es keine harten Ecken zum Drüberstolpern gibt. Dann, eines Tages, wirst du selbst dieser Kreis.

IV.

DIE HEILIGE SCHAU

Ein Samojeden-Schamane schlägt seine Trommel auf seiner Reise in die Unterwelt. Während er auf einem Bären ins Land der Toten reitet, scheinen Energieströme aus seinem Rückgrat hervorzutreten. An den Schultern trägt er Flügel, und sein Kopf ist mit dem Geweih des heiligen Hirsches geschmückt – ein Hinweis auf sein Wissen um Tod und Wiedergeburt.

BLACK ELK
Nordamerika/Oglala-Sioux

Der Oglala-Sioux Hechaka Sapa, bekannt als Black Elk oder Schwarzer Hirsch, wurde geboren „im Mond der krachenden Bäume (Dezember) am Little Powder River in jenem Winter, als die vier Crows getötet wurden (1862)". Er hat noch jene Tage miterlebt, als sein Volk die Freiheit der weiten Prärie für sich besaß und noch den Büffel jagte. Er kämpfte in den furchtbaren Gefechten am Little Bighorn und am Wounded Knee, und er mußte schließlich noch mit ansehen, wie der spirituelle Reif des indianischen Lebens zerbrochen wurde und der Heilige Baum erstarb.

Im Mai 1931 begann John Neihardt mit der Hilfe von Black Elks Sohn Ben die Schilderung des Lebensweges dieses heiligen Mannes aufzuzeichnen. Am Ende seines ungeheuer bewegenden Berichtes über ein Leben voller Leiden und großer Visionen forderte der fast blinde Wichasha Wakan, den es zum Ort seiner großen Vision zurückzog, seine Zuhörer auf, mit ihm zusammen auf den Gipfel des Harney Peak zu gehen, wo die Geister viele Jahre zuvor mit ihm gesprochen hatten. Und so unternahmen sie einige Tage später den Aufstieg zu diesem heiligen Berg. Auf dem Gipfel brachte Black Elk, einem verlöschenden Feuer gleich, dem Großen Geist seine Gebete dar.

„Zur Mitte der Welt hast du mich geführt (Großer Geist) und mir die Güte und die Schönheit und das Geheimnisvolle der grünenden Erde gezeigt, der einzigen Mutter – und dort hast du mir die Geistgestalt der Dinge gezeigt, wie sie sein sollten, und ich habe gesehen. In der Mitte dieses heiligen Reifs hast du gesagt, ich solle den Baum zum Blühen bringen.

Unter Tränen, o Großer Geist, Großer Geist, mein Großvater – unter Tränen muß ich nun sagen, der Baum hat nie geblüht. Du siehst mich hier: einen armseligen alten Mann, und ich bin abgefallen und habe nichts getan. Hier in der Mitte der Welt, wohin du mich führtest *zur Zeit meiner Jugend und mich lehrtest, hier stehe ich nun als alter Mann, und der Baum ist verdorrt, Großvater, mein Großvater!*

Noch einmal, und vielleicht das letzte Mal auf dieser Erde, rufe ich mir die große Vision zurück, die du mir sandtest. Mag es sein, daß irgendein Würzelchen des Heiligen Baumes immer noch lebt, so nähre es denn, daß es Blätter und Blüten treibe und sich mit singenden Vögeln fülle. Höre mich, nicht um meiner selbst willen, sondern um meines Volkes willen. Ich bin alt. Höre mich, auf daß sie ein weiteres Mal in den heiligen Reif zurückkehren und die gute rote Straße finden mögen, den schützenden Baum."[1]

Blind und von der Last des Alters körperlich gebrochen lebte Black Elk mit seiner heiligen Vision, die aus den Tiefen seiner Seele emporquoll, bis zu seinem Tode im August 1950 fort.[2,3]

Es war in dem Sommer, als ich neun Jahre alt war und unser Volk langsam in Richtung der Rocky Mountains zog. Eines Abends lagerten wir in einem Tal an einem kleinen Fluß, kurz vor der Stelle, wo er in den Greasy Grass mündet, und da war ein Mann namens Man Hip, der mich mochte und mich einlud, mit ihm in seinem Tipi zu essen.

Während ich aß, hörte ich eine Stimme, die sagte: „Es ist Zeit; jetzt rufen sie dich." Die Stimme war so laut und deutlich, daß ich ihr glaubte und dachte, ich sollte mich einfach nach ihrem Geheiß auf den Weg machen. Also stand ich auf der Stelle auf und ging los. Als ich aus dem Tipi kam, fingen meine Schenkel an zu schmerzen, und plötzlich war mir, als erwachte ich aus einem Traum, und es gab keine Stimme mehr. Also ging ich zurück ins Tipi, aber ich wollte nichts essen. Man Hip sah mich befremdet an und fragte, was denn los sei. Ich erzählte ihm, meine Beine täten mir weh.

Am nächsten Tag zog das Lager weiter, hin zu dem Ort, wo sich die verschiedenen Stammesgruppen unseres Volkes versammeln sollten, und mich legte man auf eine Ponyschleife, denn ich war sehr krank. Meine Beine und Arme waren stark geschwollen, und mein Gesicht war völlig aufgedunsen.

Als das Lager wieder aufgeschlagen war, lag ich in unserem Tipi, und Mutter und Vater saßen neben mir. Ich konnte durch die Öffnung nach draußen schauen, und da kamen zwei Männer aus den Wolken, mit dem Kopf zuerst, wie herabsausende Pfeile, und ich wußte, es waren dieselben, die ich schon zuvor gesehen hatte.

Jeder trug jetzt einen langen Speer, von deren Spitzen gezackte Blitze zuckten. Diesmal kamen sie ganz bis zum Boden herunter und standen ein kleines Stück weg und schauten mich an und sagten: „Eil dich! Komm! Deine Großväter rufen dich!"

Dann drehten sie sich um und hoben vom Boden ab, wie Pfeile, die vom Bogen abgeschossen aufwärts schnellen. Als ich aufstand, um ihnen zu folgen, taten meine Beine nicht mehr weh, und ich war sehr leicht. Ich ging aus dem Tipi hinaus, und von droben, wo die Männer mit den Flammenspeeren hingingen, kam eine kleine Wolke sehr schnell herbei. Sie kam, umhüllte mich und nahm mich dorthin mit, wo sie hergekommen war; sie flog sehr schnell.

Jetzt plötzlich war ich in einer Wolkenwelt, und wir drei standen allein inmitten einer großen weißen Ebene, wo uns schneebedeckte Hügel und Berge entgegenstarrten; und es war sehr still; aber ein Flüstern war zu hören.

Dann sprachen die Männer gemeinsam und sagten: „Schau es an, das Wesen mit vier Beinen!"

Ich sah auf und erblickte einen braunen Hengst, der stand da und begann zu sprechen: „Schau mich an!" sagte er. „Du sollst meine Lebensgeschichte sehen." Dann wirbelte er auf der Hinterhand herum und wandte sich dorthin, wo die Sonne untergeht, und sagte: „Schau sie dir an! Du sollst ihre Geschichte wissen."

Ich sah auf, und da standen zwölf Rappen Seite an Seite, mit Halsketten aus Büffelhufen, und sie waren sehr schön. Ich aber fürchtete mich, denn ihre Mähnen waren Blitze, und es war Donner in ihren Nüstern.

Dann wirbelte der Braune herum und wandte sich dorthin, wo der große weiße Riese lebt (nach Norden), und sagte: „Schau!" Und da standen zwölf Schimmel Seite an Seite. Ihre Mähnen flogen wie ein Schneesturm, und ihren Nüstern entfuhr ein Brüllen, und über ihnen schwebten und kreisten weiße Gänse.

Dann wirbelte der Braune herum und wandte sich dorthin, wo die Sonne unablässig scheint (nach Osten), und hieß mich schauen. Und da standen zwölf Rotfüchse mit Halsketten aus Hirschzähnen Seite an Seite, und ihre Augen funkelten wie der Morgenstern, und ihre Mähnen waren das Licht des Morgens.

Dann wirbelte der Braune ein weiteres Mal herum, um sich nach jenem Ort zu wenden, dem du immer entgegensiehst (nach Süden), und dort standen zwölf Falben Seite an Seite, mit Hörnern auf dem Kopf und Mähnen, die lebten und wuchsen wie Bäume und Gräser.

Und als ich sie alle geschaut hatte, sagte der Braune: „Deine Großväter halten einen Rat. Diese werden dich leiten. Darum sei mutig."

Darauf stellten sich alle Pferde in Reih und Glied auf – die Rappen, die Schimmel, die Füchse und die Falben – und standen zu je vieren hinter dem Braunen, der sich nun gen Westen wandte und wieherte. Und plötzlich erhob sich dort ein schrecklicher Sturm am Himmel, ein Sturm dahinbrausender Pferde in allen Farben, dessen Brausen die Welt erschütterte, und sie antworteten mit ihrem Wiehern.

Nun wieherte der Braune gen Norden gewandt, und dort brüllte der Himmel in einem mächtigen Wind galoppierender Pferde in allen Farben, die wiehernd antworteten.

Und als er gen Osten wieherte, war auch da der Himmel voll von Wolken glühender Mähnen und Schwänze von Pferden in allen Farben, die zur Antwort sangen. Darauf rief er gen Süden, und der war über und über voll mit farbenprächtigen Pferden, die fröhlich wieherten.

Darauf sprach der Braune wieder zu mir und sagte: „Sieh her, all deine Pferde kommen getanzt!" Ich schaute auf, und da waren Pferde, überall Pferde – ein ganzer Himmel voller Pferde, die mich umtanzten.

„Eil dich!" sagte der Braune, und Seite an Seite gingen wir zusammen, während die Rappen, die Schimmel, die Füchse und die Falben uns zu je vieren folgten.

Wieder blickte ich mich um, und plötzlich verwandelten sich die zahllosen tanzenden Pferde in Tiere einer jeden Art und in alle Vögel, die es gibt, und diese flohen zurück zu den vier Enden der Welt, woher die Pferde gekommen waren, und verschwanden. Wie wir so gingen, erstand vor uns ein Wolkenturm, der sich in ein Tipi verwandelte, und ein Regenbogen war die offene Tür. Durch die Tür sah ich sechs alte Männer in einer Reihe sitzen.

Die zwei Männer mit den Speeren standen nun neben mir, einer an jeder Seite, und die Pferde nahmen ihre jeweiligen Plätze zu den vier Seiten ein, zu je vieren, nach innen gewandt. Und der älteste der Großväter sprach mit gütiger Stimme und sagte: „Komm nur herein und fürchte nichts." Und wie er sprach, wieherten all die Pferde der vier Richtungen ermunternd. Also ging ich hinein und stand vor den sechsen, und sie sahen älter aus als Menschen es je sein können – alt wie Berge, wie die Sterne.

Der Älteste sprach erneut: „Deine Großväter in der ganzen Welt halten einen Rat, und sie haben dich hierher gerufen, um dich zu lehren." Seine Stimme war sehr gütig, mich aber schüttelte jetzt die Furcht am ganzen Leib, denn ich wußte, daß dies keine alten Männer waren, sondern die Mächte der Welt. Und der erste war die Macht des Westens; der zweite die des Nordens; der dritte die des Ostens; der vierte die des Südens; der fünfte die des Himmels; der sechste die der Erde. Ich wußte dies und hatte Angst, bis der erste Großvater wieder sprach: „Schau an jene dort, wo die Sonne untergeht, die Donnerwesen! Du sollst sehen und von ihnen meine Macht empfangen. Und sie werden dich zur hohen und einsamen Mitte der Erde führen, auf daß du sehen mögest. Selbst an den Ort, wo die Sonne unablässig scheint, werden sie dich führen, damit du verstehst."

Und wie er vom Verstehen sprach, schaute ich auf und sah den Regenbogen in farbenprächtigen Flammen über mich schießen.

Nun hatte er eine hölzerne Schale in der Hand, und die war voll Wasser, und in dem Wasser war der Himmel.

„Nimm dies", sagte er. „Dies ist die Macht, Leben zu gewähren, und sie ist dein."

Nun hielt er einen Bogen in der Hand. „Nimm dies", sagte er. „Dies ist die Macht zu zerstören, und sie ist dein."

Dann wies er auf sich selbst und sagte: „Schau ihn genau an, der nun dein Geist ist, denn du bist sein Leib, und sein Name lautet *Adlerschwinge greift aus*."

Und wie er dies sagte, richtete er sich zu großer Höhe auf und lief los, auf die untergehende Sonne zu. Und plötzlich war er ein Rappe, der anhielt und sich umdrehte und mich ansah, und das Pferd war sehr schwach und krank, seine Rippen traten vor.

Darauf stand der zweite Großvater, er aus dem Norden, mit einem Kraut der Kraft in der Hand auf und sagte: „Nimm und eile." Ich nahm es und hielt es dem Rappen entgegen. Er nahm wieder zu und war fröhlich und kehrte tänzelnd an seinen Platz zurück und saß da als der erste Großvater.

Der zweite Großvater, er aus dem Norden, sprach erneut: „Faß Mut, jüngerer Bruder", sagte er. „Auf Erden sollst du einem Volk Leben gewähren, denn dein wird die Kraft der Schwinge des weißen Riesen sein, des reinigenden Windes." Dann richtete er sich zu großer Höhe auf und lief los, gen Norden; und als er sich mir zudrehte, war es eine weiße Gans, die kreiste. Ich aber sah mich um, und die Pferde im Westen waren Donner, und die Pferde im Norden waren Gänse. Und der zweite Großvater sang zwei Lieder, die gingen so:

> Sieh sie erscheinen,
> Sieh sie erscheinen,
> Das Volk des Donners erscheint.

> Sieh sie erscheinen,
> Sieh sie erscheinen,
> Das Volk der weißen Gänse erscheint.

Und nun sprach der dritte Großvater, er von dem Ort, wo die Sonne unablässig scheint. „Faß Mut, jüngerer Bruder", sagte er, „denn über die Erde hin werden sie dich tragen!" Darauf wies er dorthin, wo der Morgenstern schien, und unterhalb des Sterns flogen zwei Männer dahin. „Von ihnen wirst du Kraft empfangen", sagte er, „von ihnen, die alle Geschöpfe der Erde, jene mit Wurzeln und Beinen und Flügeln, erweckt haben." Und wie er dies sagte, hielt er in seiner Hand eine Friedenspfeife, auf deren Rohr war ein weit ausgreifender gefleckter Adler; und dieser Adler schien zu leben, denn er saß dort mit schlagenden Flügeln, und seine Augen sahen mich an. „Mit dieser Pfeife", sagte der Großvater, „wirst du auf Erden wandeln, und alles, was krankt, wirst du heilen." Dann deutete er auf einen Mann, der über und über leuchtend rot war, die Farbe des Guten und der Fülle, und wie er auf ihn deutete, legte sich der rote Mann hin und wälzte sich und verwandelte sich in einen Büffel, der aufstand und auf die Rotfüchse im Osten zugaloppierte, und auch sie wurden zu Büffeln, fett und zahlreich.

Und nun sprach der vierte Großvater, er von dem Ort, dem du immer entgegensiehst (dem Süden), woher die Kraft zu wachsen kommt. „Jüngerer Bruder", sagte er, „mit den Mächten der vier Richtungen sollst du wandeln, ein Verwandter. Schau her, die lebende Mitte eines Volkes werde ich dir geben, und mit ihr wirst du viele erretten." Und ich sah, daß er in seiner Hand einen leuchtenden roten Stock hielt, der lebendig war, und wie ich hinschaute, keimte er an der Spitze und trieb Zweige, und an diesen Zweigen sprossen Blätter und rauschten leise, und im Blattwerk begannen die Vögel zu singen. Und dann war mir, als sähe ich, nur für eine Weile, drunten im Schatten die Dörfer der Menschen im Kreis und alle Lebewesen mit Wurzeln oder Beinen oder Flügeln, und alle waren sie glücklich. „Er soll im Kreis des Volkes in der Mitte stehen", sagte der Großvater, „ein Stab, sich drauf zu stützen, und eines Volkes Herz; und durch deine Kräfte wirst du ihn zum Blühen bringen."

Dann richtete er sich zu großer Höhe auf und lief los, gen Süden, und war ein Hirsch. Und als er unter den Falben dort stand, waren auch sie Hirsche.

Nun sprach der fünfte Großvater, der älteste von allen, der Geist des Himmels. „Mein Junge", sagte er, „ich habe nach dir geschickt, und du bist gekommen. Du sollst meine Macht schauen!" Er breitete die Arme aus und verwandelte sich in einen schwebenden gefleckten Adler. „Schau her", sagte er, „alle Schwingen der Luft werden zu dir kommen, und sie und die Winde und die Sterne werden dir Verwandte sein. Mit meiner Macht wirst du über die Erde gehen." Dann schwebte der Adler über meinem Kopf und schlug dort mit den Flügeln. Und plötzlich war der Himmel voll freundlicher Schwingen, die alle auf mich zukamen.

Nun wußte ich, daß es an dem sechsten Großvater war, zu sprechen, an ihm, der der Geist der Erde war, und ich sah, daß er sehr alt war, jedoch viel älter als Menschen sind. Sein Haar war lang und weiß, sein Gesicht verrunzelt, und seine Augen waren tief und trüb. Ich starrte ihn an, denn er schien mir irgendwie bekannt. Und wie ich so starrte, veränderte er sich langsam, denn er wuchs zurück ins Jugendalter, und als er ein Junge geworden war, wußte ich, daß ich es selbst war, mit all den Jahren, die mir beschieden sein würden. Als er wieder alt war, sagte er: „Mein Junge, hab Mut, denn meine Macht soll dein sein, und du wirst sie brauchen, denn dein Volk auf Erden wird große Not leiden. Komm."

Er stand auf und ging tatterig zur Regenbogentür hinaus, und wie ich ihm folgte, ritt ich auf dem Braunen, der zuerst zu mir geredet und mich an jenen Ort geführt hatte.

Ich schaute unter mich, wo die Erde schweigend in einem krank grünen Licht dalag, und sah die Hügel ängstlich aufschauen und die Gräser auf den Hügeln und alle Tiere. Und rings um mich herum klangen die Schreie aufgeschreckter Vögel und das Rauschen fliehender Schwingen. Ich war der Häuptling aller Himmel, der da ritt, und als ich hinter mich schaute, bäumten sich alle zwölf Rappen auf und stürmten vorwärts und donnerten, und ihre Mähnen und Schwänze waren peitschender Hagel, und ihre Nüstern schnoben Blitze. Und als ich wieder hinuntersah, sah ich den sausenden Hagel niederprasseln und den langen, scharfen Regen, und wo wir vorbeikamen, beugten sich die Bäume nieder, und alle Hügel waren trübe.

Wie wir nun dahinritten, war die Erde wieder hell. Ich konnte die Hügel sehen und die Täler und die Bäche und Flüsse, die unten strömten. Wir gelangten über einen Ort, wo drei Flüsse in einen großen zusammenströmten – eine Quelle mächtiger Wasser –, und etwas Furchtbares war dort. Flammen stiegen aus den Wassern auf, und in den Flammen lebte ein blauer Mann. Um ihn herum trieb überall Staub in der Luft, das Gras war kurz und dürr, die Bäume verdorrten, Zweibeiner und Vierbeiner lagen dort mager und keuchend herum und Schwingen, die zu schwach zum Fliegen waren.

Da schrien die Rappenreiter: „Hoka hey!" und sprengten zum Angriff auf den blauen Mann hinab, wurden aber zurückgeschlagen. Und der weiße Trupp schrie, griff an und wurde geschlagen; dann der rote Trupp und der gelbe.

Und als ein jeder gescheitert war, riefen sie alle zusammen: *„Adlerschwinge greift aus*, eile!" Und die ganze Welt war erfüllt von Stimmen aller Art, die mich ermunterten, und so griff ich an. Ich hatte die Wasserschale in der einen Hand, und in der andern Hand hielt ich den Bogen, der sich in einen Speer verwandelte, als der Braune und ich nach unten stießen, und die Speerspitze war ein scharfer Blitz. Sie durchbohrte das Herz des blauen Mannes, und wie sie zustieß, konnte ich den Donner rollen hören und viele Stimmen, die „An-hii!" schrien, was hieß: ich hatte getötet. Die Flammen erstarben. Die Bäume und Gräser waren nicht mehr welk, und gemeinsam rauschten sie froh, und alle Lebewesen jubelten vor Freude, ein jedes in seiner Stimme. Dann stürmten die vier Reitertrupps herab und schlugen den toten Körper des blauen Mannes und zählten Coups*. Und plötzlich war er nur noch eine harmlose Schildkröte.

---

* „Coups" zählen heißt hier, den Körper eines Feindes um der Ehre willen anschlagen.

JOE GREEN
Nordamerika/Paviotso

Joe Green, ein Paviotso-Indianer vom Pyramid Lake in Nevada, war ein intelligenter und gewissenhafter Mensch. Für kurze Zeit war er ein praktizierender Schamane, aber da er den Traumweisungen, die ihm von seinem Geisttier, dem Otter, gegeben wurden, nicht gehorchte, verlor er seine Kraft.

Die Paviotsowelt ist durchsetzt mit beseelten Wesen, den Geistern der Naturgeschöpfe: Geister, die in heiligen Höhlen gewisser Berge leben, Geister des Windes, des Donners und der Wolken, Wasserkinder, die in Seen oder Wasserlöchern leben sowie die Geister verstorbener Menschen. Der Schamane steht mit dieser unsichtbaren Welt, aus der er seine Kraft bezieht, Kranke zu heilen und verlorengegangene Seelen ausfindig zu machen, in Verbindung. Alles Heilen beruht folglich auf der Richtung und Lenkung dieser Kraft oder Macht (Buha), deren Erlangung als Zeichen für den Einklang des Schamanen mit der Natur gilt.

Joe Green, dessen Vater ebenfalls Schamane war, erlangte seine Kraft vom Otter, dem Tiergeist seines Vaters. Wie für einen Paviotso-Schamanen üblich, ergab sich dies im Laufe einer Reihe von Traumerfahrungen. Seine Kraft erwarb er anfänglich durch einen heiligen Gesang, den er im Traum hörte und der „von einem Ort knapp über dem Boden", kam.[4] In späteren Träumen erschien dem Novizen der Geist des Otters und zeigte ihm, wie er sein hauptsächliches Kraftobjekt, ein mit Adlerfedern geschmücktes Otterfell, zu bereiten hatte. Es ist seiner falschen Behandlung des Otterfells zuzuschreiben, daß Joe Green krank wurde und seine Kraft verlor.[5]

Es gibt zwei Nächte. Die zweite kommt nach der Nacht, die jeder sieht. Diese zweite Nacht ist unter dem Dunkel. Sie sagt dem Schamanen, wo der Schmerz sitzt und was die Krankheit hervorrief. Wenn die zweite Nacht kommt, gibt sie dem Schamanen das Gefühl, daß er ein Heiler ist. Die Kraft zum Heilen ist in ihm. Nur Schamanen können diese zweite Nacht sehen. Die Menschen sehen nur das Dunkel. Sie sehen nicht die Nacht darunter.

Ich war dabei, ein Heiler zu werden. Mein Vater war ein Heiler, und ich wollte auch einer werden, grad so wie er. In meinem Traum hörte ich einen Gesang. Er kam aus dem Norden. Er kam von einem Ort knapp über dem Boden. Ich hörte den Gesang. Ich hörte ihn nur eine Nacht. Der Gesang dauerte die ganze Nacht an. Das war alles, was ich in der ersten Nacht hörte.

In späteren Träumen sah ich ein Pferd von Osten kommen. Als ich es zuerst hörte, war es auf der anderen Seite des Berges. Dann sah ich es über den Kamm kommen. Es kam auf mich zu, und als es fast bei mir war, schlug es einen großen Bogen um mich. Dann lief es zurück. Jenes Pferd hatte mit meiner Kraft nichts zu tun.

Mein Vater pflegte zu heilen. Er hatte die Kraft vom Otter. Ich hatte dieselbe Kraft. Nachdem ich von dem Pferd geträumt hatte, kam der Otter in meinen Träumen zu mir. Er wies mich an, sein Fell zu nehmen und es zu einem etwa zehn Zentimeter breiten Streifen längs dem Rückgrat vom Kopf bis zur Schwanzspitze, einschließlich Augen und Ohren, zurechtzuschneiden. Dann wies er mich an, mir zwei Adlerschwanzfedern zu besorgen und diese in zwei Löcher im Nackenfell zu stecken und innen mit Wildleder zusammenzubinden. Die Federn lagen flach auf der Fellseite der Haut an. Der Otter wies mich an, das Fell und die Adlerfedern zu bewahren. Er wies mich an, das Fell und die Federn zu benutzen, wenn eine Krankheit schlimm und schwer zu heilen war. Er sagte: „Wenn eine sehr schwere Krankheit auftritt, und niemand sie heilen kann, dann hole das Fell aus deinem Sack und lege es vor dich hin. Dann versuchst du zu heilen." Ich war dann bereit, Leute zu behandeln. Wenn ich sie behandelte, gab mir der Otter meine Gesänge ein.

Die Indianer wurden zusammen mit Bäumen, Pflanzen, Tieren und Wasser hier auf diese Erde gesetzt, und der Schamane empfängt von ihnen seine Kraft. So mag ein Schamane seine Kraft vom Falken empfangen, der in den Bergen lebt. Ein anderer kann seine Kraft vom Adler empfangen, vom Otter oder vom Bären. Vor langer Zeit waren alle Tiere Indianer (sie konnten sprechen). Ich denke, daher kommt es, daß die Tiere den Menschen helfen, Schamanen zu sein.

Erhält ein Schamane seine Kraft vom Otter, so heißt das, daß der Geist vielen Ottern entstammt. Der Häuptling Ottergeist weist den Menschen an, ein guter Heiler zu sein. Dieser Hauptotter ist es, den die normalen Menschen nicht sehen können. Er ist es, der einen Mann zum Schamanen macht. Er lebt an einer bestimmten Stelle im Wasser. Nur der Schamane kann ihn dort sehen. Er weiß, wo der Otter ist. Er träumt von dem Otter, und nach einer Weile findet er heraus, wo der Otter lebt.

Nachdem ich meine Kraft empfangen hatte, versuchte ich es ein paarmal mit dem Heilen. Eines Nachts erschien mir der Otter wieder im Traum. Er wies mich an, mir eine andere Schwanzfeder vom Adler zu besorgen. Er sagte: „Nimm ein rundes Stück Abalonenschale, etwa von der Größe einer Münze, und bring es an der Feder an." Dabei geschah es, daß ich mir die Kraft verdarb. Ich hatte schon einige Zeit gedacht, das Otterfell sei zu lang. Es maß etwa einen Meter zwanzig vom Kopf bis zur Schwanzspitze. Also schnitt ich den Kopf ab. Nachdem ich dies getan hatte, wurde ich krank. Das letzte Mal träumte ich vom Otter, als ich krank war. Mir war schwindlig. Ich fühlte mich gar nicht gut. Ich sah den Otter ins obere Ende des Pyramid Lake springen. Dann sah ich ihn durch die Wüste laufen. Das war das letzte Mal, daß ich den Otter sah. Ich mußte einen mächtigen Schamanen herbeirufen (Tom Mitchell), um mich heilen zu lassen. Er kam und behandelte mich. Er sagte mir: „Ich habe entdeckt, daß du den Kopf des Otters abgeschnitten hast. Das hat dich krank gemacht. Als du das tatst, ging der Otter fort. Du wirst ihn nie wiedersehen. Du hast den Kopf abgeschnitten, und jetzt bist du genau wie der Otter. Er weiß nichts, und dir geht es genauso." Ich habe nie wieder vom

Otter geträumt, nachdem ich gesund wurde. Hätte ich nicht das Stück vom Fell abgeschnitten, wäre ich jetzt ein Heiler.

Rosie Plummer
Nordamerika/Paviotso

Für die Paviotso stellte der ungerufene Traum jenes Erfahrungsfeld dar, das den Grund für die Erlangung der Schamanenkraft abgab. Der Schamane wußte, daß er sorgsam und getreulich den Anweisungen Folge zu leisten hatte, die ihm im Traum von den Geistwesen mitgeteilt worden waren, welche dem Heiler die Kraft verliehen. Sich nicht daran zu halten, bedeutete Krankheit oder Tod.

Rosie Plummer erbte ihre Berufung zur Schamanin von ihrem Vater, der seinerseits Erbe der Kraft seines Bruders gewesen war. Alle drei in dieser Familie hatten die Klapperschlange zum Geisttier. Wie viele Paviotso-Schamanen empfing auch Rosie Plummer ihre Kraft erst in fortgeschrittenem Alter. In ihren Fünfzigern hatte sie eine Reihe von drei oder vier Träumen, in denen ihr ihr Vater erschien und sie darin unterwies, eine Puhágam *(Schamanenheilerin) zu werden. Anschließend begann sie, in ihren Träumen Erfahrungen mit der Kraft zu machen. Später erschien ihr der Klapperschlangengeist im Traum, und sie erkannte ihn als ihren Geistführer.*

Die Paviotso – Jäger, Fischer und Sammler – streiften einst durch die Halbwüsten West-Nevadas und des Honey-Lake-Tals in Kalifornien. Obwohl ihre überkommene Lebensweise mit ihrer schwindenden Zahl und in der Enge des Reservationsdaseins auszusterben begann, dauerte ihr religiöses Leben, vor allem die Ausübung des Schamanismus, doch bis heute an.

Rosie Plummer lebte mit ihrer Tochter Daisey Lopez bei Schurz auf der Walker-River-Reservation in West-Nevada.[6]

Als mein Onkel im Sterben lag, wollte er, daß mein Vater seine Kraft übernahm. Mein Vater sollte die Kraft zu heilen haben. Er wies meinen Vater an, von der Kraft zu träumen und so Unterricht über das Heilen zu erhalten. Am nächsten Tag starb mein Onkel. Bald darauf begann mein Vater, Träume zu haben. Mein Onkel erschien ihm darin. Jede Nacht kam er im Traum. Jedesmal kam er in einer anderen Weise. Mein Vater mochte die Träume nicht. Er fürchtete, sein Bruder versuchte, ihn zu holen. Bevor er starb, hatte mein Onkel meinem Vater ein Stück Blei mit einem Loch in der Mitte gegeben. Das Loch war mit Adlerdaunen gefüllt. Mein Vater vergrub das Blei und die Adlerdaunen. Darauf setzte ihm der Geist seines Bruders nicht länger zu. Das Blei und die Federn stellten die Kraft meines Onkels dar. Danach wurde mein Vater selbst zu einem mächtigen Schamanen. Seine Kraft wies ihn an, Klapperschlangen zu fangen. Sie bissen ihn nicht. Ihm wurde gesagt, er solle Salbei in seine Nasenlöcher stecken, damit sie ihm nichts täten.

Die Klapperschlange war die Kraft meines Onkels, und darauf hatte mein Vater die Klapperschlange zur Kraft. Jetzt gibt die Schlange mir Kraft. Die Klapperschlange erschien meinem Vater in seinen Träumen. So lernte er, Schlangenbisse zu behandeln. Die Klapperschlange wies ihn an, Klapperschlangen zu fangen und von jeder zwei Giftzähne zu nehmen. Dies sollte er tun, bis er zehn Giftzähne hätte. Dann wurde ihm gesagt, er solle zehn Steinperlen nehmen, die die Farbe von Klapperschlangenaugen hatten. Er zog die Perlen und die Giftzähne zusammen auf eine Schnur. Diese Perlenschnur benutzte er, um Klapperschlangenbisse zu behandeln. Er konnte aber auch Menschen heilen, die krank waren.

Manchmal fing mein Vater Klapperschlangen und legte sie sich um die Hüfte. Gewöhnlich trug er so beim Nachhausereiten Klapperschlangen mit sich. Einmal legte er eine Klapperschlange um mich. Er sagte mir, ich solle mich nicht bewegen. Die Schlange kroch mir über den ganzen Leib, aber sie biß nicht. Er hatte zu jeder Zeit Klapperschlangen bei sich.

Mein Vater starb vor etwa zwanzig Jahren. Fast fünfzehn Jahre später, als ich etwa fünfzig war, begann mein Vater, mir in Träumen zu erscheinen. Er brachte mir seine Kraft. Er wies mich an zu heilen. Ich träumte etwa drei- oder viermal von ihm, bevor ich glaubte, daß auch ich heilen würde. Nach einer Weile begann die Kraft, zu mir zu kommen, wenn ich träumte. Dann hörte ich auf, von meinem Vater zu träumen. Die Klapperschlange sagte mir, was ich tun sollte. Jetzt hilft mir die Schlange heilen. Sie kommt zu mir, wenn ich träume. Mehrmals hat sie mich angewiesen, Schlangen zu fangen, aber ich habe es nie getan. Das hat mich bis jetzt noch nicht krank gemacht.

Manche Schamanen erhalten ihre Kraft von den Wasserkindern. Sie sind die einzigen Menschen, die mit ihnen reden können. Sie ermahnen die anderen Leute, sich nicht über die Wasserkinder lustig zu machen. Diese Schamanen können die Wasserkinder aus dem See holen.
 Die Wasserkinder kamen aus eigener Kraft zu Leben. Sie formten sich selbst. Manche Wasserkinder leben in Wasserlöchern, und diese Löcher trocknen nie aus. Die Menschen nennen diese Wasserkinder den „Atem der Wasserlöcher". In den Bergen, wo sie leben, weht immer eine kühle Brise. Sie haben die Macht, den Wind zum Wehen zu bringen, selbst einen sehr starken Wind. Der Wind ist ihr Atem.
 Es gibt auch Frauen in den Seen, in denen die Wasserkinder leben. Diese Frauen sind wie die Wasserkinder. Sie haben dieselbe Macht. Große Schlangen leben ebenfalls in den Seen. Wie die Wasserkinder haben auch die Schlangen große Macht. Manchen Schamanen geben sie Kraft.

Autdaruta
Grönland/Eskimo

Durch die Jahre zuvor geschriebenen Aufzeichnungen eines Missionars erhielt Knud Rasmussen zum erstenmal Kunde von Autdaruta, dem grönländischen Eskimo-Schamanen und Geschichtenerzähler. Aus dem Tagebuch des Priesters wird ersichtlich, daß Autdaruta, dessen Taufname Christian war, eine sonderbare Ausstrahlung auf seinen Lehrer hatte: „Manchmal werde ich von einer seltsamen Unruhe gepackt, wenn ich Christian zu unterrichten habe. Ich habe das Gefühl, daß er der Fleisch gewordene Satan ist. Als ich mich heute aufmachen wollte, die Heiden zu unterrichten, packte mich wieder dieses Grauen davor, ihm ins Gesicht zu sehen, und ich war gezwungen, sie warten zu lassen, während ich zur Küste ging, um mich in der Einsamkeit durch ein Gebet zum Allmächtigen zu wappnen."[7]

Diese Zeilen stachelten Rasmussens Neugier an, den Mann kennenzulernen. Autdaruta war nicht nur ein Zauberer gewesen, ein Schamane, sondern er hatte in seiner Jugend auch skrupellos gemordet. Später graute ihm vor seinen eigenen Taten, und er wurde von quälenden Gewissensbissen erfüllt.

Nachdem er eine Zeitlang mit Christian gelebt hatte, schien Rasmussen sein Vertrauen gewonnen zu haben, aber er sagte selbst, daß Christian ihm ein Rätsel blieb: „Seine Augen machen mich immer zweifeln. Ich kann mich nur entsinnen, jenen angstvollen, verzweifelten Blick in den Augen eines verwundeten Rentiers gesehen zu haben. Manchmal huschte ein Zucken über sein Gesicht, das ihm eine ungewöhnliche Ähnlichkeit mit einem müden und gezähmten wilden Tier gab."[8]

Obwohl es Christian widerstrebte, von seinen Mordtaten zu sprechen, zeigte er kein Widerstreben, Rasmussen von den erstaunlichen Erlebnissen zu erzählen, die er während seiner Ausbildung zum Schamanen gehabt hatte. Er erzählte von der Begegnung mit seinen Helfergeistern, seiner Lehrzeit bei einem Meisterschamanen, der zu Macht gelangte, indem er sich wiederholt von einem Bären verschlingen ließ, sowie von seinen Begegnungen mit dem Feuervolk.[9]

Als mein Vater starb, ging ich oft auf lange Streifzüge in die Hügel, denn ich hatte das Gefühl, allein gelassen zu sein. Es war die Jahreszeit, in der das Kernobst reift, und ich ging es sammeln, um es für den Winter in Tran einzulegen.

Eines Tages, oben zwischen den Felsen, hörte ich, wie jemand zu singen anfing. Ich sah nach, konnte aber niemanden entdecken.

„Wie kommt es, daß ich dies Lied gehört habe?" dachte ich bei mir und ging heim.

Am nächsten Morgen, gegen Tagesanbruch, ging ich wieder hinauf in die Hügel, und da hörte ich dasselbe wieder: jemand fing an zu singen. „Wieso widerfährt mir das bloß?" dachte ich. Eben dann sah ich zwei Menschen auf mich zukommen. Es waren Inlandbewohner.

„Du tust uns leid, weil du doch eine Waise bist. Daher sind wir gekommen, dir zu helfen", sagten sie, und so wurden sie meine ersten Helfergeister. Von da an wurde ich zum Zauberer, aber ich sprach zu keinem darüber. Im folgenden Jahr zogen wir Richtung Süden. Es war die Jahreszeit, in der die kleinen Vögel kommen, und wir ließen uns in der Gesellschaft eines alten und hoch verehrten Zauberers nieder. Er konnte nicht aufrecht stehen und konnte nur gehen, indem er sich mit den Armen auf die Oberschenkel stützte. Er konnte sein Kajak nicht allein rauf und runter schleppen, und so geschah es, daß ich ihm zur Hand ging.

Eines Tages kam er und sagte zu mir: „Fahr mit mir gen Osten, und ich werde dich etwas lehren. Du kannst noch Hilfe brauchen, mein armer, vaterloser Junge."

Also gingen wir gemeinsam auf Fahrt, und unterwegs erzählte er mir, daß er einen großen Zauberer aus mir machen würde. Wir gingen in einem Fjord an Land, dicht bei einer Höhle, und der alte Mann zog seine Kleider aus und kroch hinein. Und er wies mich an, genau zu beobachten, was dann geschah. Ich lag ein Stück abseits im Versteck und wartete. Es dauerte nicht lange, da sah ich einen großen Bären angeschwommen kommen, ans Ufer kriechen und auf den Zauberer zugehen. Er warf sich auf ihn, zermalmte ihn Glied für Glied und fraß ihn auf. Dann erbrach er ihn wieder und schwamm davon.

Als ich zur Höhle hochging, lag der alte Mann stöhnend da. Er war sehr erschöpft, aber doch in der Lage, selbst heimzupaddeln. Auf dem Rückweg erzählte er mir, daß er mit jedem Mal, das er sich von dem Bären lebendig verschlingen ließ, zu größerer Macht über seine Helfergeister gelangte.

Einige Zeit darauf nahm er mich wieder auf eine Reise mit, und diesmal sollte es an mir sein, mich von dem Bären fressen zu lassen. Das war notwendig, wenn ich es zu etwas Rechtem bringen wollte. Wir ruderten los und gelangten an die Höhle. Der alte Mann wies mich an, mir die Kleider auszuziehen, und ich leugne nicht, daß mir bei dem Gedanken, lebendig verschlungen zu werden, mulmig zumute war.

Ich lag noch nicht lange da, als ich den Bären kommen hörte. Er griff mich an und zermalmte mich Glied für Glied, Gelenk für Gelenk, aber – das war wirklich seltsam – es tat überhaupt nicht weh. Erst als er mir ins Herz biß, tat es entsetzlich weh.

Von jenem Tag an spürte ich, daß ich meine Helfergeister beherrschte. Danach gewann ich viele neue Helfergeister, und keine Gefahr konnte mir mehr etwas anhaben, da ich immer beschützt war.

Einmal war ich in meinem Kajak weit draußen auf See auf Robbenjagd gewesen und hatte auf der Heimfahrt eine große Bartrobbe im Schlepptau. Ich dachte an nichts Böses und paddelte gemächlich vor mich hin. Die See war ganz ruhig. Mit einem Mal war ich von vielen Kajaks umringt, und ich sah ein Umiak auf mich zu gerudert kommen.

„Wir werden uns den Mann schnappen und die Bartrobbe in dem Umiak dazu!" riefen sie, und schon legten sie längsseits an und begannen, das Schlepptau zu lösen, an dem meine Bartrobbe hing. Ich hatte das Paddel niedergelegt und wartete nur darauf, was wohl als nächstes geschehen würde, denn es war aussichtslos für mich, mich gegen so viele zur Wehr zu setzen. Da entstand mit einem Mal eine große Unruhe unter den fremden Kajaks. Sie gehörten zum Feuervolk, das in einem Land lebt, von dem es heißt, es liegt zwischen der See und dem Festland.

Das Feuervolk begann zu fliehen, und als ich herausfinden wollte, was los war, sah ich, daß sie von einem Kajak verfolgt wurden, das sehr ungewöhnlich aussah. Sein Bug war wie ein großes Maul, das ständig auf und zu klappte, und wer in seinem Weg war und sich nicht schnell auf die Seite machte, der wurde einfach entzwei geschnitten. Ich denke, das Umiak und die Kajaks sanken alle auf den Grund des Meeres, denn sie waren sogleich verschwunden. Das haben die vom Feuervolk so an sich: sie tauchen plötzlich auf, und genauso plötzlich sind sie wieder weg.

Darauf kam dann der Mann mit dem Drachen an seinem Bug zu mir zurück und sagte mir, er gehöre selbst zum Feuervolk, habe mir aber geholfen, weil er wüßte, daß ich ein großer Zauberer sei. Danach wurde er mein Helfergeist.

Später hatte ich dann eine große Anzahl Helfergeister unter dem Feuervolk, und sie waren mir oft eine große Hilfe, besonders wenn ich von einem Sturm oder schlechtem Wetter überrascht wurde. Als ich mich dazu entschloß, an die Westküste zu reisen, um mich taufen zu lassen, erschienen sie mir und bedrängten mich, es nicht zu tun. Aber ich tat es trotzdem. Seitdem haben sie sich nicht mehr gezeigt, weil ich sie durch meine Taufe verraten habe.

SANIMUINAK
Eskimo/Angmagsalik

Gustav Holm besuchte die Angmagsalik-Eskimo Grönlands zwischen 1884 und 1885. Dort traf er auf Sanimuinak, dessen Ausbildung zum Angakoq zwar hart und ganz darauf ausgerichtet war, die Vision zu erlangen, aber bei der es auch spaßig zuging. Unter seinen Helfergeistern gab es ein Seeungeheuer mit scherenartigen Klauen und zwei kleine Menschen. Einer hatte lange schwarze Arme und trug einen weißen Kittel; der andere hatte einen spitz zulaufenden Kopf und schrie wie ein Baby. Auch ein menschenfressender Bär diente Sanimuinak.

Nur der Angmagsalik-Angakoq kann seine Geisthelfer sehen, und nur er kann sich mit ihnen verständigen. Bevor der Novize Zugang zur Welt der Geister erhält, geht er bei einem Meisterschamanen in die Lehre, einem Alten, der den Lehrling darin unterweist, „nach jenem zu suchen, was einen mit der Geisterwelt in Verbindung setzt." Die Lehrzeit kann bis zu zehn Jahre dauern. Die ersten drei oder vier Jahre bringt man damit zu, mit Geisthelfern (Tartoks) in Berührung zu kommen und diese zu sammeln. Es gibt eine erstaunliche Vielfalt dieser Wesen. Tarajuatiaks *können auf Geheiß ihres Meisters Kontrolle über die Elementargeister gewinnen, die Seele eines schlafenden, kranken oder verletzten Menschen entführen oder die verlorene Seele des Kranken wiederfinden.* Inersuaks *sind Geister der Wassertiefen, die den* Angakoq *unterstützen, indem sie Meerestiere in Küstennähe locken.* Timerseks *stehlen Seelen.* Amortortoks, *die während schamanischer Zeremonien als Orakel dienen, haben lange schwarze Arme und sind gefährlich, wenn man ihnen zu nahe kommt: wer sie berührt, wird schwarz und stirbt.* Ungatortoks *haben wie die* Amortortoks *einen plumpen Gang und schreien wie Babies.*[10]

Bei den Angmagsalik müssen alle Schamanen von einem Angakoq-*Bären verschlungen werden. Obwohl er viel größer ist als ein gewöhnlicher Bär, ist dieses Geschöpf so dünn, daß man all seine Rippen sehen kann. Zum Abschluß der Prüfungszeit macht sich der* Angakoq-*Bär aus dem Lehrling einen herzhaften Schmaus, schluckt ihn in einem Stück und würgt ihn später wieder Knochen für Knochen aus. Der zerstückelte Schamane wird dann wieder zusammengesetzt und in neues Fleisch gekleidet.*[11]

Während seiner langwierigen Lehrzeit muß der künftige Angakoq *bestimmte Verbote beachten. So muß er sich etwa an eine besondere Diät halten, d.h. er darf zum Beispiel keine Innereien zu essen. Eisen zu bearbeiten ist ihm gleichfalls untersagt. Am allerwichtigsten jedoch ist es, daß der Novize keinem Menschen gegenüber offenbart, daß er der Berufung zum Schamanen folgt.*[12]

Als ich noch ein kleiner Junge war, baute ich einmal einen Schlitten, wofür ich von meiner Mutter mit der Stützleiste des Schlittens verdroschen wurde. Daraufhin beschloß ich, ein *Angakoq* zu werden.

In jenen Tagen lebten wir bei Umivik, nachdem wir zuvor unser Heim bei Norsit gehabt hatten. Ich ging also rüber nach Norsit zu einer bestimmten Spalte im Berg, die der aufgehenden Sonne zugewandt liegt, legte einen großen Stein über die Spalte und einen weiteren darauf. Dann fing ich an, den oberen Stein im Kreis gegen den unteren zu reiben, und zwar „mit der Sonne", und dies tat ich, bis meine Arme so gut wie lahm waren. Jetzt hörte ich aus den Tiefen der Spalte eine Stimme, die mich rief, aber ich verstand die Worte nicht, erstarrte vor Schreck, und die Eingeweide hüpften mir hoch in den Hals. Als die Stimme verklang, fielen mir die Eingeweide wieder aus dem Hals nach unten, aber ich hatte nicht mehr die Kraft, den Heimweg über gerade zu gehen. Von da an aß ich keine Robbeninnereien mehr, kein Herz und keine Leber, und ich bearbeitete auch kein Eisen mehr.

Am nächsten Tag ging ich wieder hinaus zur Spalte, rieb die Steine gegeneinander wie am Tag zuvor. Ein weiteres Mal hörte ich die Stimme aus den Tiefen der Spalte. Eingeweide und Herz schossen mir in die Kehle, und die fürchterlichsten Schmerzen überfielen mich. Am folgenden Tag lief alles in derselben Weise ab, aber jetzt hörte ich die Stimme sagen: „Soll ich hochkommen?" Ich war starr vor Entsetzen, sagte aber: „Ja, komm hoch!" Die Steine hoben sich, und ein Seeungeheuer mit scherenartigen Klauen kam herauf und schaute gen Sonnenaufgang. Es war viel größer als die, die man im Meer finden kann.* Unversehens verschwand das Ungeheuer, und ich machte mich auf den Heimweg. Das war mein erster *Tartok*.

Der Winter ging dem Ende zu, und als es wieder Frühling war, ging ich an dieselbe Stelle zurück und rieb die Steine. Und als ich müde wurde und nicht mehr die Kraft zum Weiterreiben besaß, machten die Steine von allein weiter und bewegten sich im Kreis „mit der Sonne". Da kam ein kleiner Mensch aus dem Grund herauf, der schaute gen Sonnenaufgang. Er war halb so lang wie ein Mensch, trug einen weißen Kittel und hatte schwarze Arme. Sein Haar war kraus, und in der Hand hielt er einen Gegenstand aus Holz, mit dem er

---

* Sanimuinak zeigte, daß die im Meer etwa die Ausmaße einer großen Hand haben.

Lachs fing. Ich verlor das Bewußtsein, und als ich wieder zu mir kam, war der Mensch fort. Er war mein zweiter *Tartok*.

Im folgenden Jahr begab ich mich an einen Ort, wo ein Rinnsal einem kleinen See entfloß. Ein kleiner Mensch mit einem spitzen Kopf und einer Glatze tauchte aus dem Bach auf. Er schrie wie ein kleines Kind: *„Ngaa! Ngaa!"* Er war mein dritter *Tartok*.

Im nächsten Jahr ging ich landeinwärts nach Tasiusak. Hier warf ich einen Stein ins Wasser, das dadurch in Bewegung geriet, wie bei einem Sturm auf See. Als die Wellen zusammenschlugen, platteten sich die Kämme ab, und wie sie sich öffneten, gaben sie einen riesigen Bären frei.

Er hatte eine große schwarze Schnauze, und nachdem er zum Ufer geschwommen war, ließ er sein Kinn auf dem Land ruhen. Und als er eine seiner Pranken auf den Strand legte, gab das Land unter seinem Gewicht nach. Er ging an Land und kreiste um mich herum, biß mich in die Lenden und fraß mich auf. Zuerst tat es weh, aber dann verlor ich das Empfinden. Solange jedoch mein Herz noch nicht gefressen war, blieb ich bei Bewußtsein. Als er mich aber ins Herz biß, verlor ich das Bewußtsein und war tot.

Als ich wieder zu mir kam, war der Bär fort, und ich lag völlig ausgepumpt und splitternackt an derselben Stelle am See. Ich ging hinunter zum Meer, und als ich ein kleines Stück gegangen war, hörte ich jemanden hinter mir herrennen. Es waren meine Hosen und Stiefel, die da gerannt kamen, und als sie mich überholt hatten, fielen sie zu Boden, und ich zog sie an. Wieder hörte ich etwas rennen. Es war mein Kittel, und als er mich überholt hatte, fiel er hin, und ich zog auch ihn an. Als ich den Fluß hinabspähte, sah ich zwei Kerlchen, so groß wie eine Hand. Eins von ihnen hatte einen *Amaut* auf, in dem ein kleines Kind lag. Sowohl der Bär als auch die drei Kerlchen wurden meine *Tartoks*.

Bei Pikiutdlek besorgte ich mir zwei weitere *Tartoks*, von denen einer *Kuitek* hieß und *„Ngaa! Ngaa!"* kreischte wie ein Baby. Der andere hieß *Amortortok* und kreischte: *„Amo! Amo!"* Sie waren beide *Tarajuatiaks* (*Tarajuadat* = Schatten). *Amortortok* kommt aus dem Süden und spricht dieselbe

Sprache wie die *Kavdlunaks*. Auch bei Tasiusak traf ich einen Geist mit einem spitzen Kopf und ohne Haare.

Einmal habe ich *Tornarsuk* gesehen. Er saß vornübergebeugt und hielt mit beiden Händen seine Geschlechtsteile. Ich sprang hoch auf seinen Rücken und verlor dann das Bewußtsein. Als ich wieder zu mir kam, lag ich auf einem großen Stein.

AUA
Eskimo/Iglulik

Der Polarforscher Knud Rasmussen gibt eine lebhafte Schilderung von seiner ersten Begegnung mit Aua, dem Iglulik-Angakoq:

> *Der 27. Januar war klar, aber kalt. Gegen Ende der Reise leuchteten die Sterne hell, aber wir hatten einen langen und anstrengenden Tag hinter uns und wünschten uns nichts sehnlicher, als einen Unterschlupf zu finden, ohne ihn selbst errichten zu müssen.*
>
> *Plötzlich schoß aus der Dunkelheit vor uns ein langer Schlitten mit dem wildesten Gespann, das ich je gesehen habe. Fünfzehn weiße Hunde mit sechs Männern auf dem Schlitten kamen wie ein Wirbelwind angerast. Sie kamen uns mit derartiger Geschwindigkeit entgegen, daß wir ihren Fahrtwind spürten, als sie neben uns einschwenkten. Ein kleiner Mann, der einen langen Bart hatte und völlig eisbedeckt war, sprang heraus, kam auf mich zu und streckte mir nach Art der Weißen die Hand entgegen. Dann deutete er zögernd landeinwärts auf etliche Iglus. Seine scharfen Augen sprühten voller Leben, als er den klingenden Gruß erschallen ließ: „Qujangnamik!" (Dank den kommenden Gästen). Dies war Aua, der Angakoq.*[13]

Rasmussen befand sich bald in einem Komplex wunderbar gestalteter Iglus. Der unbestrittene Meister der Großfamilie, die diese kühnen, miteinander verbundenen Bauten bewohnte, war der geniale Aua, ein gutherziger, gastfreundlicher und humorvoller Mann von großem Können und der geistige Führer der Gruppe.

Auas Begabung zum Dichten und Denken ist vergleichbar der des Huichol-Schamanen Ramón Medina Silva. Seine Gedanken über das Wesen des Todes, die Wirklichkeit der Wiedergeburt, die Beschaffenheit der Seele und den Ursprung des Alls waren tief. Seine Kenntnis der Mythologie, Kosmologie und Eschatologie war ungeheuer. Seine Gabe zum Schöpfen poetischer Bilder war bewundernswert. Rasmussen schrieb, Aua sei immer „klar in seiner Gedankenführung und im Besitz einer bemerkenswerten Fähigkeit, das auszudrücken, was er meinte".[14] *Über den Tod erzählte er Rasmussen:*

> *„Geheimnisvoll ist es, wie der Tod ins Leben kam, und ebenso geheimnisvoll ist der Tod selbst. Wir wissen nichts mit Sicherheit darüber, einzig daß jene, mit denen wir leben, plötzlich von uns gehen, manche in einer natürlichen und begreiflichen Weise, weil sie alt und müde geworden sind, andere jedoch auf geheimnisvolle Weise, denn wir, die wir mit ihnen lebten, können keinen Grund dafür sehen, warum ausgerechnet sie sterben sollten, und weil wir wußten, daß sie gern am Leben geblieben wären. Aber gerade das macht den Tod zu der großen Macht, die er ist. Der Tod allein bestimmt, wie lange wir in diesem Erdenleben, an das wir uns klammern, verbleiben dürfen, und er allein trägt uns hinüber in ein anderes Leben, das wir nur aus Schilderungen von Schamanen kennen, die schon lange tot sind. Wir wissen, daß Menschen durchs Alter umkommen, durch Krankheit oder einen Unfall, oder weil ein anderer ihnen das Leben genommen hat. All dies verstehen wir; etwas ist zerbrochen. Was wir nicht verstehen, ist der Wandel, der in einem Körper stattfindet, wenn der Tod Hand an ihn legt. Es ist derselbe Körper, der unter uns umging, lebte, warm war und sprach, wie wir selbst es tun, aber der ist plötzlich einer Kraft beraubt worden, durch deren Fehlen er*

kalt wird und steif und verwest. Daher sagen wir, daß ein Mensch krank ist, wenn er einen Teil seiner Seele verloren hat oder eine seiner Seelen; denn es gibt einige, die glauben, daß ein Mensch mehrere Seelen hat. Wird dann jener Teil der Lebenskraft eines Menschen dem Körper nicht wieder zugeführt, so muß er sterben. Daher sagen wir, daß ein Mensch stirbt, wenn ihn die Seele verläßt."[15]

"Es wäre unverständlich, unvernünftig, wenn wir, nach einem kurzen oder langen Leben, nach frohen Tagen oder solchen voller Leid und Elend, ganz und gar aus dem Dasein scheiden sollten. Was wir über die Seele gehört haben, zeigt uns, daß das Leben von Mensch und Tier nicht mit dem Tode endet. Wenn wir am Ende des Lebens unseren letzten Atemzug tun, so ist das nicht das Ende. Wir erwachen wieder zu Bewußtsein, wir kommen wieder ins Leben, und dies alles wird bewirkt durch das Mittel der Seele. Daher kommt es, daß wir die Seele als das Größte und Unverständlichste von allem ansehen."[16]

Auas Wissen um Leben und Tod und seine Berufung zum Angakoq wurde von der Schamanin Ârdjuaq vorausgesehen, die seine Mutter vor seiner Geburt pflegte und ihr, kurz nachdem Aua geboren war, beistand. Die Schwangerschaft war gefahrvoll, und Aua wurde mit der Nabelschnur um den Hals geboren. Ârdjuaq verkündete: „Er ist geboren, um zu sterben, aber er soll leben."[17]
Viele, viele Jahre lang hatten Aua und seine Familie strenge Tabus zu beachten, um sein Wohl zu erhalten. Trotz alledem waren seine Bemühungen, ein Schamane zu werden, umsonst. Schließlich verfiel Aua in einen Zustand furchtbarer Melancholie, und dieser Kummer war es, der zu seiner großen Freude und seinem Verstehen führte. Durch sein Leiden erwarb er das „Schamanenlicht an Verstand und Leib".[18] *Dieses Licht war es, das seine Helfergeister anzog.*

Ich war noch ein winziges, ungeborenes Ding in meiner Mutter Schoß, als schon besorgte Leute sich teilnahmsvoll nach mir erkundigten. Alle Kinder, die meine Mutter davor gehabt hatte, hatten quer gelegen und waren tot geboren worden. Sobald nun meine Mutter erkannte, daß sie ein Kind trug, das Kind, das einmal ich sein sollte, sprach sie also zu ihren Hausgenossen:

„Jetzt hab ich schon wieder jenes Etwas in mir, das kein rechter Mensch werden will."

Sie tat allen sehr leid, und eine Frau namens Ârdjuaq, die eine Schamanin war, beschwor am selben Abend ihre Geister, um meiner Mutter zu helfen. Und schon am nächsten Morgen war zu spüren, daß ich gewachsen war, aber das half mir zu der Zeit wenig, denn Ârdjuaq hatte vergessen, daß sie am Tag nach der Beschwörung keine Arbeit verrichten durfte, und hatte ein Loch in einem Fausthandschuh gestopft. Dieser Bruch des Tabus hatte sofort seine Wirkung. Meine Mutter fühlte die Geburtswehen vor der Zeit einsetzen, und ich trat und schlug, als wollte ich versuchen, mir meinen Weg durch ihre Seite zu brechen. Daraufhin fand eine neue Beschwörung statt, und da diesmal alle Vorschriften eingehalten wurden, half dies sowohl meiner Mutter als auch mir.

Aber dann geschah es eines Tages, daß mein Vater, der zur Jagd hinausfuhr, ärgerlich und ungeduldig war, und um ihn zu besänftigen, sprang meine Mutter bei und half ihm, die Hunde vor den Schlitten zu schirren. Sie vergaß, daß in ihrem Zustand alle Arbeit tabu war. Und kaum hatte sie den Zugriemen ergriffen, da fing ich auch schon wieder an zu treten und zu schlagen und versuchte, durch ihren Nabel hinauszukommen. Und wieder brauchten wir eine Schamanin, die uns helfen mußte.

Alte Leute versicherten meiner Mutter jetzt, daß meine große Empfindlichkeit jedem Tabubruch gegenüber ein Zeichen dafür war, daß ich ein großer Schamane werden sollte. Aber gleichzeitig würden viele Gefahren und Mißgeschicke auf mich lauern, bevor ich geboren wäre.

Mein Vater hatte ein Walroß mit einem ungeborenen Jungen erbeutet, und als er anfing, es herauszuschneiden, ohne zu bedenken, daß meine Mutter schwanger war, schlug ich erneut in der Gebärmutter um mich, und diesmal im Ernst. Aber in dem Augenblick, da ich geboren wurde, wich alles Leben aus mir, und ich lag da, tot wie ein Stein. Die Nabelschnur war um meinen Hals geschlungen und hatte mich erwürgt. Auf der Stelle schickte man nach Ârdjuaq, die in einem anderen Dorf wohnte, und ein Sonderiglu wurde für meine Mutter gebaut. Als Ârdjuaq kam und mich sah, wie mir die Augen aus dem Gesicht quollen, wischte sie mir das Mutterblut mit dem Balg eines Raben vom Körper und machte aus demselben Balg ein Jäckchen für mich. „Er ist geboren, um zu sterben, aber er soll leben", sagte sie.

Und so blieb Ârdjuaq bei meiner Mutter, bis ich Lebenszeichen von mir gab. Mutter mußte strenge Ernährungsregeln befolgen und schwierige Tabuvorschriften beachten. Wenn sie zum Beispiel ein Stück von einem Walroß gegessen hatte, war das Walroß für alle anderen tabu, ebenso bei einer Robbe oder einem Karibu. Sie mußte gesondertes Geschirr haben, aus dem niemand sonst essen durfte. Keiner Frau war es gestattet, sie zu besuchen, aber Männer durften es. Meine Kleider waren nach besonderer Art gefertigt: Die Haare der Felle durften nie nach oben oder nach unten weisen, sondern mußten schräg zum Körper liegen. Also lebte ich in dem Geburtsiglu, ohne von all der Sorge zu wissen, die man auf mich verwandte.

Ein ganzes Jahr lang mußten meine Mutter und ich allein leben und wurden nur hin und wieder von meinem Vater besucht. Er war ein großer Jäger und immer hinter einem Wild her, aber trotzdem durfte er nie seine eigenen Messer schärfen. Sobald er das tat, begann seine Hand anzuschwellen, und ich wurde krank. Ein Jahr nach meiner Geburt durften wir dann noch jemanden zu uns ins Haus nehmen. Es war eine Frau, und sie mußte selbst sehr vorsichtig sein. Sooft sie hinausging, mußte sie ihre Kapuze über den Kopf ziehen, Stiefel ohne Socken tragen und den Schwanz ihres Pelzmantels mit einer Hand in die Höhe heben.

Ich war schon ein großer Junge, als es meiner Mutter zum erstenmal gestattet wurde, Besuche zu machen. Alle bemühten sich, nett zu ihr zu sein, und sie wurde von all den anderen Familien eingeladen. Aber sie blieb zu lange fort; die Geister mögen es nicht, wenn Frauen mit kleinen Kindern zu lang dem Haus fernbleiben, und die Rache der Geister sah so aus: die Kopfhaut meiner Mutter schälte sich ab, und ich, der ich zu der Zeit noch gar nichts verstand, schlug mit meinen kleinen Fäusten auf ihr herum, als sie nach Hause ging, und ließ ihr mein Wasser den Rücken runterlaufen. Keiner, aus dem ein guter Jäger oder ein guter Schamane werden soll, darf zu lang ausbleiben, wenn er fremde Häuser besucht. Und dasselbe gilt für eine Frau mit einem Kind in einem *Amaut*.

Schließlich war ich groß genug, um mit den erwachsenen Männern zu den Eislöchern auf Robbenfang auszuziehen. An dem Tag, an dem ich meine erste Robbe mit der Harpune erlegte, mußte sich mein Vater mit nacktem Oberkörper aufs Eis legen, und die Robbe, die ich erbeutet hatte, wurde über seinen Rücken gezogen, während sie noch am Leben war. Nur Männern war es erlaubt, von meinem ersten Fang zu essen, und es durfte nichts übrigbleiben. Das Fell und der Kopf wurden aufs Eis gesetzt, auf daß ich später dieselbe Robbe wieder fangen könne. Drei Tage und Nächte lang durfte keiner der Männer, die davon gegessen hatten, auf die Jagd gehen oder irgendeine Arbeit verrichten.

Das nächste Tier, das ich tötete, war ein Karibu. Es war mir streng untersagt, ein Gewehr zu benutzen, und ich mußte es mit Pfeil und Bogen erlegen. Auch dieses Tier durften nur Männer essen, keine Frau durfte es berühren.

Es verging einige Zeit, und ich wuchs heran und war kräftig genug, um auf Walroßfang zu gehen. An dem Tag, als ich mein erstes Walroß mit der Harpune erlegte, schrie mein Vater so laut er konnte die Namen aller ihm bekannten Dorfbewohner und rief aus: „Jetzt gibt es Nahrung für alle!"

Das Walroß wurde gen Land gezogen, während es noch lebte, und erst als wir die Küste erreichten, wurde es getötet. Meiner Mutter, die es zerlegen sollte, wurde die Harpunenleine um den Körper geschlungen, bevor die Harpunenspitze rausgezogen wurde. Nachdem ich dieses Walroß getötet hatte, durfte ich all die Leckerbissen essen, dir mir zuvor verwehrt waren, ja selbst Innereien, und die Frauen durften jetzt von meinem Fang essen, sofern sie nicht schwanger oder kürzlich niedergekommen waren. Nur meine eigene Mutter mußte noch große Vorsicht walten lassen, und immer wenn sie irgendwelche Näharbeiten zu verrichten hatte, mußte ein Sonderiglu für sie gebaut werden. Ich war nach einem kleinen Geist benannt worden, Aua, und man sagte, meine Mutter müsse auf alles, was sie tat, so acht haben, um diesen Geist nicht zu erzürnen. Aua war mein Schutzgeist und trug große Sorge, daß ich nichts tat, was verboten war. Ich durfte zum Beispiel nie in einem Iglu bleiben, in dem sich junge Frauen zur Nacht auszogen, noch durfte sich eine Frau das Haar kämmen, während ich zugegen war.

Selbst lange Zeit nach meiner Heirat unterlag mein Fang immer noch einem strengen Tabu. Wenn Frauen mit kleinen Kindern auch nur in unserer Nähe lebten, durfte allein meine eigene Frau von meiner Beute essen, und keine andere Frau durfte ihren Hunger an dem Fleisch irgendeines Tieres stillen, von dem meine Frau gegessen hatte. Jedes Walroß, das ich tötete, unterlag ferner der Vorschrift, daß keine Frau von seinen Innereien essen durfte, die als ein großer Leckerbissen angesehen werden, und dieses Verbot wurde aufrechterhalten, bis ich vier eigene Kinder hatte. Und wirklich haben diese Auflagen, die mir von Ârdjuaq gemacht worden waren, damit ich am Leben bliebe, erst ihre Notwendigkeit verloren, seitdem ich alt geworden bin.

Alles war also im vorhinein für mich bereitet, selbst von der Zeit an, als ich noch nicht geboren war. Trotzdem trachtete ich noch danach, mit Hilfe anderer zum Schamanen zu werden, aber damit hatte ich kein Glück. Ich besuchte viele berühmte Schamanen und brachte ihnen Geschenke, die sie auf der Stelle an andere weitergaben, denn wenn sie die Dinge behalten hätten, wären sie oder ihre Kinder gestorben. Dies glaubten sie, weil mein eigenes Leben von Geburt an so bedroht gewesen war. Dann suchte ich die Einsamkeit, und hier wurde ich bald sehr melancholisch. Manchmal brach ich in Tränen aus und fühlte mich unglücklich, ohne zu wissen warum. Dann war plötzlich alles anders, ohne jeden Grund, und ich fühlte eine große, unerklärliche Freude, eine so gewaltige Freude, daß ich sie nicht zurückhalten konnte, sondern heraussingen mußte, einen mächtigen Gesang, in dem nur Platz für ein Wort war: Freude, Freude! Und ich mußte aus vollem Halse singen. Und mit einem Mal, mitten in einem solchen Anfall geheimnisvoller und übermächtiger Verzückung, wurde ich ein Schamane und wußte selbst nicht, wie mir geschah. Aber ich war ein Schamane. Auf ganz neue Weise konnte ich sehen und hören. Ich hatte mein *Qaumaneq* erlangt, meine Erleuchtung, das Schamanenlicht an Verstand und Leib, und das in einer solchen Weise, daß nicht nur ich es war, der durch das Dunkel des Lebens schauen konnte, sondern dasselbe Licht strahlte auch von mir aus, unsichtbar für die Menschen, aber sichtbar den Geistern der Erde und des Himmels und der See, und diese kamen nun zu mir und wurden meine Helfer.

Mein erster Helfergeist war meine Namensschwester, eine kleine *Aua*. Wenn sie zu mir kam, war es, als ob Durchschlupf und Dach des Hauses hochgehoben würden, und eine solch mächtige Seherkraft erfüllte mich, daß ich direkt durch das Haus und die Erde sehen konnte und in den Himmel hinein. Es war die kleine *Aua*, die mir dieses innere Licht brachte, indem sie über mir schwebte, solange ich sang. Dann zog sie sich in eine Ecke am Durchschlupf zurück, den anderen unsichtbar, aber immer bereit, falls ich sie rufen sollte.

Eine *Aua* ist ein kleiner Geist, eine Frau, die unten bei der Küste lebt. Es gibt viele von diesen Küstengeistern, die mit einer spitzen Fellkapuze auf dem Kopf herumlaufen. Ihre Hosen sind komisch kurz und aus Bärenfell, sie tragen lange Stiefel mit schwarzen Mustern und Robbenfelljacken. Ihre Füße sind vorn nach oben gebogen, und sie scheinen nur auf den Fersen zu gehen. Sie halten ihre Hände so, daß der Daumen immer über die Handfläche gelegt ist, ihre Arme halten sie mit aneinanderliegenden Händen hoch und streichen sich unablässig den Kopf. Sie sind munter und aufgeweckt, wenn man sie ruft, und ähneln süßen, lebendigen Püppchen. Sie sind nicht größer als ein menschlicher Arm.

Mein zweiter Helfergeist war ein Hai. Als ich eines Tages in meinem Kajak draußen war, kam er auf mich zugeschwommen, hielt sich ganz still an meiner Seite und flüsterte meinen Namen. Ich war äußerst erstaunt, denn ich hatte nie zuvor einen Hai gesehen, sie sind sehr rar in diesen Gewässern. Später half er mir beim Jagen und war immer in meiner Nähe, wenn ich ihn brauchte. Diese beiden, der Küstengeist und der Hai, waren meine Haupthelfer, und sie konnten mir immer zur Seite stehen, wenn ich es wollte. Das Lied, das ich gewöhnlich sang, wenn ich sie rief, bestand aus wenigen Worten:

> Freude, Freude,
> Freude, Freude!
> Ich sehe einen kleinen Küstengeist,
> Sehe eine kleine Aua.
> Ich selbst bin ja auch Aua,
> Des Küstengeistes Namensvetter,
> Freude, Freude!

Diese Worte wiederholte ich immer wieder, bis ich, von großer Furcht geschüttelt, in Tränen ausbrach. Dann zitterte ich am ganzen Leib und wimmerte nur: „Ah-a-a-a-a, Freude, Freude! Jetzt werde ich heimgehen. Freude, Freude!"

Einmal verlor ich einen Sohn. Mir war, als könnte ich nie wieder von der Stelle weichen, wo ich seinen Körper hingelegt hatte. Ich war wie ein Berggeist, scheute die Menschen. Wir blieben lange im Landesinnern, und meine Helfergeister ließen mich im Stich, denn sie mögen es nicht, wenn lebende Menschen sich in Kummer vergraben. Aber eines Tages kam mir das Lied von der Freude ganz von selbst und völlig unerwartet. Ich fühlte wieder die Sehnsucht nach meinen Mitmenschen, meine Helfergeister kehrten zurück, und ich war wieder ich selbst.

GOLDEN-SCHAMANE
Sibirien/Golde

Wir kennen den Namen dieses Schamanen nicht, obwohl das Anfang des Jahrhunderts von dem russischen Ethnologen Leo Sternberg geführte Interview in bezug auf alle sonstigen Daten vollständig zu sein scheint. Sternberg erhielt seine Informationen vom ersten Schamanen, der ihm bei den Golden, einem südtungusischen Stamm, begegnete, und dieser Bericht stellt fesselnd und anschaulich dar, auf welche Weise sibirische Schamanen zu ihrer heiligen Berufung ausersehen werden können.

Sternberg erklärt, daß alle Golden-Schamanen „von einem besonderen Geist zum Schamanenamt bewegt werden, einer Geistfrau, die ihnen ihre Liebe anbietet und der sie im Schlaf beiwohnen".[19] Auf der Basis seiner ausgedehnten Feldarbeit und seiner wissenschaftlichen Forschung kam er zu dem Schluß, daß dies für alle sibirischen Schamanen galt. Der Ahnenführer dient lediglich als Heiratsvermittler, der die Seelen der Schamanen in die himmlischen Bereiche geleitet, wo sie den „verschiedenen Gattinnen und Töchtern der Götter" vorgestellt werden. Eine göttliche Hochzeit schließt sich an, durch die ein Band zwischen der Welt der Götter und Geister und dem Erdreich geknüpft wird.[20]

Unter den Teleuten zum Beispiel entspinnen sich ganze Liebesgeschichten zwischen dem Schamanenanwärter und seiner Geistgeliebten, die ihn mit holdester Gastfreundschaft bestrickt: „Als ich vor einem Monat von deiner bevorstehenden Ankunft erfuhr, bereitete ich Speise in einer goldenen Schüssel, am Tag vor deinem Kommen tat ich die Speise in eine Silberschüssel, o mein Geliebter, mein lieber Schamane! Wir werden zusammen zu Tisch sitzen, Essen wird es geben aus einer silbernen Schussel. Wir werden an einem silbernen Tisch sitzen, wir werden aus einer goldenen Schüssel essen."[21]

Obwohl es dem Golden-Schamanen im folgenden Bericht zunächst graut, als sich die Ayami ihm nähert, ist er alsbald mit ihr verheiratet, körperlich wie geistig.[22]

Meine Ahnen lebten im Dorf Urmil (fünfzehn Werst von Chabarowsk). Man sagt, ihre Sippe sei vom Unterlauf des Amur dorthin gewandert. Vor langer, langer Zeit waren wir Ainu. Die Alten sagen, daß es vor einigen Generationen drei große Schamanen in meiner Sippe gab. Von meinen unmittelbaren Vorfahren war keiner als Schamane bekannt. Vater und Mutter erfreuten sich bester Gesundheit. Ich bin jetzt vierzig. Ich bin verheiratet, habe aber keine Kinder. Bis zu meinem zwanzigsten Lebensjahr war ich wohlauf. Dann wurde ich krank, mein ganzer Körper tat weh, und ich hatte starke Kopfschmerzen. Schamanen versuchten, mich zu heilen, aber es war alles umsonst. Als ich selbst anfing zu schamanisieren, ging es mir allmählich besser. Zehn Jahre ist es nun her, seitdem ich Schamane wurde, aber zuerst habe ich nur an mir selbst geübt, und erst vor drei Jahren bin ich dazu übergegangen, andere Leute zu heilen. Die Tätigkeit eines Schamanen ist sehr, sehr kräftezehrend, viel härter als Bäume fällen, aber daran läßt sich nun mal nichts ändern.

Einmal lag ich auf meinem Krankenlager und schlief, als sich mir ein Geist näherte. Es war eine wunderschöne Frau. Sie war von sehr schmächtiger Gestalt, nicht größer als einen halben Arschin (71 cm). An Gesicht und Gewand glich sie ganz unseren Goldenfrauen. Das Haar hing ihr in kurzen schwarzen Flechten auf die Schulter. Andere Schamanen sagen, sie hätten die Vision einer Frau mit einer schwarzen und einer roten Gesichtshälfte gehabt. Sie sagte: „Ich bin die *Ayami* deiner Ahnen, der Schamanen. Ich lehrte sie das Schamanisieren, jetzt werde ich dich lehren. Die alten Schamanen sind ausgestorben, und es ist niemand da, der die Menschen heilt. Du sollst Schamane werden."

Als nächstes sprach sie: „Ich liebe dich. Ich habe jetzt keinen Mann, du wirst mein Gemahl sein, und ich werde dir ein Weib sein. Ich werde dir Helfergeister schicken. Mit ihrer Hilfe sollst du heilen, und ich werde dich lehren und dir selbst helfen."

Ich war bestürzt und wollte mich widersetzen. Da sagte sie: „Wenn du mir nicht gehorchst, um so schlimmer für dich. Dann werde ich dich töten."

Seither kommt sie ständig zu mir, und ich schlafe mit ihr, als sei sie meine Frau, aber wir haben keine Kinder. Sie lebt ganz allein ohne Verwandte in einer Hütte auf einem Berg, aber sie wechselt ihre Wohnstatt oft. Manchmal erscheint sie in Gestalt einer alten Frau und manchmal in der eines Wolfs, so daß sie grauenhaft anzuschauen ist. Manchmal erscheint sie als geflügelter Tiger. Ich steige auf, und sie nimmt mich mit und zeigt mir fremde Länder. Ich habe Berge gesehen, wo nur alte Männer und Frauen leben, und Dörfer, in denen bekommst du nur junge Leute zu Gesicht, Männer und Frauen. Sie sehen aus wie Golden und sprechen Goldisch; manchmal werden diese Menschen in Tiger verwandelt. Jetzt kommt meine *Ayami* nicht mehr so häufig zu mir wie einst. Früher, als sie mich lehrte, kam sie gewöhnlich jede Nacht.

Sie hat mir drei Helfer gegeben: den *Jarga* (Panther), den *Doonto* (Bär) und den *Amba* (Tiger). Sie kommen zu mir in meinen Träumen und erscheinen immer, wenn ich sie herbeirufe. Wenn sich einer von ihnen widersetzt, zwingt ihn die *Ayami* zum Gehorsam, aber es heißt, es gibt welche, die nicht mal der *Ayami* gehorchen. Wenn ich schamanisiere, ergreifen die *Ayami* und die Helfergeister Besitz von mir: Ob groß oder klein, sie durchdringen mich wie Rauch oder Dunst. Wenn die *Ayami* in mir ist, dann ist sie es, die durch meinen Mund spricht, und sie macht alles selbst. Wenn ich die *Sukdu* (Opfergaben) esse und Schweineblut trinke (das Blut von Schweinen wird nur vom Schamanen getrunken, Laien dürfen es nicht einmal anrühren), bin nicht ich es, der da ißt und trinkt, es ist ganz allein meine *Ayami*. Ich sorge auch für meine Helfergeister, aber ich streue nur etwas Fleisch und Grütze für sie aus, und sie holen es sich selbst.

Hast du je einen Schamanen bei einem feierlichen Totengedenken gesehen? Wie könnte ein Mensch so viel Wodka trinken? Die *Ayami* schluckt alles! Man muß der *Ayami* und den Helfergeistern zu essen geben. Wenn du ihnen nichts gibst, dann schelten sie dich und sagen: „Wir helfen dir heilen, und du bist so knauserig zu uns?" Dann mußt du ein Schwein schlachten. Die Kranken helfen dabei, ihnen zu essen zu geben. Wenn sie gesund werden, bringen sie Hafergrütze, Wodka und ein Schwein. Dann gehe ich von Hütte zu Hütte, schamanisiere überall, und dann töte ich ein Schwein, gieße das Blut in ein besonderes Gefäß und lasse das Fleisch kochen. Am Abend lege ich meine Tracht an, rufe die Geister herbei und stelle sämtliche Schüsseln vor sie hin. Das Blut trinke ich selbst, die Speisen streue ich aus und sprenkele Wodka um mich herum, und so sind die Geister zufrieden.

Es gibt drei Schamanenränge: 1. den *Siurku Samán*, den Schamanen, der sich nur aufs Heilen versteht; 2. den *Nyemanti Samán*, der das Gedenkamt vollzieht*; und 3. den größten Schamanen, den *Kassati Samán*, der die Seelen der Verstorbenen ins Jenseits führt. Die *Ayami* lehrt sie alle. Es hat Schamanen gegeben, deren Leben verstrich, ohne daß sie *Kassati*-Schamanen geworden wären. Was mich betrifft, so hat mich die *Ayami* nur Heilen gelehrt. Ich weiß nicht, ob ich ein großer Schamane werden soll: wie es die *Ayami* will, so geschieht es. Die *Ayami* lehrte mich, mir ein Schamanengewand zu machen und was ich daraufmalen sollte, aber zur Zeit erlaubt sie mir nur, einen Schurz zu tragen; sie wies mich auch an, mir eine Trommel zu machen. Davor mußte ich mir immer eine borgen, wenn ich schamanisierte. Sie hat mich nicht gelehrt, einen Schamanenpfahl zu machen, es ist noch zu früh dazu, man muß erst noch sehen, was aus mir wird. Es gibt viel zu tun. Dann wies sie mich an, mir Abbilder meiner Helfergeister anzufertigen und sie mir um den Nacken zu hängen. Nachdem sie ausgeschnitzt waren, wie die *Ayami* es vorgeschrieben hatte, hing ich sie an die Wand, brachte ihnen Opfergaben, gab ihnen zu essen und brannte Räucherwerk für sie ab. Dann schlug ich meine Trommel, rief die Geister auf, in die Abbilder einzugehen, und sie gehorchten meinem Ruf.

Kein Schamane ohne *Ayami*. Welcher Helfergeist würde erscheinen, wenn er keine hat? Die *Ayami* ist die Lehrerin

---

* Eine Zeremonie, die für die Seele eines Verstorbenen ein oder zwei Tage nach seinem Tod abgehalten wird.

des Schamanen, sie ist ihm wie seine Göttin. Die *Ayami* eines Mannes ist immer eine Frau und der einer Frau ein Mann, denn sie sind wie Eheleute. Manche Schamanen schlafen auch mit all ihren Helfergeistern wie mit einer Frau. Es gab einmal eine große Schamanin, die ohne einen Mann lebte. Sie hatte viele Geistdiener, und sie schlief mit ihnen allen. Es heißt, es gibt einen Schamanen, dessen *Ayami* zu ihm als Mann kommt. Ich habe solche Schamanen nicht selbst getroffen. Aber die *Ayamis* sind auch von großer Vielfalt. Manche von ihnen betrügen die Männer. Sie kommen zu einem Mann, setzen ihm zu, er solle doch Schamane werden, schicken ihm Geister, schlafen mit ihm und brennen dann durch und tauchen nie wieder auf, und beladen ihn zudem auch noch mit einer Krankheit. Aber das sind keine wirklichen *Ayamis*, es sind vielmehr *Ambas* (böse Geister). Ohne *Ayamis* keine Götter. Der *Ambanso* (der Obertiger), der *Doonta* (der Oberbär) und der *Jarga* (der Panther) – sie alle haben mächtige *Ayamis*, die ihnen Macht verleihen, aber ihre *Ayamis* sind von besonderer Art, nicht wie die des Schamanen. Vor solchen *Ayamis* muß sich der Mensch mehr in acht nehmen als vor den Göttern selbst. Sie sind es zum Beispiel, die geschickt werden, Seelen zu stehlen.

Tankli
Australien/Kurnai

Tankli, ein Kurnai aus dem Brataua-Klan, wurde dank der Kraft, die er in drei ineinandergreifenden Einweihungsträumen empfing, zum Mulla-mullung. *Bei allen drei Malen besuchte ihn der Ahnengeist seines Vaters, um ihm zu helfen, die einem Schamanen dienliche Kenntnis und Kraft zu erlangen. Im letzten dieser Träume wurde Tankli mittels eines magischen Strangs aus Walflechsen auf eine Reise ins Jenseits entführt. Wie dem Huichol-Schamanen, der seine erste Fahrt nach* Wirikúta *(dem heiligen Land des Peyote) unternimmt, die Augen verbunden werden, wenn er die Schwelle zwischen der Alltagswelt und dem Paradies überschreitet, wurden auch*

Tankli die Augen verbunden, als er auf seiner Reise eine eigentlich unpassierbare Enge zwischen zusammenschlagenden Felsen durchquerte.

Obwohl Tankli nach seinen Träumen zum Schamanen wurde, war er nicht in der Lage, seine Macht zu halten, als er zu trinken anfing. Eines Nachts träumte er, seine Frau würde ihn mit Menstruationsblut bespritzen, und sein magischer Quarzkristall verschwand aus seinem Medizinbeutel. Vergeblich versuchte er, seine Kraft wiederzugewinnen, aber seine Träume kehrten nie mehr zu ihm zurück.[23]

Als ich ein großer Junge war, grad so den ersten Bartflaum bekam, lagerte ich mit meinen Leuten bei Alberton. Bunjilgworan war da und andere. Ich hatte einige Träume von meinem Vater, und ich träumte dreimal von derselben Sache. Das erste und zweite Mal kam er mit seinem Bruder und einem Haufen älterer Männer und putzte mich um den Kopf rum mit Leierschwanzfedern heraus. Beim zweiten Mal waren sie über und über mit *Naial* (rotem Ocker) eingerieben und hatten *Bridda-briddas** an. Beim dritten Mal banden sie einen Strang aus Walflechsen um meinen Nacken und meine Hüfte und schwenkten mich daran herum und trugen mich durch die Luft übers Meer bei Corner Inlet und setzten mich bei Yiruk ab, und zwar vor einer großen Felswand, die wie eine Hauswand war. Ich bemerkte, daß da so etwas wie eine Öffnung im Felsen war. Mein Vater verband mir die Augen und führte mich hinein. Dies wußte ich, weil die Felsen hinter mir ein Geräusch machten, als schlügen sie zusammen.

Dann nahm er mir die Binde von den Augen, und ich sah, daß ich an einem Ort war, so hell wie der Tag, und all die alten Männer standen um mich herum. Mein Vater zeigte mir einen Haufen hell glänzender Dinger an den Wänden, die sahen aus wie Glas, und wies mich an, einige zu nehmen. Ich nahm eins und hielt es fest in der Hand. Als wir wieder hinausgingen, lehrte mich mein Vater, wie man diese Dinger in seine Beine eingehen läßt und wie ich sie wieder rausziehen könnte. Er lehrte mich auch, wie man sie auf andere

Leute wirft. Danach trugen er und die anderen Männer mich zurück zum Lager und setzten mich auf die Spitze eines hohen Baumes. Er sagte: „Ruf ganz laut und sag ihnen, daß du wieder da bist." Das tat ich, und ich hörte, wie die Leute im Lager aufwachten und wie die Frauen ihre Matten klopften, damit ich runterkäme, denn jetzt war ich ein *Mullamullung*. Dann wachte ich auf und stellte fest, daß ich auf dem Ast eines Baums lag. Die alten Männer kamen mit Feuerstöcken raus, und als sie am Baum anlangten, war ich bereits unten und stand mit dem Ding, das mir mein Vater in die Hand gedrückt hatte, daneben. Es war wie Glas, und wir nennen es *Kiin*.

Ich erzählte den alten Männern alles, und sie sagten, ich sei ein Heiler. Von der Zeit an konnte ich Dinger aus den Leuten rausziehen, und ich konnte das *Kiin* wie Licht am Abend auf Leute werfen, wenn ich dabei sagte: „*Blappan!*" (geh!). Auf diese Weise habe ich einige geschnappt. Nach ein paar Jahren ging's bei mir mit dem Trinken los, und da verlor ich mein *Kiin* und all meine Kraft und bin seither nicht fähig gewesen, irgend etwas auszurichten. Ich bewahrte es in einem Beutel aus dem Fell des Ringelschwanzopossums auf, in einem Loch im Baum. Eines Nachts träumte ich, daß ich im Lager schlief und meine Frau etwas *Kruk* (Menstruationsblut) über mich spritzte, und danach verschwand mein *Kiin* aus meinem Beutel, ich weiß nicht wohin. Ich habe unter dem Baum geschlafen, wo ich es zurückgelassen hatte, und dachte, vielleicht kommt meine Kraft zurück, aber ich habe das *Kiin* nie wiedergefunden, und ich träume auch nicht mehr davon.

---

* Ein *Bridda-bridda* ist eine Art Schurz, den die Männer tragen und der vorn und hinten von einem Strick herabhängt, der wie ein Gürtel um die Hüfte geschlungen wird.

V.

MEDIZIN DER WUNDER

Die umseitige Abbildung zeigt Piltzintecutli, eine Form des Sonnengottes und Blumenprinzen Xochipilli, wie er von Quetzalcoatl über Ursprung und Gebrauch der heiligen halluzinogenen Pilze unterwiesen wird. Diese Darstellung von Xochipilli findet sich im Mittelteil eines Mixtekischen Codex aus dem fünfzehnten Jahrhundert, dem sogenannten „Wiener Codex".

María Sabina
Mittelamerika/Mazateka

Hoch über dem Mazatekendorf Huautla de Jiménez, in der Nähe des Nindo Tocoxho, dem Berg der Anbetung, steht eine dürftig zusammengeflochtene und lehmbeworfene Hütte mit drei winzigen Räumen. Die Wände bröckeln ab, mit den Jahren haben sich immer tiefere Furchen in den Lehmfußboden eingegraben, und im Innern der Behausung ist es kahl, wenn man einmal von einem mehr als schlichten Altar und den allernotwendigsten Einrichtungsstücken absieht. Im Winter 1977 kam ich auf die freundliche Einladung von Alvaro Estrada an diesen Ort, um die Heilerin María Sabina kennenzulernen, die Schamanin, die Gordon Wasson im Jahre 1955 in den uralten Kult des Pilzes der Wunder einführte.

María Sabina wurde am 17. März 1894 geboren, und viele Jahre der Leiden hatten ihre Spuren in ihrem starken, braunen Gesicht hinterlassen und ihren schmächtigen Körper gebeugt. Sie war in Lumpen gekleidet wie die ärmsten der Mazateken und war von allzeit neugierigen Dorfbewohnern und Kindern umringt, die mit Sicherheit alles gestohlen hätten, was wir ihr gegeben hätten. Ihr rechter Unterarm war von grausamen Bißwunden entstellt, die ihr eine eifersüchtige Verwandte wenige Tage zuvor beigebracht hatte. Eine schwere Frage stieg in mir auf: Woher kommt es, daß Seher und Heilige wie María Sabina, Black Elk und Ramón Medina Silva immer ein Leben voller Leiden führen müssen? Selbst jetzt, wo sie als alte Frau zu schwach ist, um den Psilocybinpilz noch nehmen zu können, dauert ihr Leiden an. Und so muß es sein, erfuhr ich, denn hinter der Maske des Schmerzes schien ein Licht durch die Augen dieser Frau, etwas, das allen, die sie kennenlernen, eine Ahnung vom göttlichen Erwachen gibt.

Der bedeutende Ethnomykologe Wasson hat María Sabina als eine Frau beschrieben „ohne Fehl, makellos, die ihre Berufung nie herabwürdigte, indem sie ihre Kräfte zum Bösen verwandt hätte; eine Frau von seltener sittlicher und spiritueller Kraft, aufopfernd in ihrer Berufung, mit einer zur Kunst vervollkommneten Beherrschung der Techniken ihres Berufs".[1] *Viele Jahrzehnte lang hat sie ihre Kunst mit den halluzinogenen Pilzen ausgeübt, und Hunderte kranker und leidender Menschen sind zu ihr in ihre erbärmliche Behausung gekommen, um das Sakrament zu empfangen, während sie die Nacht vor ihrem Altar im Dunkel singend verbrachte.*[2]

Ich bin María Sabina. Sie ist die Frau, die wartet. Sie ist die Frau, die erprobt. Sie ist die Frau des Sieges. Sie ist die Frau des Denkens, die Frau, die erschafft. Sie ist die Frau, die heilt. Sie ist die Sonnenfrau, die Mondfrau, die Frau, die deutet.

Es liegt eine Welt jenseits der unseren, eine Welt, die gleichzeitig weit weg ist und doch ganz nah. Und es ist dort, wo Gott weilt, wo die Toten weilen, die Geister und die Heiligen, eine Welt, in der alles schon geschehen und alles bekannt ist. Jene Welt spricht. Sie hat eine eigene Sprache. Ich gebe wieder, was sie sagt.

Der heilige Pilz nimmt mich bei der Hand und führt mich in jene Welt, in der alles bekannt ist. Sie sind es, die heiligen Pilze, die auf eine Weise sprechen, die ich verstehen kann. Ich frage sie, und sie antworten. Wenn ich von der Reise zurückkehre, die ich mit ihnen unternommen habe, so erzähle ich, was sie mir erzählt und was sie mir gezeigt haben.

Der Vater meines Großvaters, Pedro Feliciano, mein Großvater, Juan Feliciano, mein Vater, Santo Feliciano – alle Schamanen – aßen den *Teonanácatl* und hatten herrliche Visionen der Welt, in der alles bekannt ist. Mit Ausnahme meines Vaters habe ich diese Männer nie gekannt. Und auch mein Vater – ich habe ihn nur so kurz erlebt, ich kann mich fast nicht mehr an ihn erinnern. Er starb, als ich vier Jahre alt war. Doch ich wußte, wie er nach seinem Vater und dem Vater seines Vaters gehandelt hatte. Der Pilz war in meiner Familie als Helfer, Beschützer und Freund angesehen.

Mein Vater war gerade gestorben, und wir waren sehr arm. Ich ging immer mit meiner Schwester in die Wälder, um die Tiere zu weiden. Wir waren hungrig, aber wir wußten, daß es dort Pilze gab und daß die Pilze unsere Freunde waren und daß von ihnen nur Gutes kommen konnte. Wir hielten also nach ihnen Ausschau, und wir aßen sie so, wie sie waren – roh, frisch gepflückt.

Damals konnte ich die heiligen Pilze *El Derrumbe*, *San Isidor*, *Pajaritos* noch nicht voneinander oder von denen unterscheiden, die keine waren. Ich aß sie, ohne zu wissen, was sie waren, einfach weil ich hungrig war. Doch eines Tages, ich weiß nicht, wieviel Zeit vergangen war, fing ich an, Visionen zu haben. Meine Hände hatten der Erde die *Teonanácatl* entrissen, und die *Teonanácatl* waren mir in Mund und Seele eingegangen. Die Ziegen grasten auf dem Berg, und ich saß da auf der Wiese wie betrunken. Meine Seele trat aus meinem Körper heraus und wanderte in jene Welt, die ich nicht kannte, aber von der ich hatte reden hören. Es war eine Welt wie diese, mit Sierras, Wäldern und Flüssen. Aber es gab auch andere Dinge – wunderschöne Häuser, Tempel, goldene Paläste. Und da war meine Schwester, die mit mir gekommen war, und die Pilze, die mich erwarteten – Pilze, die Kinder waren und Zwerge in Clownskostümen, Kinder mit Trompeten, Kinder, die sangen und tanzten, Kinder, zart wie das Fleisch der Blumen. Und die Pilze sprachen, und ich sprach zu den Pilzen und jammerte: „Was sollen wir bloß tun?" sagte ich. „Wir sind so arm. Wie sollen wir bloß leben? Was wird aus uns werden?" Und die *Teonanácatl* gaben mir Worte der Hoffnung und des Friedens zur Antwort: Sie würden uns beschützen, sagten sie; wenn es uns an etwas mangelte, sollten wir zu ihnen gehen, und sie würden es uns geben.

Als ich von meiner ersten Reise zurückkehrte, kehrte auch meine Schwester zurück, und sie hatte dieselben Dinge gesehen und dieselben Worte gehört. Von da an wollte ich die Freunde besser kennenlernen, die ich gerade gewonnen hatte, und die heiligen Pilze von denen unterscheiden lernen, die keine waren. So brachte ich meine Großmutter dazu, mir viele Dinge zu erklären, denn sie wußte viele Dinge, die sie von ihrem Mann und meinem Vater gelernt hatte. Und meine Großmutter erzählte mir alles mit Freuden, denn sie sah, daß es mir bestimmt war, Priesterin des *Teonanácatl* zu werden.

Gott ist eine ungeheure Uhr,
Die das All in sich hält.

Ich war acht Jahre alt, als ein Bruder meiner Mutter krank wurde. Er war sehr krank, und die Schamanen der Sierra, die versucht hatten, ihn mit Kräutern zu heilen, konnten ihm nicht helfen. Da besann ich mich darauf, was mir die *Teonanácatl* gesagt hatten: daß ich mich aufmachen und sie suchen gehen sollte, wenn ich Hilfe brauchte. So ging ich die heiligen Pilze holen, und ich brachte sie zur Hütte meines Onkels. Ich aß sie vor den Augen meines Onkels, der im Sterben lag. Und auf der Stelle entführten mich die *Teonanácatl* in ihre Welt, und ich fragte sie, was mein Onkel hätte und was ich tun könnte, um ihn zu retten. Sie sagten mir, ein böser Geist sei in das Blut meines Onkels eingedrungen, und um ihn zu heilen, sollten wir ihm einige Kräuter geben, nicht die, welche die *Curanderos* ihm gaben, sondern andere. Ich fragte, wo diese Kräuter zu finden wären, und sie führten mich zu einer Stelle auf dem Berg, wo hohe Bäume wuchsen und die Wasser des Baches flossen, und sie zeigten mir das Kraut, das ich aus der Erde ziehen sollte, und den Weg, den ich einzuschlagen hatte, um sie zu finden. Als ich von der Reise in die Welt der *Teonanácatl* zurückkehrte, machte ich mich von der Hütte aus auf, und ich schlug den Weg ein, den mir die Pilze gewiesen hatten. Ich gelangte an eine Stelle, wo hohe Bäume wuchsen und die Wasser eines Baches flossen; es war dieselbe Stelle, die ich auf meiner Reise gesehen hatte, und es waren dieselben Kräuter. Ich nahm sie, brachte sie heim, kochte sie in Wasser und gab sie meinem Onkel. Ein paar Tage später war der Bruder meiner Mutter geheilt.

Das war die erste Heilung, die zu vollbringen mir die *Teonanácatl* gewährten. Darauf folgten viele andere. Männer, Kinder, Alte, Frauen. Da war auch die Heilung von María Dolores, die am ganzen Leib aufgedunsen war – Füße, Hände,

Gesicht, Bauch –, so aufgedunsen, daß es aussah, als würde sie platzen. Die Frau konnte nicht mehr gehen, sich nicht mehr bewegen. Wir nahmen zusammen die *Teonanácatl*, und wir machten uns gemeinsam auf den Weg in jene Welt, in der alles bekannt ist. Wir trafen uns dort, und dort ließen mich die *Teonanácatl* María Dolores sagen, was sie zu ihrer Besserung zu tun hätte. Als wir von der Reise zurückkehrten, begann María Dolores abzuschwellen. Der Bauch war geheilt, das Gesicht war geheilt, die Beine und die Füße waren geheilt. María Dolores lebte noch fünfzehn Jahre. Aber in der Zwischenzeit hatte ich aufgehört, *Teonanácatl* zu nehmen.

Ein Mann, ein Händler, Serapio Martínez, fragte mich, ob ich seine Frau werden wollte. Drei Kinder wurden eins nach dem andern geboren, und ich hatte nicht die Zeit, mich den *Teonanácatl* zu widmen. Ich mußte mich um die Kinder kümmern, wenn sie gut aufwachsen sollten. Dann starb Serapio Martínez, und ich blieb mit drei Kindern allein zurück. Meine ganze Zeit ging dabei drauf, sie durchzubringen, in den Plantagen Kaffee zu schneiden, *Huipiles* zu nähen und den kleinen Handel mit Töpfen und Pfannen, Decken und Ponchos aufrechtzuerhalten, den Serapio Martínez betrieben hatte.

Dreizehn Jahre lang blieb ich allein, bis ein anderer Mann, Marcial Calvo, um mich anhielt. Ich ging mit ihm, und von ihm hatte ich sechs Kinder. Marcial war ein Schamane und ein *Curandero*, und er heilte mit Kräutern, aber er war auch ein schlechter und heftiger Mann, immer betrunken, voll Schnaps und Tequila. Er schlug mich und schlug meine Kinder. Er wußte, daß ich viele Jahre zuvor die *Teonanácatl* benutzt hatte und in die Welt eingetreten war, in der alles bekannt ist, aber er wollte nicht, daß ich wieder auf die Reise ging. Vielleicht war er neidisch darauf, was die *Teonanácatl* mir sagen würden, was ich gelernt hatte oder lernen würde. Er lachte und schlug mich, wenn ich vom *Teonanácatl* sprach; immer betrank er sich und schlug mich. Ich litt viel unter ihm. Jedenfalls geschah es in der Zeit, in der ich mit ihm zusammen war, daß ich wieder damit anfing, ihn zu nehmen, nach vielen Jahren. Ich tat es, um zwei alte, kranke

Menschen zu heilen. Marcial hatte versucht, sie mit Kräutern zu heilen, aber es war ihm nicht gelungen. Aber ich konnte es mit den Pilzen. Als aber Marcial davon erfuhr, schlug er mich vor den Augen der beiden Alten, die ich gerettet hatte, bis ich blutete. Dann fing Marcial an, mit anderen Frauen zu gehen. Er trieb es auch mit einer verheirateten Frau, bis ihm eines Nachts ihr Mann und ihre Kinder in der Nähe eines Hauses auflauerten. Sie töteten ihn mit Stockschlägen. Ich fand ihn am nächsten Morgen tot auf dem Pfad liegend.

Der Pilz gleicht deiner Seele. Er führt dich dorthin, wo deine Seele hin will. Und nicht alle Seelen sind gleich. Marcial hatte den *Teonanácatl* genommen, hatte Visionen gehabt, aber die Visionen waren zu nichts nutze. Viele Leute der Sierra haben ihn genommen und nehmen ihn, aber nicht jeder tritt in die Welt ein, in der alles bekannt ist. Auch Ana María, meine Schwester, fing mit mir zusammen an, sie einzunehmen, hatte dieselben Visionen, sprach zu den Pilzen, aber die Pilze enthüllten ihr nicht all ihre Geheimnisse. Die Geheimnisse, die sie mir enthüllten, stehen geschrieben in einem dicken Buch, das sie mir zeigten und das in einer Gegend weit entfernt von ihrer Welt zu finden ist, in einem großen Buch. Sie gaben es mir, als Ana María krank wurde. Plötzlich begann sie umzufallen, und ihr Körper wurde dann immer schwarz und wie Stein. Immer wieder fiel sie auf den Boden, und sie lag dort wie ein schwarzer Stein. Die *Curanderos* hatten versucht, sie mit Kräutern und magischen Riten zu heilen, wobei sie Eier an manchen Stellen des Raums vergruben, in dem meine Schwester lag. Aber Ana María war krank und schien dem Tode nahe. So beschloß ich, zu den *Teonanácatl* zurückzukehren. Ich nahm viele, viel mehr als ich je zuvor genommen hatte: dreißig und noch mal dreißig. Ich liebte meine Schwester und war bereit, alles zu tun, sogar eine sehr weite Reise zu unternehmen, nur um sie zu retten. Mit meinem Körper saß ich vor ihr, aber meine Seele trat in die Welt der *Teonanácatl* ein und erblickte dort dasselbe Land, das sie schon so viele Male gesehen hatte, dann Länder, die sie noch nie gesehen hatte, denn die vielen

Pilze hatten mich in die tiefste Tiefe jener Welt geführt. Ich ging immer weiter, bis mir an einem Punkt ein *Duende*, ein Geist, entgegenkam. Er stellte mir eine seltsame Frage: „Aber was hoffst du zu werden, du, María Sabina?"

Ich antwortete ihm – ohne es vorher gewußt zu haben –, daß ich eine Heilige zu werden hoffte. Da lächelte der Geist, und augenblicklich hielt er etwas in seinen Händen, das er vorher nicht gehabt hatte, und es war ein dickes Buch mit vielen beschriebenen Seiten.

„Hier", sagte er, „ich gebe dir dieses Buch, damit du deine Arbeit besser tun und Menschen helfen kannst, die Hilfe brauchen, und damit du die Geheimnisse der Welt erkennst, in der alles bekannt ist."

Ich blätterte das Buch durch, viele beschriebene Seiten, und mir fiel ein, daß ich ja leider nicht lesen konnte. Ich hatte nichts gelernt, und daher würde mir das Buch nichts nützen. Plötzlich wurde ich gewahr, daß ich las und alles verstand, was in dem Buch geschrieben stand, und daß ich irgendwie reicher, weiser wurde und daß ich in einem einzigen Augenblick Millionen Dinge lernte. Ich lernte und lernte.

Ich lernte auch, daß ich, um Ana María zu heilen, ihren Bauch mit Kräutern einreiben und all das zunichte machen mußte, was die *Curanderos* für sie getan hatten, die Eier ausgraben und sie wegwerfen. Als ich das verstanden hatte, sah ich plötzlich dort, in der Welt, in der ich war, den Raum meiner Schwester und den Lehmfußboden und die eingegrabenen Eier, die von selbst an den Stellen, wo sie versteckt worden waren, aus der Erde hervorkamen. Als ich wieder zu mir kam, saß ich da, vor meiner Schwester, aber der Boden war mit zerbrochenen Eiern übersät. Ich hatte mich nicht von der Stelle gerührt, die Eier waren von selbst herausgekommen. Ich suchte die Kräuter, die mir das Buch angegeben hatte, und ich tat genau so, wie ich es aus dem Buch gelernt hatte. Und auch Ana María wurde gesund.

Ich brauchte das Buch nicht noch einmal zu sehen, denn ich hatte alles gelernt, was darin stand. Aber den Geist, der es mir gegeben hatte, sah ich wieder und auch andere Geister und andere Länder; und ganz nah sah ich die Sonne und den

Mond, denn je weiter du in die Welt des *Teonanácatl* vordringst, desto mehr Dinge gibt es zu sehen. Und du siehst auch unsere Vergangenheit und unsere Zukunft, die dort als Eins beieinander sind, bereits vollbracht, bereits geschehen. So sah ich das gesamte Leben meines Sohnes Aurelio, seinen Tod und das Gesicht und den Namen des Mannes, der ihn töten würde, sogar den Dolch, mit dem er ihn töten würde, denn alles war bereits vollbracht worden. Der Mord war bereits begangen worden, und es hatte keinen Zweck, meinem Sohn zu sagen, er solle auf der Hut sein, denn sie würden ihn umbringen, es gab nichts zu sagen. Sie würden ihn umbringen und damit Schluß. Ich sah weitere Tode und weitere Morde und Leute, die verlorengegangen waren – keiner wußte, wo sie waren –, und ich allein konnte sie sehen. Und ich sah gestohlene Pferde und alte versunkene Städte, von deren Existenz niemand wußte, und sie sollten ans Licht gebracht werden. Millionen Dinge sah und kannte ich. Ich kannte und sah Gott: eine ungeheure Uhr, die tickt, die Sphären, die langsam kreisen, und im Innern die Sterne, die Erde, das gesamte All, der Tag und die Nacht, das Weinen und das Lachen, die Freude und der Schmerz. Wer bis zum letzten um das Geheimnis des *Teonanácatl* weiß, vermag sogar das unendliche Uhrwerk zu sehen.

Ramón Medina Silva
Mittelamerika/Huichol

Du hast gesehen, wie es ist, wenn wir auf Peyote ausgehen. Wie wir gehen, nicht essen, nicht trinken, viel hungern, viel dürsten. Viel Willen braucht es. Alle eines Herzens, eines Willens. Wie man geht und Huichol ist. Das ist unsere Einheit, unser Leben. Das ist es, was wir verteidigen müssen.[3]

Etwa 9000 Menschen, die sich selbst Wixárika *und die wir Huichol nennen, leben auf winzigen Ranchos in den entlegensten Gegenden der Sierra Madre Occidental in Mexiko.*

Die archaischen Traditionen dieses Volkes haben sich dem Druck von Azteken und Spaniern zum Trotz unversehrt erhalten. Sein religiöses Leben entfaltet sich über ein weitgespanntes Netzwerk von Mythen, in dessen Mitte der Sonn steht, Tayaupá, *und Unser Großvater Feuer,* Tatewarí, *der erste Schamane. Das Sakrament, das ihren Ritualen Schau und Tiefe verleiht, ist* Híkuri, *der halluzinogene Kaktus Peyote.*

Für die meisten Huichol ist die Peyote-Vision eine sehr private und ungemein persönliche Erfahrung, die man nicht unmittelbar mit anderen teilt. Die Schönheit der Visionen und der zutiefst spirituelle Zustand, mit dem man in der Erfahrung begnadet wird, sind individuelle Durchbrüche zum Erwachen in einem allumspannenden Kosmos, von dem jene schon wissen, die diese Einheit gefunden haben. Der Schamane jedoch darf seine Visionen mit anderen teilen. Der Mara'akáme *kennt die Gottheiten, die den Schamanen zum Träger ihrer Botschaften machen, die aus dem Bereich ausstrahlen, welcher der Alltagswelt des Wachbewußtseins zugrundeliegt.*[4]

Ramón gibt hier eine einfache und bewegende Schilderung der Peyote-Erfahrung. Die verblüffende Fülle dieser mystischen Geschehnisse tritt jedoch in den Mythen, Gesängen und Nieríkas *(Garnbildern) deutlicher zu Tage, die künstlerischer Ausdruck dieser visionären Welt sind.*

Ramón wurde in den frühen dreißiger Jahren in San Sebastian geboren. Seine Familie war selbst für Huicholverhältnisse arm. Sein Großvater war ein berühmter Mara'akáme, *und seine Mutter widmete sich voller Hingabe den heiligen Überlieferungen ihres Volkes. Als Ramón fünf oder sechs Jahre alt war, ließ sein Vater die Familie im Stich. Zu dieser Zeit begann Ramón, Träume zu haben, in denen ihm* Tayaupá, *der Sonn, versicherte, daß es eines Tages gut um ihn stehen würde, daß er viele, viele Dinge wissen und Gegenstände von großer Schönheit herstellen würde. Als Ramón acht Jahre alt war, wurde er von einer Giftschlange gebissen. Sein Großvater, der Schamane, wurde eilends herbeigerufen, um dem Jungen das Leben zu retten. Nachdem er das Gift herausgesaugt und die ganze Nacht durch gesungen hatte, offenbarte der Großvater Ramón und seiner Familie, daß dieses schreckliche Unglück auf Ramóns Vater zurückging, der sein den Göttern gegebenes Versprechen, eine Pilgerfahrt nach Wirikúta, dem Heiligen Land des Peyote, zu unternehmen, nicht gehalten hatte. Der alte Mara´akáme sagte Ramón, falls er überleben sollte, würde er eines Tages ein großer Schamane sein. Tatewarí, Unser Großvater Feuer, der erste Schamane, hätte ihn zu dieser heiligen Berufung ausersehen.*

Während der sechs Monate seiner Lähmung dachte Ramón über sein Geschick nach. Jahre später sagte er: „Es braucht viele Jahre, viel Nachdenken, sowas zu tun. Viel Arbeit, viele Opfer. Heute sehe ich, daß ich recht aufwuchs."[5]

Wenn man das erste Mal Peyote in den Mund nimmt, fühlt man, wie er in den Magen hinuntergeht. Er fühlt sich kalt an, wie Eis, und der Mund wird innen trocken, ganz trocken. Dann wird er feucht, ganz feucht. Man hat dann viel Spucke. Und etwas später dann ist einem, als wolle man in Ohnmacht fallen. Der Körper fühlt sich schwach. Ganz matt fühlt er sich. Und man muß gähnen, fühlt sich sehr müde. Und nach einer Weile fühlt man sich sehr leicht. Der ganze Körper fühlt sich leicht, ohne Schlaf, ohne alles.

Und wenn man dann genug davon nimmt, schaut man auf – und was sieht man? Man sieht Dunkel. Nichts als Dunkel. Es ist sehr dunkel, sehr schwarz. Und man fühlt sich trunken von Peyote. Und wenn man wieder aufschaut, herrscht völliges Dunkel, bis auf ein kleines bißchen Licht, ein winziges bißchen Licht, leuchtend gelb. Das kommt, ein leuchtendes Gelb. Und man schaut ins Feuer. Man sitzt da und schaut ins Feuer, das *Tatewarí* ist. Man sieht das Feuer in Farben, ganz viele Farben, fünf Farben, verschiedene Farben. Die Flammen teilen sich – alles ist leuchtend, sehr leuchtend und sehr schön. Die Schönheit ist sehr groß, sehr groß. Eine solche Schönheit, wie man sie ohne den Peyote nie sieht. Die Flammen kommen hoch, sie schießen auf, und jede Flamme teilt sich in diese Farben, und jede Farbe ist vielfarbig – Blau,

Grün, Gelb, all diese Farben. Das Gelb erscheint auf den Flammenspitzen, wie die Flamme aufschießt. Und an den Spitzen kannst du kleine Funken in vielen Farben herauskommen sehen. Und der Rauch, der dem Feuer entsteigt, sieht auch immer gelber aus, immer leuchtender.

Dann sieht man das Feuer, sehr hell, man sieht die Opfergaben dort, viele Pfeile mit Federn, und die sind voll Farben, schimmern und schimmern. Das also sieht man.

Aber der *Mara'akáme*, was sieht der? Er sieht *Tatewarí*, wenn er der Anführer jener ist, die den Peyote jagen gehen. Und er sieht den Sonn. Er sieht den *Mara'akáme* das Feuer verehren, und er hört jene Gebete, wie Musik. Er hört Beten und Singen.

All dies ist nötig, will man verstehen, begreifen, sein Leben haben. Dies müssen wir tun, damit wir sehen können, was *Tatewarí* für uns aus seinem Herzen fließen läßt. Man geht und versteht all das, was *Tatewarí* einem geschenkt hat. Das heißt, wenn wir das alles verstehen, wenn wir dort drüben unser Leben finden. Aber viele haben nicht acht. Daher wissen sie nichts. Daher verstehen sie nichts. Man muß achtsam sein, damit man ihn versteht, der das Feuer ist und der Sonn. Daher sitzt man so da, um zu lauschen und das alles zu sehen, um zu verstehen.

DESANA-SCHAMANE
Südamerika/Desana

Die Tukano, von denen die Desana eine Sippengemeinschaft sind, zählen um die 7000 Seelen. Sie leben in verstreuten Ansiedlungen entlang der Flüsse und Bäche, welche die ungeheuren äquatorialen Regenwälder am Nordwest-Amazonas durchweben. In diesem wenig erforschten Gebiet des oberen Amazonasbeckens haben sich die Überlieferungen der verschiedenen Tukano-Volksgruppen mehr oder weniger unberührt erhalten.

Der Payé (Schamane) der Desana ist sowohl der Intellektuelle seiner Kultur wie auch ein Priester und Heiler. Eine der Haupttätigkeiten des Schamanen besteht jedoch darin, die Verbindung zum Herrn der Beutetiere herzustellen, der den Erfolg der Jagd und damit den Ertrag der Nahrungsquelle bestimmt. Der Payé ist Mittler und Schlichter zwischen den geistigen Elementen, die das Feld des Lebens beherrschen, und dem gesellschaftlichen Netzwerk, das leicht von übernatürlichen Kräften zerrissen werden kann.[6]

Der Payé der Desana muß sein Bewußtsein in vielerlei Hinsicht entwickeln. Sein Wissen um Mythen und Riten ist von entscheidender Bedeutung für sein Vermögen, das Gleichgewicht in der Gemeinschaft zu bewahren. Ein scharfes Gedächtnis, eine gute Singstimme und einige Körperkraft sind ebenfalls unerläßlich. Sie machen es dem Payé möglich, lange Zeremonien abzuhalten, bei denen er verschiedene halluzinogene Substanzen benutzt, die ihn mit der nicht-alltäglichen Welt verbinden; deren Schau muß er den Angehörigen seines Stammes vermitteln. Das Wichtigste ist jedoch, daß die Seele des Payé von innen her ein helles Licht ausstrahlt, einen übernatürlichen Glanz, der den anderen das Verborgene sichtbar macht, so daß sie überleben können.[7]

Der Anthropologe Gerardo Reichel-Dolmatoff hat gesagt: „Für die Indianer ist diese andere Dimension ebenso wirklich wie die des gewöhnlichen Alltagslebens, und daß ein Mensch von der einen in die andere hinübergehen kann, ist eine Erfahrung, die sie alle teilen. Um diesen Wandel zu bewirken, um unter die Oberfläche der Dinge zu sehen – durch die Hügel und die Wasser und den Himmel –, sind Mittel vorhanden, mit denen man umgehen und die man kontrollieren kann: Sammlung, Enthaltsamkeit und Trance. Manchmal manifestiert sich diese andere Dimension auch ganz plötzlich und unerwartet und erlaubt einen jähen und erschreckenden Einblick in die Welt dunkler Mächte. Aber meistens wird die Wahrnehmung dieser Dimension ganz bewußt mit chemischen Mitteln hervorgerufen, durch machtvolle Drogen, unter deren Einfluß der Geist in die verborgene Welt von Tieren und Waldgeistern, göttlichen Wesen und mythischen Szenen abschweift. Und in der Bereitung dieser Drogen sind die Indianer am Rio Vaupés Spezialisten."[8, 9]

Das *Yajé*-Gefäß ist mit gelben und weißen Mustern bemalt. Die gelbe Farbe nennen wir *Boré*, und die weiße Farbe nennen wir *Ebobohó*. Mit diesen Farben wird das Gefäß verziert.

Es braucht zwei Männer, die Tabakrauch über das Gefäß blasen. Und während sie blasen, singen sie: „Dies werden wir sehen, wenn wir *Yajé* (Banisteriopsis caapi) trinken!" Mit der Schlange fangen sie an, mit einer Schlange wie ein Perlenhalsband. Sie singen von dieser Schlange und sprechen von ihren Farben, die aussehen wie die eines Halsbands mit hellen Mustern, verwischten Mustern und weißen Mustern. Dann singen sie von der weißen und der schwarzen Boa constrictor. Sie stellen sich die zwei Boaschlangen als die Hauptdachbalken der *Maloca* (Gemeinschaftshaus) vor, die weiße Boa auf der Linken und die schwarze auf der Rechten. Auch die Hauspfosten stellen sie sich als hell leuchtend vor, und sie stellen sich die Hauspfosten als von Schlangen umwunden vor, die sich darum ringeln. Und sie singen: „Wir werden lichte Visionen haben, wir werden verwischte Visionen haben."

Die *Yonero*-Schlangen kommen auch, und sie fangen ihre Formen und Farben ein und treiben sie so in die *Maloca*. Dann kommen die *Boréka*-Schlangen, und indem sie sie einfangen – ihre Formen und Farben –, treiben sie auch diese in die *Maloca*. Dann kommt die *Mahká*-Schlange (Boa constrictor), und sie treiben sie in die *Maloca*. Es gibt eine helle Boa constrictor mit heller und verwischter Zeichnung, und das Bild dieser Schlange treiben sie hinauf auf die Hauspfosten. „Dies alles werden wir sehen", singen sie. Und wieder blasen sie Rauch über das Gefäß. Sie rauchen denselben Tabak, der während der Versammlungen benutzt wird. Dann singen sie von *Buia*, und sie stellen sich dabei vor, die *Maloca* sei mit der Farbe *Carayurú* (Rot) bemalt. Sie treiben auch das Gelb und die gelblichen Farben in die *Maloca*. Dann singen sie von den Ornamenten und vom Federkopfputz, und sie stellen sich die als Früchte vor und treiben sie in die *Maloca*. Sie stellen die rote und die gelbe Farbe in die Mitte. „Dies werden wir sehen", singen sie, „wenn wir *Yajé* trinken."

Sie sitzen nicht still; sie stellen die Bilder her. „Das Kegelmuster muß in die Mitte", singen sie. „Die Garnelenmuster, die weiblichen Muster, müssen angehört werden; das *Vahsú*-Muster muß angehört werden. Wenn wir unter dem Einfluß von *Yajé* stehen, werden wir diese Klänge hören, wir werden uns wie Ertrinkende fühlen", singen sie. Sie nehmen die schwarze Rehknochenflöte und die weiße Rehknochenflöte und stecken ihre Klänge in die *Maloca*. Der Klang ist: oré-oré-oré-rooo-rooo-rooo-erúuuu-erúuuu-erúuuu. Dies alles werden sie später unter dem Einfluß von *Yajé* hören. Die rote Rehknochenflöte tönt: pi-pari-pá-pira-pu. „Dies werden wir hören", sagen sie. „Und der Klang der Musik soll uns übermannen und uns schweigen machen." Dann werden sie den Klang der Tontrompete hören: mooo-mooo-virá-virá-virá-mooooo. All diese Klänge formen sie, während sie Tabakrauch über das *Yajé*-Gefäß blasen. Und wieder der Klang von Flöten: te-to-te-to-teto-te-rooo-terooo. „Dies werden wir hören", sagen sie. Mit ihren Worten, und wie sie den Rauch über das *Yajé*-Gefäß blasen, schaffen sie diese Klänge. Und sie nehmen das Gefäß und heben es hoch, und wenn sie das tun, wissen sie, daß ihre Visionen licht sein werden. Wenn sie das tun, wird es den Leuten nicht schlecht werden. Um gut zu singen, halten sie es mit Arafedern. Wenn wir das nicht tun, kann man nicht gut singen.

MANUEL CÓRDOVA-RIOS
Südamerika/Amahuaca

Im Jahre 1902 wurde der fünfzehnjährige Kautschukschneider Manuel Córdova-Rios plötzlich von einer Schar Amahuaca-Indianer aus einem Lager an einem Nebenfluß des Rio Jurua entführt. Er wurde tief in den Amazonasdschungel verschleppt, wo ihn seine Entführer allmählich und behutsam in ihre Lebensweise einführten, indem sie intensive Lehrsitzungen mit der halluzinogenen Liane Banisteriopsis caapi mit ihm abhielten. Während seiner sechs

Jahre bei den Amahuaca lernte er durch die Visionen, die Nixi Honi Xuma *(Banisteriopsis) in ihm hervorrief, die Sprache und Gebräuche seiner Entführer wie auch die Wege der Lebewesen des Tropenwaldes. Es wurde bald deutlich, daß der alte Häuptling, Xumu, Córdova-Rios zu seinem Nachfolger ausersehen hatte.*

Im Alter von einundzwanzig entfloh Córdova-Rios seinem Stamm und kehrte nach Iquitos in Peru und zu seiner Familie zurück. Er hatte ein Gefühl sich vertiefender Entfremdung von dem Volk, dem er nun Häuptling und Schamane war, empfunden. Bei einer Sitzung mit der halluzinogenen Liane hatte er auch den Tod seiner Mutter gesehen. (Telepathische und hellseherische Erlebnisse sind offenbar mit Nixi Honi Xuma *nicht ungewöhnlich.) Und so führte ihn seine Flucht zurück an den Ort seiner Geburt und zu seinem Vater, der den Tod seiner Mutter und seiner Schwester überlebt hatte.*

Obwohl Córdova-Rios die Amahuaca verließ, ging ihm sein außerordentliches Heil- und Pflanzenwissen nicht verloren. Im Alter von fünfundachtzig Jahren empfängt er immer noch zwanzig bis dreißig Patienten am Tag. In seiner Schilderung der Rückkehr zur westlichen Lebensweise erklärte er: „Alles was ich von Xumu lernte – die Einsicht in das innere Wirken des Geistes und der menschlichen Seele wie auch das Wissen um die Heilpflanzen des Waldes und die Weisen ihres Gebrauchs –, all dies ist mir in den Jahren, seit ich die Huni Kui *verlassen habe, erhalten geblieben. Meine Anwendung all dessen, was Xumu mich lehrte, und zwar in einer sehr viel weiteren Welt, als er sie vor Augen hatte, hat mich in die heutige Situation gebracht, wo Männer und Frauen in Krankheit und Not zu mir kommen. Meine einzige Enttäuschung besteht in der Erkenntnis, daß ich nicht in der Lage gewesen bin, mein Wissen an jemanden zu vermachen, der es weiterführen könnte."*[10, 11]

Nach dem Überfall, als der Feind, der in unser Gebiet eingedrungen war, sich offenbar zurückgezogen hatte, legte sich die Aufregung allmählich, und das Leben im Dorf ging wieder seinen gewohnten Gang. Obwohl mir die Routine des täglichen Lebens noch immer fremd erschien, war sie den Indianern doch geregelter und vertrauter Ablauf. Die Spannung war verflogen, die Frauen gingen wieder auf ihren gerodeten und bepflanzten Lichtungen an die Arbeit, die Männer bildeten wieder Jagdtrupps. Der Häuptling hatte ein waches Auge über all diese Verrichtungen und erteilte die nötigen Weisungen, so daß alles nach seinen Wünschen und Plänen lief.

Meine eigene Stellung hatte sich spürbar gebessert, seit ich an der Verteidigung des Dorfes gegen den feindlichen Überfall teilgenommen hatte. Und daß ich mit dem Gewehr schießen konnte, ohne beim Abdrücken vor dem fürchterlichen Donnerknall zurückzuschrecken, trug mir unter den Indianern besonderes Ansehen ein, für die das Gewehr ein fremdartiges und furchterregendes Ding war.

Mir wurde bald klar, daß das Programm des Häuptlings für meine Ausbildung bei weitem nicht beendet war. Er verabreichte mir nun einen Verbund von Abführkuren und Bädern auf Kräuterbasis sowie eine besondere Ernährung, was alles sehr feine Veränderungen in meinen Gefühlen und Körperfunktionen bewirkte. Ich fügte mich ohne Widerstreben, da mir die jüngsten Ereignisse die Gewißheit gegeben hatten, daß ich innerhalb des Stammes sicher war. Bevor mein Leben unter diesen Indianern begonnen hatte, hatte ich die üblichen Gerüchte über Indianermedizin und Hexerei gehört. Darin hatte für mich immer eine gewisse Anziehung gelegen, und so war ich jetzt entschlossen, so viel zu beobachten und zu lernen, wie ich konnte.

Nach mehreren Tagen Vorbereitung, in denen jede Einzelheit genauestens vom alten Xumu überwacht wurde, begannen wir mit einer Reihe von unglaublichen Sitzungen mit dem Extrakt der Visionsliane *Nixi Honi Xuma*.

Eine kleine Überdachung wurde eigens für uns beide an einer Stelle etwas außerhalb des Dorfes errichtet. Sie lag genau am Rand des Waldes, der unsere Siedlung umschloß. Sie gab eben Raum, zwei Hängematten mit einem kleinen Feuer dazwischen aufzuhängen. Davor lag eine winzige Lichtung, in der man ebenfalls Hängematten an den Bäumen aufhängen konnte. Hier waren wir gut geschützt gegen Störung jeglicher Art. Essen wurde uns nur auf ein Zeichen des Häuptlings hin gebracht und immer von derselben alten Frau. Geräusche aus dem Dorf drangen nicht zu uns.

Eines Morgens gingen der Häuptling und ich allein an diesen abgeschiedenen Ort. Ich erinnere mich, daß ich mich unterwegs fragte, wie alt dieser Mann wohl sein mochte. Seine äußere Erscheinung wies nämlich nicht die üblichen Spuren des Alters auf. Seine Haut war nicht besonders runzlig, und das Fleisch hing nicht schlaff an seinen Knochen. Trotzdem machte er den Eindruck hohen Alters, und es war offensichtlich, daß Verehrung und Bewunderung in den Gefühlen des Stammes seinem Führer gegenüber vorherrschten. Er bewahrte eine ruhige Losgelöstheit gegenüber den Leuten und ihrem Treiben und machte doch den Eindruck, sich allen gegenwärtigen, vergangenen und zukünftigen Geschehens völlig bewußt zu sein. Und man spürte, daß ihre ehrfürchtige Scheu vor ihm gute Gründe hatte.

Er ging mit seinem üblichen langsamen, bedächtigen Schritt, der gleichfalls den Eindruck hohen Alters erweckte, auf dem Weg in den Wald voran. Er schien jeden Schritt mit Bedacht zu tun. Unterwegs stimmte er einen gedämpften Gesang an, scheinbar nur für sich:

> Geister des Waldes,
> enthüllt von Honi Xuma,
> bringt uns Kunde von dem Reich,
> helft unser Volk zu leiten,
> gebt uns der Boa Verstohlenheit,
> des Falken, der Eule durchdringende Sicht,
> des Rehs untrügliches Gehör,
> des Tapirs rohe Ausdauer,
> des Jaguars Anmut und Kraft,
> des Mondes Wissen und Stille,
> Stammesgeister, leitet uns!

Es war ein klarer, ruhiger Tag zu Beginn der Trockenzeit. Ein paar vereinzelte Wolken trieben wie Baumwollflocken über den blauen Himmel, als wir von der Dorflichtung in den flirrenden Schatten des kühlen Waldes eintraten. Man hatte für unsere Ankunft Vorbereitungen getroffen, aber es war niemand zugegen. Der alte Mann ließ einen Vogelschrei ertönen, der von irgendwoher außerhalb unseres Gesichtskreises beantwortet wurde.

Ich sah mich um. Ein kleines, frisch angefachtes Feuer glimmte inmitten einer kleinen Bresche im Dickicht. Daneben lag ein Haufen Blätter, die man für den duftenden zeremoniellen Rauch brauchte. Die kleine Lichtung gab den Blick auf das massige Wurzelgestütz jener Säulen frei, die das Blätterdach des Waldes gut dreißig, vierzig Meter über unseren Köpfen trugen. Diese Säulen mit ihrem Lianen- und Rankenbehang sah man ebenfalls in dem schummrigen Licht, durch das gelegentlich ein blitzender Sonnenstrahl brach. Dann stachen sonst unbemerkte Einzelheiten für einen Augenblick leuchtend klar im Licht dieser Sonnenpfeile hervor.

Auf einen Wink des Häuptlings machte ich es mir in einer Hängematte bequem, die außerhalb der Überdachung dicht über den Boden gehängt war. Singend legte der alte Mann mit Bedacht ein Bündel Blätter ins Feuer. Wallende Wolken duftenden Rauchs füllten die stille Luft.

> O mächtiger Geist
> aus dem Busch mit den duftenden Blättern,
> wir sind wieder hier, Weisheit zu suchen.
> Gib uns Gelassenheit und gib uns Weisung,
> daß wir verstehen das Geheimnis des Waldes,
> das Wissen unserer Ahnen.

Wir genossen die duftende Stille des Ortes, während der Rauch uns umhüllte und in das Gewölbe des Waldes aufstieg. Es schien, als nähme der magische Rauch jedem Geräusch und jeder Bewegung die Plötzlichkeit, hielte sie in der Schwebe. Bevor der Zauberbann mit dem Rauch verflog, goß Xumu aus einem Topf *Honi Xuma* in eine große Kürbisschale und stimmte einen weiteren gedämpften Gesang an:

> Du Geister enthüllender Geist der Liane,
> deine Weisung suchen wir nun,
> daß wir Vergangenes in die Zukunft tragen,
> daß wir unsere Welt bis ins kleinste verstehen
> und unser Leben zum Guten sich wende.
> Offenbare uns die Geheimnisse, der wir bedürfen.

Er kam zu mir herüber und sagte: „Diesmal trinkst du allein. Ich bin da, dich zu leiten. Alles ist gut. Deine Vorbereitungen sind abgeschlossen. Alle Anzeichen sind günstig. Trink alles auf einmal, ohne Eile und ohne Furcht, und mach dich auf Visionen gefaßt. Gute und tiefe Visionen werden zu dir kommen."

Er nahm die leere Schale zurück, setzte sich in die andere Hängematte und sagte: „Die Diät und die Abführkuren haben dich gut vorbereitet. Es wird diesmal zu keinen unguten Reaktionen kommen. Mit Acht können wir den Fluß der Visionen in die erwünschten Bahnen lenken. Ich werde nicht von deiner Seite weichen. Ich habe dies unzählige Male getan. Ist es mit Acht bereitet, gerät es wohl."

Beide legten wir uns in unsere Hängematten zurück. Unmerklich machte sich ein Gefühl der Euphorie in mir breit. Ich hörte ein kurzes pulsierendes Summen in einem Ohr, das in die Baumwipfel davonzuschweben schien. Meine Augen suchten ihm zu folgen, und wie mein Blick die Wipfel durchstreifte, gewahrte ich eine nie geträumte Schönheit im einzelnen Gemaser der Blätter, Stämme und Äste. Jedes Blatt schien, ließ ich meine Aufmerksamkeit auf ihm ruhen, mit einem grünlich goldenen Licht zu glimmen. Unvorstellbare Einzelheiten im Gewebe zeigten sich. Ein naher Vogelgesang – die unregelmäßigen Arpeggios der *Siete Cantos* (sieben Gesänge) – schwebte herab. Zart und schimmernd war der Gesang nahezu sichtbar. Die Zeit schien aufgehoben, es gab nur das Jetzt, und das Jetzt war grenzenlos.

Ich konnte jeden einzelnen Ton des Vogelgesangs heraushören und jeden für sich genießen. Wie sich die Noten des Gesangs wiederholten, trieb ich in einer Empfindung dahin, die mich irgendwo zwischen dem Einsaugen eines unfaßbar berauschenden Duftes und dem Schmecken von köstlichem Ambrosia in der Schwebe hielt. Ein kühler Hauch vom Wald her, der meine nackte Haut umspielte, löste eine wahre Sinnesekstase aus. Wieder spielten Anflüge eines lieblichen Aromas hinein.

Der Häuptling sprach in gedämpftem, freundlichem Ton: „Visionen beginnen." Mit diesen zwei Zauberworten hatte er meine Aufmerksamkeit völlig gefesselt. Auf der Stelle fühlte ich alles Trennende zwischen uns dahinschmelzen – wir waren eins. Ein kurzer Blick war von unendlicher Bedeutung. Der leiseste Wandel im Ausdruck sagte alles. Auf allen Ebenen des Verstehens waren wir vollständig im Einklang. Ich kannte seine Gedanken wie er die meinen. Entstammte diese telepathische Fähigkeit einer urtümlichen Nische des Bewußtseins, die dem Menschen der Urzeit noch offenstand, bevor er sich mit Hilfe einer formalen Sprache verständigte?

Xumu sagte: „Das Jagdlager zeigt uns, daß der Wald viel birgt, was du nicht siehst und nicht verstehst. Wir werden das ändern. Du mußt den Wald ganz und gar kennen, damit du die Männer in Visionszeremonien anleiten kannst und sie ihr Jagen verbessern. So können sie gut essen und sind zufrieden." Ein paar einfache Worte und leise Gesten sagten vollkommen aus, was Xumu damit meinte.*

Der Häuptling sagte: „Laß uns mit den Vögeln beginnen. Du kennst das mittelgroße Tinamu, das Waldhuhn, das gegen Sonnenuntergang seinen klagenden Ruf anstimmt,

---

* Córdova-Rios unterbrach an diesem Punkt seine Erzählung und erklärte mir (Bruce Lamb): „Du mußt erkennen, mein Freund – je mehr wir uns in diese Sache vertiefen, desto untauglicher werden Wort und Schrift der formalen Sprache als Ausdrucksmittel. Wenn ich es einrichten könnte, würden wir selbst eine Visionssitzung abhalten, und dann würdest du verstehen. Aber für so etwas braucht es Zeit. Unterdessen fahren wir also fort mit tauben Worten und starren Ausdrucksweisen."

weil es nicht gern allein auf dem Boden schläft. Nun sollst du für mich eines vor dir sehen, dort auf dem Boden zwischen den Bäumen im Wechsel von Licht und Schatten."

Und da war es! Ich sah es in allen Einzelheiten, mit seinem runden, schwanzlosen Rumpf, olivgrauem Gefieder, überwischt und gestreift mit zimt-, kastanien- und schwarzbraunen Schatten, Farben, die sich unauffällig mit dem Spiel von Hell und Dunkel auf dem Boden des Waldes mischten. Mein Sehvermögen schien unbegrenzt. Nie zuvor hatte ich Bilder vor meinen Augen in solcher Schärfe gesehen.

„Ja, ich sehe es", war meine Antwort, geistig wenigstens, wenn nicht auch laut.

„Es wird nun herumlaufen. Sieh genau hin."

Ein paar scheue, flüchtige Bewegungen, und der Vogel war in einem anderen Zusammenspiel von Licht und Schatten, wo er sehr viel schwerer zu sehen war. Aber ich war ihm dorthin gefolgt und konnte immer noch jede Einzelheit ausmachen. Der Häuptling brachte dann ein Weibchen ins Spiel, und das Männchen führte seinen Paarungstanz vor. Ich hörte alle Gesänge, Rufe und andere Töne. Ihre Vielfalt überstieg alles mir Bekannte. Schließlich erschien ein einfaches, tellerförmiges Nest auf dem Boden zwischen den Vögeln, in dem zwei blaßblaue Eier lagen. Das Männchen setzte sich dann auf das Nest, sehr zu meiner Überraschung.

„Ja, er zieht die Kinder auf", sagte der Häuptling.

Wir gingen von den verschiedenen Tinamu-Arten zum Trompetenvogel, zu den Hokkos und anderen wichtigen Beutevögeln über, die alle auf dieselbe Weise unendlich scharf und bis ins kleinste Detail zu sehen waren.

Dann sagte der Häuptling: „Schließe nun die Augen und laß die Visionen fließen, bevor wir zu anderen Dingen weitergehen."

Ich weiß nicht, wieviel Zeit vergangen war – Zeit hatte für mich ihre Bedeutung verloren. Als ich die Augen schloß, entspannen sich verschwommene Geflechte von Licht und Schatten, die allmählich eine bläulich-grüne Farbe annahmen, indem die Muster wechselten. Sie sahen aus wie lebendige, sich wandelnde Arabesken, die sich rhythmisch über einen geometrischen Hintergrund bewegten, in grenzenloser Formenvielfalt. Manchmal zeigten sie Anklänge an Muster wie Spinnweben oder Schmetterlingsflügel. Ein Luftstrom mit einem kaum wahrnehmbaren Duft übersetzte sich auf diesem Bildschirm meines Geistes in einen Hauch von Violett über den treibenden Arabesken. Ein Vogelschrei oder Zikadengezirp war ein leuchtender Farbblitz oder ein sanftes Wellengekräusel, je nachdem.

Alle Sinne schienen ungemein scharf und zu einer Einheit verschmolzen zu sein. Was den einen reizte, wurde augenblicklich auf die anderen übertragen. Das Bildwerk verblaßte langsam, und der Häuptling bemerkte dies. Er sprach, und ich raffte mich auf. Es war später Nachmittag. „Wir müssen Nachtarbeit machen", sagte er. „Es braucht noch eine Schale *Honi Xuma*, damit es wirkt. Du wirst sehen, daß diese zweite Schale noch größere Erleuchtung bringt. Hab keine Angst."

Er legte neues Holz auf das schwelende Feuer, so daß eine tanzende Flamme in der zunehmenden Dämmerung leuchtete. Dann reichte er mir eine weitere Schale mit der klaren, grünen Flüssigkeit, die ich ohne Zögern austrank.

Eine fast augenblickliche Reaktion war die Folge. Während sich die Dunkelheit vertiefte, gewahrte ich eine Schärfe und Tiefe des Sehvermögens, die alles überstieg, was mir bis dahin bekannt war. Die mächtigen Bäume um uns herum zeigten ein tief spirituelles Gesicht von ergebenem Wohlwollen und gaben so der ganzen Szene ihr Gepräge. Als das Feuer wieder zu einem bloßen Glühen zusammenfiel, senkte sich das Dunkel über alles. Gleichzeitig wuchs meine Sehkraft derart an, daß ich Dinge erkennen konnte, die mir unter anderen Umständen vollständig unsichtbar gewesen wären. Das erklärte, wie die Indianer mit Leichtigkeit durch den Wald ziehen und selbst bei Nacht jagen konnten.

Ein vorbeischwirrender Leuchtkäfer ließ die Szene in einem Glanz erstrahlen, der dem Tageslicht nahezukommen schien. Mein Gehörsinn war ebenfalls viel schärfer. Ich konnte alle nahen und fernen Geräusche der Nacht unterscheiden. Wenn eine Grille in der Nähe zirpte, konnte ich sie in der Dunkelheit auf einem Stamm sitzen sehen, wie sie die Beine an ihre Schrilleiste rieb. Eine Schar kleiner gelber Frösche in einem nahen Baum begann ein munteres Hin und Her glockengleicher Rufe – tschill-ing, tschill-ing –, die mit der reinen Klarheit silberner Glöckchen hin und wider hallten. Aus den Baumwipfeln schwebte auf einem Luftstrom der schwere Duft einer nachtblütigen Orchidee herab. In meinem Zustand erhöhter Sinneswahrnehmung war er in seiner Intensität nahezu überwältigend und floß dann in unbeschreibliche Geschmacksempfindungen über. Der Ruf einer Eule – huuu huuu – flog auf der stillen Nachtluft dahin und wurde in der Dunkelheit beantwortet.

„Du wirst lernen, bei Nacht so klar zu sehen und zu hören wie die Eule", bemerkte der Häuptling dazu. Und ich fühlte, daß er die Wahrheit sagte.

Mit den Gesängen und Schreien der verschiedenen Tiere rief der Häuptling in meinen Visionen eindrückliche Begebenheiten aus dem Leben der nächtlichen Tiere des Waldes wach. Und die Gesänge, Schreie und Visionen sollten mir einmal alle zur Verfügung stehen.

Die Morgensonne, die durch den Baldachin des Waldes brach, weckte mich aus einem sonderbaren Schlaf; ich konnte mich gar nicht entsinnen, eingeschlafen zu sein. Ich fand mich wieder in Raum und Zeit zurecht, aber nur langsam. Mir war, als kehrte ich von einer weiten Reise zu unbekannten und vergessenen Stätten zurück.

Der Häuptling bot mir eine Kalebasse mit einem dicken Fruchtschleim zu trinken an, was meinen Sinnen half, zur Wirklichkeit zurückzufinden. Bald gingen wir in Xumus
üblichem gemessenen und bedächtigen Schritt zurück zum Dorf. Ich wurde auch weiterhin auf strenge Diät gesetzt, und es stellte sich heraus, daß dies für mich eine Zeit der intensiven Schulung sein sollte. Alle acht Tage hatte ich eine Visionssitzung mit dem Häuptling Diese beinhaltete auch die Untersuchung von Pflanzen und ihrer vielfältigen Gebrauchsmöglichkeiten sowohl als Nahrung als auch als Medizin sowie ein weiteres Ergründen der Tierwelt. In der Zeit zwischen den Sitzungen wurde ich oft von kleinen

Jägertrupps auf Tag- und Nachtausflüge in den Wald mitgenommen. Bei diesen Streifzügen entdeckte ich zu meiner Freude, daß das gesteigerte Wahrnehmungsvermögen und die gewachsene Wachheit gegenüber meiner Umwelt, die ich in den Sitzungen mit dem Häuptling zum erstenmal erfahren hatte, mir erhalten blieben. Im Wald machten mich meine Begleiter auf die Erreger von Geräuschen und Gerüchten aufmerksam und testeten fortwährend meine Fortschritte in der Kunst, mit der Welt des Waldes eins zu werden.

Nach jeder Serie von vier Sitzungen mit dem Häuptling, die je acht Tage auseinanderlagen, stand mir eine gleiche Zeitspanne zu, um mit den neuen Erfahrungen und Kenntnissen zu arbeiten und diese aufzunehmen. Die strenge Diät wurde beibehalten, und dann begann eine weitere Serie von Visionssitzungen. Dies ging monatelang so, und zeitweise wurde ich bei all dem nervös, überdreht und hatte Angst, verrückt zu werden. Der Häuptling und die alte Frau bemerkten dies. Sie gaben sich Mühe, mir zu erklären und zu versichern, daß alles gut gehen würde, solange ich der Diät und den Weisungen folgte.

Während meiner Schulung wurde ich feiner Veränderungen in meinem Denken gewahr. Ich bemerkte eine zunehmende geistige Behendigkeit und eine gewisse Hellsicht in der Vorausschau von Ereignissen und den Reaktionen des Stammes. Wenn ich meine Aufmerksamkeit auf einen einzelnen richtete, konnte ich sowohl seine Reaktionen und Absichten voraussagen als auch, was er letztlich tun würde. Dies alles war wichtig für die Weise, in der Xumu über den Stamm herrschte, und ich begann zu sehen, was bei seiner Lenkung des Gemeinschaftslebens unter der Oberfläche lag. Der alte Mann sagte, meine Kraft, Ereignisse vorauszusehen, würde sich verbessern und wachsen, ebenso würde ich in der Lage sein, weit entfernte Gegenstände zu orten und auszumachen. Das alles, sagte er mir, würde dazu beitragen, den Stamm zu schützen und zu kontrollieren.

Im Verlauf der Schulung begann ich vage eine gewisse Dringlichkeit auf seiten des Häuptlings zu empfinden, mir die Fülle seines Wissens auf angemessene Weise zu vermachen.

Ich glaubte sogar, daß er mir das gesammelte Stammeswissen von Jahrhunderten übermittelte. Der Stamm duldete keinen Wettbewerb um die Häuptlingswürde, und es wurde mir klar, daß man mich vorbereitete.

In den Ruheperioden zwischen den Visionssitzungen nahm Xumu mich auch, zusätzlich zu den Streifzügen mit den Jägern, selbst auf kurze Abstecher mit in den nahen Wald. Dort gab er sich große Mühe, mir den Gebrauch der Pflanzen, von denen ich viele auch in den Visionen sah, zu zeigen und zu erklären. Er erklärte mir die Geheimnisse ihrer Zubereitung für den Gebrauch und wiederholte die Gesänge, die sowohl Bereitung wie Anwendung zu begleiten hatten. Er glaubte fest, daß die Gesänge entscheidend dazu beitrugen, die gewünschte Wirkung bei der Behandlung hervorzubringen.

JOEL
Nordamerika/Dogrib

Joel war einundzwanzig, als er auf den alten, verwitterten Dogrib-Schamanen Adamie traf. Der junge Bursche aus Brooklyn schien, wie so viele andere in den frühen sechziger Jahren, auf der Suche zu sein, aber die Richtung seiner Reise war unklar. Er war in Mexiko gewesen und hatte Peyote gegessen. Als er nun in einem Ferienlager für Sportangler in der Nähe der Mackenzie-Berge in Kanada arbeitete, fühlte er sich zu den Dogrib hingezogen, die den halluzinogenen Fliegenpilz Amanita muscaria *als Sakrament benutzen.*

Eines Tages wurde Joel von Adamie angesprochen, der ihn in seine Hütte einlud. Als Joel zu ihm kam, sah er, daß dort eine schamanische Sitzung in Gang war. Es dauerte nicht lange, da war der junge Mann in eine heftige Trance gefallen, das hieß: er war von den Geistern gerufen worden. Einige Zeit später fand er sich wieder bei Adamie ein und gab zu verstehen, er wolle den Weg des Schamanen lernen.

Bevor Joels eigentliche Lehrzeit begann, bestand Adamie darauf, die Seele des Jungen zu untersuchen, um zu sehen, ob der mögliche Lehrling wert und bereit für die Prüfungen war, die folgen sollten. Wieder fiel Joel in eine tiefe Trance, die er Jahre später Steve und Robin Larsen beschrieb: *" Was Adamie auch getan haben mochte, er hatte mich gekascht. Ich hatte keinerlei eigenen Willen, keinerlei eigene Kraft. Ich aß nicht, schlief nicht, dachte nicht – ich war nicht mehr in meinem Körper. Adamie hatte mich, schaute sich all die Risse in meiner Seele an, sah, was er mochte und was er nicht mochte."*[12]

Im Verlauf seiner Lehrzeit erduldete Joel viele Prüfungen. Er wurde geschlagen und gequält, in Eiswasser gebadet und gepeitscht. Schließlich wurde er zur Erfahrung der heiligen Pilze zugelassen. In seiner ersten Sitzung mit dem Fliegenpilz erfuhr er nackte Gewalt und Chaos, eine furchtbare Zerstückelung, ein Reißen, Fetzen, Schlachten. In seiner zweiten Sitzung begegnete er wieder den Tiergeistern, die ihn zerrissen, aber diesmal kam er erstarkt und erneuert aus der Prüfung hervor. In einem seiner Gedichte ruft Joel aus: " Gereinigt und reif für die Vision, steige ich auf, ein berstender Samenball im Raum. Die Note sang ich, die die Form zerschlägt. Und auch die Note, die das Chaos zerschlägt. Ich war mit den Toten, versuchte das Labyrinth."[13]

Am Ende mußte Joel Adamie verlassen und auf den Boden seiner eigenen Kultur zurückkehren. Er war kein Dogrib. Die Öde des Landes und das fremde, einsame Leben eines Schamanen waren zu viel für ihn. Er hatte seinen Gesang gegen seine Vernunft aufgewogen, hatte seine Zunge mit dem Wind durchbohrt. Und endlich konnte er nur noch in seine eigene Welt zurückkehren.[14]

Meine Begegnung mit dem Schamanismus fand in der Gegend um den Great Slave Lake und die Mackenzie-Berge statt. Ich arbeitete in einem Ferienlager für Sportangler, eins von der Sorte, wo reiche Männer aus den Staaten hinfliegen. Es gab da eine Gruppe Dogrib-Indianer, die als Führer arbeiteten. Ich hatte gehört, sie seien Fliegenpilzesser, und von daher waren sie für mich interessant. Ich war in Mexiko auf Peyote abgefahren, und die Aussicht, was Neues zu erleben, reizte mich. War ja nicht mal ausgeschlossen, daß ich dabei auch was lernte.

Der Anführer der Indianer hieß Adamie. Ich hatte Geschichten über ihn gehört und wurde neugierig. Ich fing an, täglich bei den Führern nachzufragen, ob er noch nicht im Lager eingetroffen wäre. Als ich eines Tages auf dem Bootsdock arbeitete, fiel mir ein Indianer auf, den ich nie zuvor gesehen hatte und der mich beobachtete. Er war vielleicht sechzig und von Wind und Wetter gegerbt. Sein Gesicht sah aus wie ein verästeltes Flußdelta, tiefe Furchen zu einem fast vollkommenen Muster eingekerbt. Als er näherkam, fühlte ich unwillkürlich ein Vibrieren in meiner Wirbelsäule. Ich sah nur noch seine tiefliegenden, schwarzen Augen. Ich hörte ihn sagen: „Du hast mich gesucht. Ich wohne im nördlichsten Haus des Dorfes."

Bis zu dem Augenblick war mein Aufenthalt an diesem Ort eine unverbindliche Spinnerei gewesen – ein Spielchen, in das man sich mal zwei, drei Monate lang hineintreiben läßt, bis man von Fluß und Fisch die Nase voll hat. Jetzt plötzlich fühlte ich eine Todesangst, die mir kalten Schweiß trieb und mich drängte, mich in Teufels Namen aus dieser Wildnis wegzuscheren. Aber das war verrückt. Nur weil ein alter, von Wind und Kälte tätowierter Indianer mich angeredet hatte, brauchte ich noch lange nicht abzuhauen. Zu der Zeit bin ich ziemlich oft abgehauen, aber meistens hatte ich dafür einen besseren Grund.

Die erste Sitzung: Der Ruf

Ich ging Adamie in seinem Haus besuchen. Es war eine Sitzung in Gang. Adamie schamanisierte, heilte eine kranke Frau.

Plötzlich schien das Trommeln lauter und lauter zu werden Die Lautstärke wurde unerträglich. Es war ein Gellen wie Donner überm See. Tierschreie durchschnitten das Dunkel, als Adamie aufsprang. Das Metall, das an ihm runterhing, bimmelte wie tausend wildgewordene Glocken. Ich stürzte in einen inneren Aufruhr. Ich sah große Vögel durch das Zimmer rauschen Eine Kraft zog mich in das Tanzen und Tosen. Die Zeit war dahin. Ich wollte von meinem Platz aufspringen und wild schreien. Das Blut stieg mir in den Kopf, bis mir war, als müßte es aus Augen und Mund herausplatzen. Ich starrte Adamie an, und mein Körper zuckte in heftigen Krämpfen. Ich blickte auf die anderen im Zimmer. Sie waren so fern, wie Mumien. Meine Knochen verloren ihren Zusammenhalt – wirbelndes Licht durchfuhr meinen Körper. Mein Bewußtsein suchte sich an einen letzten Halt zu klammern. Ich schrie.

Das Chaos war so plötzlich vorbei, wie es gekommen war. Adamie fiel neben der Frau hin und fing an zu murmeln. Dann war er still. Die um mich herumgesessen hatten, standen auf und gingen zur Tür. Ich konnte mich nicht bewegen. Der Erdfußboden hielt mich wie eine Wiege, wiegte mich sanft. Jemand half mir auf, wobei er flehende und ängstliche Laute ausstieß, und trug mich halb zur Tür. Als ich draußen war, bekam ich wieder Boden unter die Füße. Der Boden schwankte von der Senkrechten wieder in die Waagerechte um. Es war fast Tag. Ich machte mich auf den Weg zurück zum Haus, und Eddie, einer der Führer, stützte mich ein wenig. „Armer Joe, armer weißer Mann", flüsterte er. „So viele gute Indianer da, und ausgerechnet dich rufen sie. Manchmal frag ich mich wirklich, ob diese Geister eigentlich wissen, was sie tun. Wo du doch keine blasse Ahnung davon hast."

Die Tage nach der Zeremonie führte ich ein Schattendasein. Etwas war in mich eingegangen, und mir war, als ob irgendeine Kraft von außen mich beobachtete und trieb. Mein Wille wurde mir aus dem Leib gesaugt, und oft hatte ich das Gefühl von Übelkeit und Schwindel, das man bei einem Blutverlust empfindet. Wie wenn man zu schnell aufspringt, nachdem man zu lange gelegen hat – der plötzliche Höhenwechsel haut einen um.

Schließlich überkam mich eine manische Erregung. Ich schaffte es, meine Arbeit im Camp zu erledigen. Die ganze restliche Energie verwandte ich auf eine Haschpfeife, die ich aus einem Stück Hartholz schnitzte. Ich gab mir plötzlich größte Mühe um jede Einzelheit. Jeder Schnitt ins Holz geschah mit Sorgfalt und mußte genau sein. Meine Finger entwickelten ein genaues Empfinden dafür, was das Holz erforderte. Ich fühlte, wie seine Geschichte durch das Messer in meine Hand einströmte. Ich ging mit einer Sorgfalt bei meiner Arbeit vor wie nie zuvor im Leben. Es war, als hinge mein Leben von ihrem Erfolg ab.

Als die Pfeife zu meiner Zufriedenheit fertiggestellt war, steckte ich sie behutsam mit etwas Tabak in meinen Lederbeutel und ging zu Adamie. Ich wollte nicht gehen, aber irgend etwas bestand auf einer Antwort auf meine gegenwärtige Verfassung, und mir schien, daß Adamie diese Antwort wüßte. Langsam zwang ich mich zu seinem Haus vor, wie ein Fuchs, der seine Spuren zu verwischen sucht. Ich machte kehrt, schlug Haken und umschlich mein Ziel, bis ich mich durch ein Wunder an Willenskraft vor Adamies Tür fand. Ich klopfte nicht, sondern ging einfach hinein.

Adamie saß in einem alten Sessel neben einem kleinen Holzofen in der Mitte des Zimmers. Das Zimmer war fast kahl, abgesehen von einem Tisch, auf dem aller mögliche Angelkram herumlag, und einer Matratze auf dem Fußboden in der Ecke. Das Zischen zweier Gaslampen war das einzige Geräusch, das mich empfing. Adamie schaute zu mir auf, und sein Gesicht erstrahlte in einem zahnlückigen Großvatergrinsen. Er klatschte ein paarmal in die Hände und fing an zu lachen.

„Wie geht's der Frau?" platzte ich heraus. „Gut", entgegnete Adamie und lachte immer noch sanft. Sein Lachen war mir eine Feder unter der Sohle; es kitzelte und tat weh. „Ich, ich hab dir das mitgebracht", sagte ich und hielt ihm die Pfeife aus meinem Beutel hin.

„Warum bist du hergekommen?" wollte er wissen.

„Um zu lernen", entfuhr es mir, ohne daß ich es gewollt hätte.

Ich legte die Pfeife auf den Tisch, um über die brüchige Stille hinwegzukommen, die meine Worte hervorgerufen hatten. Ich fürchtete, irgend etwas Furchtbares könnte diese wortlose Welt jeden Augenblick zum Einsturz bringen.

„Was denkst du jetzt?" knarrte Adamies Stimme in das Gezicht der Lampen.

„Daß du ein alter, hutzliger Indianer bist, und wovor zum Teufel hab ich solche Angst." Ich war selbst ganz buff über meine Offenheit.

Adamie grinste. Er winkte mir, mich auf den Boden neben seinem Sessel zu setzen. Er stand aus dem Sessel auf und setzte sich zu mir.

Wir redeten lange miteinander, oder wenigstens redete ich. Adamie stellte mir Frage auf Frage: Wie war's in Edmonton? Und in New York? Wo war ich fischen gewesen? Wo war ich zu Hause? Wer waren meine Angehörigen? Er hielt mich zum Reden an, bis er mich von allem geleert hatte, was meine Identität ausgemacht hatte.

„Du bist so weit rumgekommen und hast so viel gesehen. Was meist du denn, das ich
dir noch zeigen könnte?" fragte er.

„Zunächst mal könntest du mir ja zeigen, wie man auf dem See fischt und vielleicht, na ja, wie du die Frau geheilt hast."

„Und darum hast du mir das Geschenk mitgebracht?"

„Weiß ich nicht genau", entgegnete ich.

Die Begutachtung der Seele

„Ich müßte mir deine Seele anschauen", sagte Adamie rundweg und mit Entschiedenheit.

„Bedien dich, Adamie." Ich war viel zu weggetreten, um vor diesem Verlangen sonderlich zurückzuschrecken.

Adamie sagte mir, ich solle mich hinlegen und die Arme locker zu beiden Seiten fallen lassen. Er fing an zu singen und ging langsam um mich herum. Wie ich so dalag, fühlte ich mich recht behaglich, vielleicht ein bißchen belustigt.

Adamies Gesang war kühl und glatt und fühlte sich an wie der in Seide gehüllte Leib einer Geliebten. Und wie der

Gesang den Geist umspielte, erwärmte sich die Seide, und ich warf die Hülle fort und tastete nach der Quelle der Glut im Fleisch der Geliebten, im Fleisch des Gesanges. Bis meine Hand das Feuer berührte – bis ich das Feuer war. Ein riesiger Wind sog den Atem aus dem Feuer, und ich rang in der Dunkelheit nach Luft.

Ich fühlte, wie eine Sturmbö über mich peitschte, und ein Schauder, der von meinem Mund ausging, rann in Wellen über meinen ganzen Leib. Ich hörte Adamie singen, und die Töne rissen mir die Lider auf.

„Wie lange habe ich geschlafen?" Mittagshelle drang in das Zimmer ein. „Verdammt." Ich versuchte aufzuspringen, aber mein Körper schmerzte, und ich fiel wieder zurück. „Der Boß dreht mir den Hals um. Ich müßte schon seit Stunden bei der Arbeit sein."

„Du hast bereits zwei Tage versäumt", sagte Adamie und grinste. „Ich hab dem Boß gesagt, daß du jetzt bei mir bleibst. Du arbeitest bei mir, bleib hier."

Adamie ging zum Tisch und nahm die Pfeife in die Hand. Er trug sie behutsam, als ob sie ein schlafendes kleines Kind wäre. Er dreht sich mir zu und sagte: „Ich nehme dein Geschenk an."

Dann begann Adamie, mich zu lehren. Die Einweihung bestand aus Prüfungen. Sie war eine Vorbereitung auf Kommendes. Wo ich sowas wie eine Struktur besaß, da ging es darum, diese Wirklichkeit niederzubrechen, mir meine Strukturen zu nehmen, bis ich keine mehr hatte.

Ich wurde in Eiswasser gebadet, ich wurde gepeitscht, unablässig gequält, körperlich wie seelisch, und die ganze Zeit über belehrt – belehrt über die Wege der Geister, darüber, wie die Welt in einer anderen Weise geordnet ist, als ich mir das vorgestellt hatte. Es war ein Vorgang des Niederbrechens und Umordnens, wieder und immer wieder. Ich fühlte mich über meine Grenzen hinausgestoßen. Etwa wie wenn du zu lange Skigelaufen bist und du eigentlich fertig bist. Du kannst nicht mehr, aber aus irgendeinem Grund machst du weiter, kommst einmal und noch einmal über einen toten Punkt hinweg.

Etwas in mir sagte: „Warum läßt du dir das bloß gefallen?" Aber ich hörte nicht auf, da war ein Gefühl, das mir sagte, du mußt weitergehen. Aber nach einer Weile wollte ich meine erste Sitzung haben, ich denke, vor allem, um den andern Prüfungen zu entgehen.

Die erste Erfahrung mit dem Fliegenpilz: Zerstückelung

Adamie fragte mich, ob ich zur Begegnung mit den Geistern bereit sei. Und ich sagte: „Ja." Ich aß Pilze (Amanita muscaria), und es wurde getrommelt, und eine Sitzung fand statt. Es war ein sehr beängstigendes Erlebnis. Die Droge kam mir giftig vor, und ich wußte nicht, wie ich sie verkraften sollte.

Es war, wie wenn du Tollkirschen gegessen hast. Es gibt keinen Ausweg mehr, weil diese Dinger mit den großen Zähnen anrücken. Alles war Chaos und Durcheinander. Ich war nicht bereit, wußte nicht genug, ich konnte kein Teil zum andern fügen. Ich war körperlich hinüber, seelisch von Grauen gepackt, dem Tode nahe, ohne Kontrolle, ohne Richtung. Es war die Hölle, ein endloser chaotischer Kampf ohne wirklichen Bezugspunkt.

Ich kam nur allmählich zurück, körperlich noch am Leben, aber das war auch alles. Es blieb alles auf einer Ebene der Konfrontation, und dann ging es schließlich vorbei.

Hinterher fragte mich Adamie, was geschehen war, und ich erzählte ihm, was ich erlebt hatte. Er nahm sich jede Angst vor, jedes einzelne Gefühl, und er erklärte mir, welcher Geist sie kontrollierte. Er sagte mir die Namen der Geister und was sie taten. Vor dem ersten Mal hatte ich gedacht: „Jetzt hören sie auf, mich zu quälen." Vor dem zweiten Mal wollte ich nicht mehr, daß es aufhörte. Irgendwie hatte ich beim ersten Mal rausgefunden, daß ich Scheiße baute. So wie ich war, das Ding, an das ich mich klammerte, das war einfach nicht wirklich. Ich mußte aufhören, mich an diese Identität zu klammern. Die mußte abgehackt werden. Die war nicht wirklich wichtig, war nicht stark.

Ich wollte nicht, daß die Vision, der Traum mich packte und mich aus dem herausriß, was ich war. Das mußte aus mir rausgedroschen werden, rausgegrault werden. Und dann gab es einen Augenblick – und nach jenem Augenblick war es an der Zeit, mit dem Lernen anzufangen. Was sind das für Kräfte, die dich zerreißen? Wir wollen sie beim Namen nennen und schauen, was wir mit ihnen anfangen.

Die zweite Sitzung: Begegnung mit dem Geist

Die nächste Sitzung begann mit Tanzen und Trommeln. Und dieses Mal nahm ich daran teil. Ich fing an, wild und immer wilder zu tanzen, geriet immer mehr in Ekstase. Und dann fühlte ich diese Welle mein Rückgrat hochschießen, in meinem Kopf zerplatzen, und dann stieß ich durch in die Trance.

In der Trance hatte ich eine Vision, ich sah einen Bären. Und der Bär winkte mir, ihm zu folgen. Das war der Geist, die Kraft, der ich folgen, mit der ich auf die Reise gehen sollte. Wie ich dem Bären folgte, verwandelte er sich in eine Frau. Und dann kam eine ganze Serie von sexuellen Bildern, Hüften, Schenkel, Brüste, ein ganzer Strudel von Sexualität, von Fleisch.

Trudelnd und strudelnd trieb ich dahin, und mir war, als fiele ich zur Mitte der Erde. Und wie es mit mir hinabging, waren da lauter Wesen zu allen Seiten, und sie rissen und zerrten und krallten Stücke aus mir heraus, während ich fiel. Und als ich aufschlug, stürzten sie alle auf mich herab und zerrissen mich: ein Falke über meinen Augen, ein zähnefletschender Hund scharrte an meinem Rückgrat.

Sie rissen und rissen. Aber irgendwie hatte ich diesmal nicht diese Angst. Ich ließ alles geschehen. Ich unterwarf mich der Furcht und ging mit ihr mit. Ich wurde zerrissen, bis irgendein Geist – irgendeine Kraft – „Halt!" schrie. Und dann wurde ich wieder zusammengesetzt. Und wie ich wieder zusammenkam, erkannte ich das, was ich da zusammenkommen sah, nicht mehr als ich. Es stimmte nicht ganz. Da war etwas, das vorher nicht dagewesen war, aber wie es sich wieder zusammensetzte, fing ich an zu verstehen, daß etwas hinzugekommen war. Statt 1-2-3 strukturiert zu sein, war ich nun 1-2-3 und 4. Diese 4 war sehr wichtig, sie macht das Ganze zu mehr, als es vorher war.

Mein Fühlen war höchste Ekstase, Energiewellen brandeten stoßweise durch mich hindurch. Ich fühlte, daß ich durch Dinge, Herzen, Knochen, Seelen sehen konnte. Da war ein Klang, und er stieg aus meinem Inneren auf. Ich sang ein Lied, das Lied meiner Erfahrung, und ich fühlte, daß dieses Lied mir neue Stärke und Kraft verlieh. Ich wußte, ich mußte dieses Lied behalten. Es war mein Medizingesang.

Nicht lange nach dem zweiten Trip erkannte ich, daß dies lange, lange Zeit brauchen würde. Ich war einundzwanzig und nicht bereit, die Welt aufzugeben. Ein Teil sagte, du wirst ein alter Hinterwäldler werden, du kriegst keine Indianerfrau, und alle haben Angst vor dir. Doch keiner wird dich lieben. Adamie wird mehr geachtet als geliebt. Aber die andern Kräfte riefen mich, die Reise fortzusetzen. Ich würde zu einem zweitklassigen Schamanen werden, wenn ich bliebe. So 'ne Art Verrückter, der im Wald rumhängt und im tiefen Winter runter nach Edmonton geht, da er kein Indianer ist und die Öde nicht ertragen kann. Etwa so würde es mit mir aussehen. Ich hätte zwischen zwei Kulturen gestanden.

Ich fühle, daß die wahren Ströme dieser Kultur genutzt werden können. Das läßt mich immer wieder meine Wertvorstellungen durchkämmen und liefert sie mir nicht in fein säuberlich abgepackten Portionen, so daß ich sie immer weiter durchkämmen muß, bis ich sagen kann: „Aha, dies ist für mich wirklich."

Du kommst mit einem Gesang in die Welt zurück, nachdem du eine Vision gehabt hast – aber dann gibt es da nicht viele, mit denen du deine Erfahrung teilen könntest, nicht wie bei einem primitiven Stamm, wo du zurückkommen kannst und sagst: „Hier sind meine Bärenzähne oder meine Vision, so und so ist mein Name, dies ist der Geist, der mich leitet." So kannst du den Leuten hier nicht kommen.

Bei Adamie zu bleiben hätte bedeutet: rote Hosenträger und Flanellhemd tragen und reiche weiße Männer zum Fischen hinausfahren. Und im Winter Fallen stellen gehen, aber das war nicht ich, ich war kein Indianer aus den Nordwäldern, und so sehr ich mich auch mit den Welten und Wirklichkeiten ihrer Mythen verbunden fühlte, so konnte ich mich doch nicht ihrem Lebensstil anpassen, ihn zu meinem eigenen machen und für den Rest meines Lebens dort bleiben – mir die Haare bis zu den Knien wachsen lassen, ein Schamanenkostüm aus Eisen tragen.

Ich fühlte, ich mußte in meine eigene Kultur zurückkehren und mich dort zurechtfinden. Irgendwie mußte ich das bißchen, das ich gepackt hatte, in meine eigene Kultur zurückbringen und es sich dort bewähren lassen. Es gibt hier für mich keine Mythologie, in der ich Wurzeln schlagen könnte, nicht die starke, greifbare Gegenwart eines Führers. Doch der Gesang bleibt.

VI.

Die Kraft nutzen

Der Titel der umseitigen Oonark-Eskimozeichnung lautet „Schamane im Flug". Die Bildunterschrift zu dieser Bleistiftzeichnung sagt: Als die erste Rakete zum Mond flog und einige der Jungen den Alten davon erzählen wollten, erlebten sie eine herbe Enttäuschung, denn die Alten meinten bloß: „Na, das ist doch nichts Besonderes. Dein Onkel ist wer weiß wie oft zum Mond geflogen."

WILLIDJUNGO
Australien/Murngin

Der Schamane Willidjungo war ein berühmter Heiler unter den Murngin im nordöstlichen Arnhemland. Der Beschreibung des Anthropologen W. Lloyd Warner nach war er ein massiger, breit gebauter Mann mit einem Wust strähniger Haare und nicht anders als andere Männer seines Stammes auch, wenn man von seiner ungewöhnlichen Rüstigkeit absieht. Er hatte sechs Frauen und eine stattliche Anzahl Kinder, und er war Jäger, Fischer und tat im zeremoniellen Leben seines Volkes kräftig mit.

Warner, der Willidjungo kannte und die folgende Schilderung aufzeichnete, behauptete, die von den australischen Schamanen ausgeübte „weiße Magie" sei „eine wirksame Kraft, um Krankheiten zu kurieren, Wunden zu heilen, die Folgen eines Schlangenbisses abzuwenden und, allgemein gesagt, dem einzelnen alles Unbehagen zu nehmen und ihm ein Gefühl von Wohlbehagen und Aufgehobensein in seiner Gemeinschaft zu geben."[1]

Laut Warner kann der Schamane Fremdkörper, die in den Leib des Erkrankten geschossen wurden, entfernen sowie Diagnosen auf Basis der Annahme stellen, daß Krankheiten vom Eindringen eines Fremdkörpers verursacht sind. Wenn aber die Seele des Patienten gestohlen wurde, kann der Schamane nichts tun, um das Leiden zu lindern oder den Tod aufzuschieben.[2]

Willidjungos Einweihungserfahrung beschreibt Warner folgendermaßen:

> *Als Willidjungo ein erwachsener Mann war und etliche Frauen und Kinder hatte, ging er eines Tages in den Busch, um nach Wildbienenstöcken Ausschau zu halten. Nach einer Zeit entschloß er sich, wieder heimzukehren. Auf dem Rückweg ins Lager fühlte er einen Schmerz in seinem rechten Bein direkt unterhalb der Hüfte. Später wußte er, daß seine Schutzgeister, die er sich anschließend erwarb, ihm diesen geschickt hatten. Sein Bein wurde*

ganz steif und blieb über eine Woche lang so. Während dieser Zeit lag er im Lager und deckte sich mit dünner Rinde zu, um sich warmzuhalten. Eine von Willidjungos Frauen schlief bei ihm. Die beiden Schutzgeister, ein kleiner Junge und ein kleines Mädchen, fingen an, ihn unter der Rinde anzusprechen. Sie sprachen in einem rhythmischen Gesang: „Dul, dul, dul – ter, ter, ter!"

Willidjungo sagte: „Der Ton glich dem eines kleinen Frosches draußen in den Lilien."

Willidjungo weckte seine Frau. „Du schläfst heute nacht besser bei den Frauen", sagte er. Seine Frau verließ die Hütte und ging hinüber zu ihren Eltern. Sie hatte große Angst vor diesen beiden Geistern. Die beiden sprachen weiter. Sie gingen zurück in den Busch, und Willidjungo folgte ihnen.[3]

Ich lauschte weiter auf jene Laute, die sie (die Schutzgeister) machten. Ich lauschte, sah aber nicht hin, und folgte ihnen. Die beiden Dinger kamen zurück zum Lager und ich mit ihnen. Sie setzten sich zu mir ans Feuer und redeten. Als es Nacht wurde und dunkel, flogen diese beiden Geister in die Baumwipfel. Sie machten den Laut einer fliegenden Wachtel. Sie setzten sich auf meinen Kopf und auf meine Schultern. Sie hatten weiße Federn, aber das wußte ich zu der Zeit noch nicht. Ich konnte sie nur auf meinem Kopf spüren.

Sie kamen nicht zu mir zurück, aber ich ging fort, um nach ihnen Ausschau zu halten. Draußen im Busch sah ich sie dann zum erstenmal. Ihre Körper sahen wie Jabirus aus. Ihre Augen sahen aus wie deine Brille. Gesicht und Bauch sahen aus wie bei einem Menschen, und ihre Beine sahen auch so aus. Sie hatten dicke Bäuche wie Kinder. Ihre Arme waren wie Flügel, und es waren kleine Federn dran. Ihre Flügel hatten große Federn. Sie standen auf einem Baum. Ich nahm meine Speerschleuder. Das gekrümmte Ende zog ich mir unter den Armen durch und rieb es mit Schweiß ein. Dann nahm ich es, um nach den beiden Geistern zu angeln. Ich fing sie und klemmte sie mir unter die Arme. Ich hielt sie in meinen Händen, wie man einen kleinen Vogel hält, wenn man mal einen wilden fängt. Sie verließen mich, bevor ich wieder im Lager war. Bevor sie mich verließen, sagten sie zu mir: „Du hast eine Frau. Es ist besser, du gehst allein zurück."

Ich erwiderte: „O nein, das will ich nicht tun. Wie heißt ihr?"

„Wir sind zwei *Na-ri* (Schutzgeister). Versuche noch nicht, Leute zu heilen. Wenn jemand krank ist, läßt du ihn in Ruhe und sagst einem andern Heiler, er soll versuchen, ihn zu heilen."

Dann kehrte ich zurück ins Lager. Dorngs Tochter war krank. Ich sah sie nur an. Sie hatte ein großes Loch in ihrer Brust. Es war aufgebrochen. Ich sah sie unentwegt an. Einer der alten Heiler versuchte, sie wieder in Ordnung zu bringen, doch er konnte nichts ausrichten; ich tat trotzdem nichts. Später nahm ich das Fleisch und tat es zusammen, und ihr ging es gleich bei meinem ersten Versuch besser. Ich machte sie gesund, als sie halb tot war. Die beiden Geister sprachen dann zu mir: „Dein erster Versuch war gar nicht schlecht. Wenn das nächste Mal jemand krank ist, behandelst du ihn. Das ist deine Aufgabe. Wir haben dir dies gegeben, und es wird dir helfen, aber da ist einiges, das du nicht tun darfst. Du darfst nicht im Salzwasser baden und darin eintauchen. Du mußt allein zum Strand gehen. Wenn du im Salzwasser untertauchst, werden wir beide umkommen."

Wenn ich im Ozean untertauchen sollte, würden diese beiden Geister sterben. Diese beiden Geister stellen sich zur Nacht ein, gewöhnlich mitten in der Nacht. Gestern trug ich ein Känguruh auf den Schultern und preßte meine Achselhöhlen fest zusammen. Ich verletzte einen meiner Schutzgeister, und ich habe eine Entzündung unterm Arm. Letzte Nacht verließ mich der Kleine, der unverletzt war, und ging in den Busch, um nach einem andern Geist zu suchen. Der andere folgte ihm nach. Der kranke sagte: „Mein Meister ist jetzt krank wie ich. Komm mit, und wir machen ihn wieder gesund."

Der gesunde Schutzgeist nahm etwas aus dem kranken raus, und sie kamen zurück. Sie fanden etwas Hartes in meiner Brust und nahmen es raus.

Als diese Geister zu mir kamen, ging ich sehr still umher und sagte nichts. Ich rauchte nicht viel. Ich aß nur Gemüse und blieb an einem Ort. Ich gewann einen alten Heiler zum Freund. Ich gab ihm zu essen und brachte ihm Tabak. Einer der Geister verließ ihn und kam mit mir.

Wenn ich Leute behandele, dringen diese beiden einfach in denjenigen ein. Der Knochen, der im Innern steckt, liegt ganz grade in ihm drin. Ich reibe ständig von außen. Meine beiden Kinder packen sich den Knochen, und wenn ich sauge, dann springen sie einfach damit heraus. Manchmal kann ich grad durch einen Menschen schauen und sehen, daß er innerlich zerfressen ist. Die beiden dringen in ihn ein, aber sie können nichts tun. Manchmal, wenn Leute im Busch die Seele eines Menschen entführen, dann kommt er hierher in mein Lager. Ich sehe nach: er ist innen leer. Ich sage: „Ich kann dich nicht heilen. Alles ist weg. Dein Herz ist noch da, aber es ist leer. Ich kann dich nicht heilen." Dann erzähle ich jedem, daß er sterben muß.

Manchmal tragen Leute einen kranken Mann zu mir, und ich sehe sie schon von weitem den Strand entlangkommen. Ich rufe den Leuten zu: „Ihr da, stellt euch zu beiden Seiten von ihm auf." Dann sehe ich in jenen Mann hinein. Bald kommen die Seelen der beiden Männer zum Vorschein, die diesen kranken Mann halb umgebracht haben. Wenn ich das sehe, rufe ich die Namen jener beiden Männer aus, welche die Seele dieses Mannes gestohlen haben.

Davor sind Männer und Frauen in den Busch gegangen und haben miteinander gespielt, und die Frau des einen wird mit dem Mann einer andern sein. Sie sagen: „Wir gehen Känguruhs jagen." Der Mann zieht aus, um Känguruhs zu jagen, und macht sich dann daran, die Frau zu finden. Sie kehren zurück. Meine Geistkinder kommen zu mir und sagen: „Der Mann und die Frau haben draußen im Busch miteinander gespielt. Geh hin und sag es dem Mann der Frau." Ich sage:

„O nein, das werde ich nicht tun. Das schafft nur Ärger." Ich erzähle es ihren Männern und Frauen nicht, denn das würde zu viel Ärger ins Lager bringen.

Manchmal sitze ich mit einem Mann zusammen, und ich schau auf seinen Kopf, und ich kann zu ihm sagen: „Du denkst dies und das." Der Mann sagt: „Woher weißt du das?" Und ich sage: „Ich kann dir in den Kopf schauen."

Mun-yir-yir
Australien/Murngin

Mun-yir-yir wurde ein Heiler, als er von einem der drei Opossumkinder, die seine „Heilergeister" waren, in ein Wasserloch hinabgezogen wurde. Nach mehreren Einweihungserfahrungen, die er in der folgenden Erzählung schildert, entwickelte er langsam und allmählich seine Begabung zum Heiler.

Obwohl Mun-yir-yir ein Meisterheiler war und viele Menschen gesund gemacht hatte, verlor er seine Kraft, nachdem er ein Tabu gebrochen hatte. Der Überlieferung nach vernichten jene, die die Kraft zu heilen besitzen, ihre Helfergeister, wenn sie in Salzwasser fallen. Vor der Millingimbi-Insel auf der Seite des Goyder River rammte ein anderes Kanu sein kleines, und Mun-yir-yir fiel ins Meer. Seine Helfergeister, die Opossumkinder, fielen von seinem Kopf und mit ihm ins Wasser. Infolgedessen verlor er seine Geistverbündeten und auch seine Kraft.[4]

Ich fand meine Heilergeister in meinem Land, dem Schlangenland. Ich jagte den Beuteldachs, und ich hatte einen erwischt und kochte ihn. Ich denke, vielleicht haben die Geister den Geruch des kochenden Dachses gewittert. Ich ging hinunter an ein Wasserloch, um etwas Wasser zu trinken. Ich beugte mich vor und trank. Als ich das tat, packte mich ein Geist an der Nase und zog mich hinab ins Wasser. Ich war wie betäubt und fiel hinein. Die Heilergeister, es waren zwei Jungen und ein Mädchen, nahmen mich bei der Hand und brachten mich an einen trockenen Platz. Sie holen irgendwas aus meinem Körper raus, als ich nach dem Sturz ins Wasser krank war, und sie öffneten mir Augen, Nase und Mund und machten mich gesund. Sie bliesen mir in den Mund. Ich stand auf und nahm meine Steinaxt. Ich schlug einem dieser Heilergeister auf die Nase und den anderen auch. Sie sahen aus wie Opossums. Als ich sie erwischt hatte, sagte einer der männlichen Geister: „Jetzt mach uns gesund."

Ich blies den Geist an und machte ihn gesund, dann machte ich die anderen gesund. Sie sagten zu mir: „Geh jetzt zurück ins Lager. Iß bloß kein Hundefleisch mehr. Iß kaltes Essen. Und schlaf nicht zu dicht am Feuer."

Als ich in die Nähe des Lagers kam, riefen mich diese Opossums an. Sie machten einen Riesenlärm. Die Leute sagten: „Nehmt euch vor Mun-yir-yir in acht. Er hat ein paar Schutzgeister gefunden." Diese Geister schlugen mit den Armen gegen ihre Seiten und machten ein knallendes Geräusch. Ich kam und setzte mich im Lager hin. Ich schlief. In der Nacht schlief ich ein wenig und ging hinaus in den Busch. Jene beiden nahmen mich mit in den Busch. Ich versuchte nicht, irgend jemanden gesund zu machen.

Ich fuhr auf die Elcho-Insel des Naladaerlandes und kehrte dann zum Festland zurück. Einige Leute sagten zu mir: „Wir sind krank, hier in der Brust. Wir fühlen uns nicht gut. Bitte, Mun-yir-yir, hilf uns." Also ging ich und holte eine Muschel und füllte sie mit Wasser und wusch mir die Hände. Ich befühlte ihre Brust und holte einen Knochen raus und zeigte ihn vor. Ein Mann kam aus einem anderen Land. Er hatte einen wehen Rücken. Er sagte: „Ich kann nicht laufen." Ich schaute ihn von weitem an, und ich sah das kleine harte Ding in ihm. Ich blies auf seinen Rücken, und das Ding kam ganz weit raus. Ich zeigte es ihm. Der geheilte Mann ging dann auf Känguruhjagd, und sein Rücken tat ihm nicht weh, und er freute sich sehr.

Diese zwei Geister setzten sich auf meine Schultern. Manchmal saßen sie auf meinem Kopf. Ich nenne sie meine Kinder. Manchmal kamen sie nachts zu mir. Sie sagten: „Da drüben liegt ein Kranker."

Am frühen Morgen sagte ich dann: „Wo ist der Mann?" und sie wiesen mich hin und sagten: „Er hat was innen drin", und sie zeigten mir wo. Manchmal nahm ich etwas Strauchwerk und bürstete den Mann und blies ihn an, und das harte Ding fiel raus und weit von ihm weg.

Als ich anfing, sagten manche Leute: „Du lügst und sagst nicht die Wahrheit." Ich sagte zu ihnen: „Schaut auf meinen Mund." Ich öffnete meinen Mund und ließ sie sehen, daß ich nichts drin hatte.

Ich war runtergegangen zum Meer. Ich war vor der Millingimbi-Insel auf der Seite des Goyder River. Meine Heilergeister saßen mir auf Kopf und Schultern. Ich war draußen in einem Kanu, stand aufrecht, als ein anderes Kanu ankam und unser kleines rammte. Ich fiel ins Meer und tauchte ins Salzwasser ein. Ich hörte, wie die Opossumkinder Lärm schlugen. Ich legte mir die Hand auf den Kopf, und sie fielen ins Wasser, als ich hochkam.

Etwas später war ein alter Mann krank. „Ich bin hier drinnen krank", sagte er. Er berührte seine Brust. Ich wollte nachsehen, was in ihm drin war, aber ich konnte nichts sehen. Mein Auge war dunkel. Ich hatte meine Heilerkinder verloren. Jetzt kann ich nichts mehr im Inneren der Leute sehen. Alle sagen, ich hab das einzig gute Ding verloren, das ich hatte. Wirklich schade. Ich erzählte dann allen Leuten: „Ich kann mich nicht mehr um euch kümmern. Ich bin ins Salzwasser gefallen und darin eingetaucht, ich kann jetzt nicht mehr heilen." Wenn ich in Süßwasser gefallen wäre, dann hätte das meinen Heilerkindern nichts ausgemacht.

AUA
Eskimo/Iglulik

Diese ungewöhnliche Schilderung handelt vom Ursprung des Schamanismus unter den Iglulik und der Reise aus dem Körper. Sie wurde von ihrem Erzähler folgendermaßen eingeleitet:

In frühesten Zeiten lebten die Menschen in Finsternis und hatten keine Tiere zu jagen. Sie waren ein armes, unwissendes Volk, den Heutigen weit unterlegen. Sie wanderten umher auf der Suche nach Nahrung; sie lebten auf Reisen, so wie wir jetzt, und doch in einer ganz anderen Weise. Wenn sie haltmachten und ein Lager errichteten, bearbeiteten sie die Erde mit Hacken von einer Art, wie wir sie nicht mehr kennen. Sie holten ihre Nahrung aus der Erde, sie lebten auf der Scholle. Sie wußten nichts von den Beutetieren, die wir jetzt haben, und mußten deshalb nicht immer auf der Hut vor all den Gefahren sein, die uns daraus erwachsen, daß wir, die wir ja Tiere jagen, vom Töten anderer Seelen leben. Daher hatten sie keine Schamanen, aber sie kannten die Krankheit, und die Furcht vor Krankheit und Leiden war es, die zum Aufkommen der ersten Schamanen führte. Die Alten berichten uns folgendes darüber:

„Die Menschen lebten von jeher in Furcht vor Krankheit, und vor langer Zeit, in frühesten Zeiten, da standen weise Männer auf, die all das herausfinden wollten, was keiner verstehen konnte. Es gab keine Schamanen in jenen Tagen, und die Menschen wußten nichts von all den Gesetzen des Lebens, die sie seither gelehrt haben, vor Bosheit und Gefahr auf der Hut zu sein. Das erste Amulett, das es je gab, bestand aus dem Schalenstück eines Seeigels. Es ist ein Loch darin, und deshalb wird es Iteq *(After) genannt; zum ersten Amulett wurde es, weil man es mit einer bestimmten Heilkraft in Verbindung brachte. Wenn ein Mensch krank wurde, ging man hin und setzte sich zu ihm, deutete auf die befallene Stelle und ließ einen Wind hinten fahren. Dann ging man hinaus, während ein anderer eine hohle Hand über die befallene Stelle wölbte und gleichzeitig über die Innenfläche seiner anderen Hand blies, und zwar von demjenigen weg, der geheilt werden sollte. Man glaubte damals, daß Wind und Atem zusammen alle Macht in sich vereinigten, die vom Innern des menschlichen Körpers ausgeht, eine*

derart geheimnisvolle und starke Macht, daß sie zur Heilung von Krankheiten taugte.

Auf die Weise war jeder ein Arzt, und es bestand kein Bedarf nach Schamanen. Aber dann begab es sich, daß eine Zeit der Not und des Hungers über Iglulik hereinbrach. Viele verhungerten, und alle waren ratlos und wußten sich nicht zu helfen. Eines Tages, als sich eine Anzahl Leute in einem Haus versammelt hatte, bat ein Mann um die Erlaubnis, sich hinter den Fellbehang am hinteren Ende der Schlafstelle zurückziehen zu dürfen; kein Mensch wußte warum. Er sagte, er würde zur Mutter der Meerestiere hinabfahren. Kein Mensch im Haus verstand ihn, und keiner glaubte ihm. Man ließ ihn machen, und er verzog sich hinter den Behang. Hier erklärte er, er würde eine Kunst ausüben, die sich später als äußerst wertvoll für die Menschheit erweisen würde, aber keiner dürfe ihm zuschauen. Es dauerte jedoch nicht lange, da zogen die Ungläubigen und Neugierigen den Behang zur Seite und sahen zu ihrem Erstaunen, daß er dabei war, in das feste Eis hinabzutauchen. Er war bereits so weit, daß man nur mehr seine Fußsohlen sehen konnte. Wie der Mann überhaupt auf die Idee gekommen ist, weiß keiner. Er selbst sagte, daß es die Geister waren, die ihm geholfen hätten: Geister, mit denen er draußen in der großen Einsamkeit in Berührung gekommen war. So erschien der erste Schamane unter den Menschen. Er fuhr hinab zur Mutter der Meerestiere und brachte den Menschen Beutetiere zurück, und der Hunger wich der Fülle, und alle waren wieder glücklich und zufrieden.

Später erweiterten die Schamanen ihr Wissen von den verborgenen Dingen und halfen der Menschheit auf vielerlei Weise. Sie entwickelten auch ihre heilige Sprache, die nur zur Verständigung mit den Geistern benutzt wurde und nicht fürs alltägliche Reden."[5]

Nur die größten Angatkut *sind in der Lage, die Reise aus dem* Körper hinaus ins *Land des Tages zu unternehmen, in jenes* Reich des Lebens nach dem Tode, das jenseits der Morgenröte *im Osten liegt.** *Die* Pavungnartut, *fliegende Schamanen, die in dieses Paradies der Toten reisen können, unternehmen ihre Himmelfahrten oft aus reinem Vergnügen. Die Vorbereitung des Schamanen auf diese Reise des Geistes ist vielschichtig und erfordert eine Gruppe von Helfern. Zuerst setzt sich der Schamane im hinteren Ende seines Hauses auf die Schlafbank, wo ihn ein Fellvorhang den Blicken der anderen entzieht. Dann werden ihm die Hände auf den Rücken gefesselt und der Kopf auf die Knie gebunden. Die Männer, die ihn gebunden haben, stecken etwas Glut auf eine Messerspitze und ziehen damit über seinem Kopf Kreise in die Luft. Dabei rufen sie: „Möge er, der sich nun zum Besuch aufmacht, von hinnen getragen werden."*[7]

Die Lampen in der Hütte werden gelöscht, und alle sitzen mit geschlossenen Augen in tiefem Schweigen. Nach einer Weile scheinen seltsame pochende, zischende und wispernde Geräusche von verschiedenen Stellen im Haus auszugehen. Der Schamane schreit laut: „Halalahalalale, halala-halalale!" Und seine Freunde antworten ihm: „Ale – ale – ale!"

Wenn dann ein sausendes Geräusch zu hören ist, wissen alle Anwesenden, daß die Seele des Schamanen seinen Körper verläßt und ins Land des Tages *auffliegt. Sterne, die früher selbst einmal Menschen waren, helfen ihm bei seinem ekstatischen Flug.*

Während der Schamane fort ist, vertreiben sich seine Freunde unten die Zeit mit alten Gesängen. Wenn der Zauberer zurückkehrt, gibt er trotz seiner Erschöpfung eine eingehende Schilderung seiner Abenteuer im Paradies.[8]

Das Ausfahren aus dem Körper wird jedoch nicht immer bloß zum Vergnügen unternommen. Zeitweise muß der Angakoq *seine sterbliche Hülle verlassen, um die Seele eines Menschen, die vom Geist eines Hexers entführt wurde, wiederzufinden. Oder er muß in andere Welten reisen, um nach*

---

* Es heißt, daß die vom *Volk des Tages*, diejenigen, die ertrunken sind oder ermordet wurden, dort fröhlich leben, lachen, singen und mit einem Walroßschädel Ball spielen. Jene, die nicht durch einen gewaltsamen Tod gereinigt wurden, gehen zuerst ins *Schmale Land*, um Buße für ihre Sünden zu tun.[6]

*der Seele eines Menschen zu suchen, der krank oder verletzt ist. Wird die Gemeinschaft von Unheil heimgesucht, muß der Schamane in die Tiefen des Meeres hinabsteigen, um die Mutter der Meerestiere zu besänftigen.*⁹

Die Seelenreise des Schamanen in außerirdische Bereiche, sei sie nun zum Vergnügen unternommen, während einer Heilzeremonie, zum Totengeleit, zur Beschwichtigung der Götter oder während einer Initiationskrise, ist ein durchgängiger Zug des Schamanismus in allen Teilen der Welt. Auas Bericht ist besonders interessant, wenn man ihn mit den Schilderungen von Ramón Medina Silva, vom Kung-Heiler K'xau oder von Sereptje vergleicht.

Die großen Schamanen unseres Landes besuchen oft das *Volk des Tages* nur so zum Spaß; wir nennen sie *Pavungnartut* (die in den Himmel aufsteigen). Der Schamane, der sich auf diese Reise macht, setzt sich ans Hinterende der Schlafstelle seines Hauses. Aber der Mann, der ins *Land des Tages* reist, muß gefesselt werden, bevor er hinter den Vorhang gelegt wird. Seine Hände müssen hinter dem Rücken zusammengeschnürt und sein Kopf fest auf seine Knie gebunden werden, auch darf er nur Kniehosen tragen, die Beine und der Oberkörper müssen nackt bleiben. Ist dies getan, müssen die Männer, die ihn gefesselt haben, mit der Messerspitze etwas Glut aus der Leuchte herausholen und mit ihr über seinem Kopf Kreise ziehen und sagen: „Möge er, der sich nun zum Besuch aufmacht, von hinnen getragen werden."

Dann werden alle Lampen gelöscht, und alle Besucher im Haus schließen ihre Augen. So sitzen sie lange Zeit, und tiefe Stille herrscht im ganzen Haus. Nach einer Weile aber hören die lauschenden Gäste fremdartige Geräusche. Sie hören ein Pfeifen, das scheinbar von weit, weit oben kommt, aus der Luft, Summ- und Pfeiftöne, und dann plötzlich schreit der Schamane lauthals los: „Halala – halalale, halala – halalale!"

Und im selben Moment müssen alle Besucher im Haus schreien: „Ale – ale – ale!" Dann gibt es eine Art sausendes Geräusch im Iglu, und alle wissen, daß für die Seele des

Schamanen eine Öffnung geschaffen wurde, eine Öffnung wie das Luftloch einer Robbe, und da fliegt die Seele hindurch zum Himmel empor, und all die Sterne, die einmal Menschen waren, stehen ihr bei. Und alle Seelen reisen nun auf der Seelenstraße auf und ab, um sie für den Schamanen offenzuhalten. Manche sausen hinunter, andere fliegen hinauf, und die Luft ist erfüllt mit sausenden, pfeifenden Geräuschen: „Pfft – pfft – pfft!"

Das sind die Sterne, die nach der Seele des Schamanen pfeifen, und die Gäste im Haus müssen dann die Menschennamen der Sterne raten, die Namen, die sie zu ihren Lebzeiten auf Erden trugen. Und wenn sie richtig raten, hört man zwei kurze Pfiffe: „Pfft – pfft!" und danach einen schwachen, schrillen Ton, der im Raum verklingt. Das ist die Antwort der Sterne und ihr Dank dafür, daß man sich noch an sie erinnert.

Oft bleibt ein Schamane lange fort, und seine Gäste vertreiben sich dann die Zeit, indem sie alte Lieder singen, immer mit geschlossenen Augen. Man sagt, es herrscht große Freude im *Land des Tages*, wenn ein Schamane auf Besuch kommt. Zuerst nehmen sie ihn gar nicht wahr, weil sie so in ihren Spielen und Späßen aufgehen. Aber dann hört man den Ruf „Gäste, Gäste!" übers Land schallen. Und sogleich kommen Leute aus den Häusern gerannt. Aber die Häuser haben keinen Durchschlupf, weder Eingang noch Ausgang, und daher kommen die Geister an allen möglichen Stellen raus, durch die Wand oder durchs Dach, wie es ihnen gefällt. Sie kommen einfach durch das Haus geschossen, und obwohl man sie sehen kann, sind sie dennoch nichts, und wo sie durchfuhren, sind keine Löcher zu sehen. Und sie rennen auf den Besucher zu, begrüßen ihn froh, heißen ihn froh willkommen, denn sie nehmen an, er sei die Seele eines Toten wie sie selbst. Aber wenn er sagt: „Ich bin noch Fleisch und Blut", wenden sie sich enttäuscht ab.

Oben im *Land des Tages* fällt der Riemen, mit dem der Schamane gefesselt war, von selbst ab, und jetzt beginnen die Toten damit zu spielen, denn sie sind immer guter Dinge. Bei jedem Tritt fliegt das Ding hoch in die Luft und scheint die

Form aller möglichen Wesen anzunehmen: jetzt ein Karibu, jetzt ein Bär, jetzt ein Mensch. Sie bilden sich aus einer Menge kleiner Schlaufen, die ganz von selbst Gestalten annehmen, wenn einer der Toten bloß dagegen tritt.

Wenn der Schamane sich eine Weile unter all den fröhlichen Toten vergnügt hat, kehrt er in sein Dorf zurück. Die Gäste, die ihn mit geschlossenen Augen erwarten, hören ein lautes Plumpsen vom Hinterende der Schlafstelle, und dann hören sie, wie der Riemen, mit dem er gebunden war, runtergesaust kommt; der fällt nicht hinter den Vorhang, sondern mitten unter die wartenden Angehörigen des Hausstands. Dann ist der Schamane atemlos und müde und stöhnt nur: „Pjuh – he – he – he." Danach berichtet er, was er gesehen und gehört hat.

Ramón Medina Silva
Mittelamerika/Huichol

Die Huichol schreiben jede Krankheit übernatürlichen Ursachen zu. Deshalb muß der Mara´akáme über den Symptombereich des Leidens hinausgehen und die letzte Quelle des Übels suchen, um eine Heilung herbeiführen zu können. Geschieht dies nicht, so wird es sicher, wie Peter Furst ausführt, zu einem Rückfall kommen, wenn nicht gar zum Tod.[10] *Der Schamane muß also die Geschehnisse und ihre Umstände, die für die Krankheit oder den jeweiligen Verlust der Lebensenergie relevant sind, genauestens zurückverfolgen oder wieder in Szene setzen. Nur so ist er in der Lage, das kostbare Leben wiederzuerlangen, das geschwächt oder aus dem Körper geschlüpft ist.*

Der Verlust der Seele ist für jeden Huichol eine ständige Gefahr. Die Seele kann während des Schlafs aus dem Körper abwandern und von einem Hexer oder von Tiergeistern eingefangen werden, oder das Kupúri *(die Lebensessenz des Menschen) kann durch die Schädeldecke ausfließen und von bösartigen Wesen, die dem Einfluß eines Hexers unterstehen, entführt oder gefressen werden.*[11]

Ist es zu einem Verlust der Seele gekommen und der Betroffene noch am Leben, dann ist das Kupúri dem Körper nicht notwendigerweise auf ewig entrissen, und es kann noch Zeit sein, den Tod abzuwenden. Dann muß sich der Schamane aufmachen, nach dieser subtilen Essenz Ausschau zu halten.

Man stellt sich das Kupúri als winzigen Energiekörper vor, so klein wie eine Fliege oder Zecke, der einen Zisch- oder Pfeifton von hoher Frequenz abgibt. Auf seiner Suche nach der Seele lauscht der Mara´akáme aufmerksam, während er den Pfad verfolgt, den der Kranke genommen hat. Wenn er den Pfeifton des Kupúri hört, nimmt er durch Pfeifen mit dem feinstofflichen Körper Verbindung auf, ganz ähnlich wie es auch die Mazateken-Schamanen tun. Nachdem er die kleine leuchtende Seele geortet hat, wendet er sich an Tatei Niwetúkame, die Göttin der Kinder, die dem Mara´akáme Weisung gibt, das Kupúri aufzuheben, um es vor hungrigen Tieren oder Hexern zu schützen. Der Schamane hüllt die Seele dann in einen Bausch aus Baumwolle ein. Wenn er an die Seite des Patienten zurückkehrt, führt er die Seele samt Wattebausch durch die Schädeldecke in den Kopf des Patienten ein.[12]

Obwohl Ramón Peter Furst nichts darüber sagte, ob er den Pfad des Patienten leiblich zurückverfolgte oder ob sein Geist anstelle seines Körpers ging, hat diese Schilderung viele Parallelen in anderen Kulturen und zu anderen Seelenfahrten außerhalb des Körpers in der Huicholkultur.[13]

Das ganze Menschenleben über lebt die Seele im Kopf. Sie ist die weiche Stelle, der Scheitelpunkt. Der Scheitel und das Leben, es ist dasselbe, das was wir *Kupúri* nennen. *Kupúri*, das ist der Scheitel, das Leben der Seele.

Das Leben der Seele des Mannes lebt im Kopf. Und dasselbe gilt für die Frau. Denn dort denken wir. Wenn man einen Schlag auf den Kopf kriegt, kann man nicht denken. Man wird ohnmächtig. Weil wir alles in unseren Köpfen tragen. Weil alles, was sich uns kundgibt, uns durch den Kopf gegeben wird. Wer sein Denken verloren hat, weiß nicht, was er tun soll. Er weiß nicht, daß sein Leben von ihm genommen wurde, von dort oben im Kopf, vom Scheitel. Er weiß nicht, was er tut.

Diese Lebenskraft, sie ist mit dir verbunden wie mit einem dünnen Faden. Er ist wie aus Spinnenseide, dieser Faden. Genau so ist er, wie die Webe der Spinne. Wenn man schläft, kann das Leben den Körper verlassen. Es kann einen verlassen und umherschweifen. Es schweift hierhin und dahin. Aber es wandert nicht weit weg. Doch selbst wenn es nicht weit wegwandert, kann ein Hexer oder irgendein Tier, das von dem Hexer geschickt wurde, die Seele einfangen. Dann wacht der Mann am Morgen auf und ist krank. Er weiß nicht, was los ist. Dann rufen sie den *Mara'akáme*. Er tut sich um und sucht nach der Seele, um sie wiederzubringen. Wenn er sie nicht findet, stirbt der Mann.

Wir haben viele Kräfte in unserem Land. Wenn man Brennholz schlagen geht oder das Gestrüpp von den Feldern schaffen, so daß gepflanzt werden kann, kann es vorkommen, daß man über einen Stein stolpert. Man fällt hin und rollt in die Tiefe, tief, tief, tief.

Man fällt hin und schlägt mit dem Kopf an einen Stein. Dann fällt das *Kupúri*, diese weiche Stelle am Kopf, der Scheitelpunkt, der das Leben der Seele ist, der fällt auf eine Seite. Das *Kupúri* fällt und erschrickt sich.

Man liegt da und kann nicht denken. Man ist nicht tot, und man schläft nicht. Aber man liegt da, regungslos. Nach einer Weile steht man dann auf und fühlt sich elend. Man fühlt sich sehr krank. Weil man nicht weiß, was los ist. Man weiß nichts vom Kopf. Man kann nicht richtig denken. Man hat keine Gedanken. Man hat nicht alle beisammen, wie es heißt. Man geht schwankend. Weil nämlich alles hingefallen ist.

Man steht nach einer Weile auf, aber man fühlt sich nicht wohl. Man geht und geht, klettert hier hoch und da, fühlt sich nicht wohl. Der Kopf schmerzt. Man geht zurück nach Hause, aber man kann nichts tun. Man liegt da und fühlt sich krank, krank.

Dann gehen die Verwandten zum *Mara'akáme*. Sie sagen zu ihm: „Also, dies und das ist unserem Verwandten zugestoßen. Der Mann ist hingefallen. Da und da ist er hingefallen."

Der *Mara'akáme* folgt dem Leben*, um zu sehen, wo es verlorenging. Um zu sehen, wo es liegt, verängstigt. Wo es in Gefahr schwebt. Der *Mara'akáme* folgt der Fährte des Mannes. Er lauscht mit seinen Pfeilen, mit seinen Federn. Er sucht und sucht. Er lauscht und lauscht, um zu sehen, wo das Leben abfiel.

Der *Mara'akáme* schaut und schaut, sucht und sucht, lauscht und lauscht, bis er zu der Stelle kommt, wo der Mann gestolpert und in die Kluft runtergerollt ist. Wo der Mann hingefallen ist. Und wenn das auch ein gefährlicher Ort voller scharfer Felsen ist, voller gefährlicher Tiere, mit Skorpionen und Schlangen, der *Mara'akáme* hat keine Angst. Er schaut dort unten nach, schaut und schaut.

Auch wenn er fallen und sich verletzen konnte, der *Mara'akáme* darf keine Angst haben. Wenn es dort auch gefährliche Tiere gibt, er darf keine Angst haben. Er schaut nach, lauscht, lauscht mit seinen Pfeilen, mit seinem Herzen.

Er schaut nach, wo er es hören kann. Denn das Leben des Mannes fängt an zu weinen, so wie wir weinen. So wie man weint, wenn man sich verlaufen hat, wenn man sich weit draußen in den Klüften verlaufen hat, und man kann seinen Weg zurück nicht finden. Da sagt man: „Oh, oh, wo bin ich? Was mach ich hier bloß? Was soll ich tun? Wohin soll ich gehen? Ich hab mich verlaufen." Man weint und wimmert. Genauso weint auch das Leben, das Leben der Seele des Mannes.

Und der *Mara'akáme* lauscht auf dies alles. Er kommt näher, und es fängt an zu wimmern. Es zischt und pfeift wie ein linder Wind. Es zischt sanft, wie auch *Tatewarí* zischt, wenn er entzündet wird, wenn das Holz, das seine Nahrung ist, nicht trocken ist. Es zischt und pfeift genau so.

Dann lauscht der *Mara'akáme* auf den Ton mit seinen Federn, mit seinen Pfeilen. Dann geht er sehr vorsichtig, sehr langsam dorthin. Er mag das Leben unter einem Zweig finden oder unter einem Blatt oder unter einem kleinen Stein, wie er so auf dem Boden langgeht. Dieses Leben, es ist

---

* „Das Leben" bezieht sich auf *Kupúri*.

ja so klein wie das kleinste Insekt, die kleinste Zecke. So klein ist es.

Der *Mara'akáme* kommt also der Stelle ganz nah, wo das Leben pfeift. Und er pfeift zurück, sehr sanft, so daß das Leben ihn hören kann. So rufen sie einander zu. Wo auch immer das Leben sein mag, dort schaut der *Mara'akáme* nach.

Dann ruft er mit seinen Federn, mit seiner Kraft nach *Tatei Niwetúkame*. Er ruft sie an und fragt, ob es wohl möglich wäre, es aufzuheben. Das Leben aufzuheben. Er ruft *Tatei Niwetúkame* an, weil sie über alle Kinder wacht. Sie ist es, die das Leben in jeden Menschen gegeben hat.

Sie sagt: „Ja, warum nicht? Na klar." Sie weist den *Mara'akáme* an: „Heb es schnell auf, bevor irgendein Tier kommt und es auffrißt. Heb es auf, bevor irgendein Hexer kommt und es holt." Denn wenn ein Tier es auffrißt, stirbt der Mann. Oder wenn es ein Hexer holen kommt, wird er krank, er wird täglich kränker, und dann stirbt er.

Dann nimmt der *Mara'akáme* einen kleinen Bausch Baumwolle. Er hat diesen Bausch, der wie Baumwolle ist, mitgebracht, um das Leben aufzuheben, um es zu beschützen. Er hebt das Leben mit seinen Federn auf, vorsichtig, vorsichtig. Mit den Federspitzen, sehr langsam, sehr vorsichtig hebt er es auf. Es ist sehr klein, das Leben, winzig, winzig. So klein, daß man es kaum sehen kann. Er nimmt das Leben und hüllt es in Baumwolle ein.

Er hat ein kleines Schilfrohr, ein Stück Bambus, das hohl ist. Er tut das *Kupúri* hinein, er tut das Leben hinein, in die Mitte. Dann verschließt er es mit Baumwolle. Beide Enden verschließt er auf diese Weise. Dann steckt er es in seine *Takwátsi*.* Er tut das Leben in die *Takwátsi* und verschließt sie. Sehr vorsichtig bindet er sie zu. Dann nimmt er es mit.

Dann geht der *Mara'akáme* heim, er geht und geht. Er kehrt zurück zu dem Haus, wo der kranke Mann liegt. Er bringt ihn in den *Xíriki*.** Da liegt er nun im *Xíriki*, der

---

* Die *Takwátsi*, die Tasche des Schamanen, ist ein längliches Behältnis, das mit einem Klapperschlangenmuster gewebt ist.
** Der *Xíriki* ist der Tempel.

Mann, der sein Leben verloren hat. Dann holt der *Mara'akáme* das Leben aus dem hohlen Schilf hervor. Er legt es auf den Mann. Er legt ihm das Leben auf den Scheitel, dorthin, wo die weiche Stelle war. Er legt es dorthin, in den Kopf hinein. Und der kleine Bausch Baumwolle, der das Leben enthält, der geht auch mit hinein. Die Baumwolle verschwindet mit dem Leben im Kopf. Und der Mann kommt wieder zu Leben.

PETAGA YUHA MANI
Nordamerika/Sioux

Petaga Yuha Mani, Der mit Feuerkohlen geht, ist ein Sioux-Medizinmann. Arthur Amiotte, der bei Petaga in die Lehre ging, beschreibt ihn so:

> *„Sein Gesicht ist edel und vom Alter durchfurcht, kühn und voller Weisheit, milde gemacht durch harte Arbeit, Witterung und unerschütterliche Hingabe an das Leben aus seiner Vision.*
>
> *Seine großen rauhen Hände erzählen die Geschichte eines Mannes, der seine Jugend mit Arbeit verbracht hat, der aber zu seiner Zeit mit sanfter und aufopfernder Demut Heilige und Sünder berührt und der Erleuchtung zugeführt hat."*[14]

Petaga Yuha Mani, auch Pete Catches genannt, wurde für seine Aufgabe von den Donnerwesen erwählt: „Ich muß einfach auf diese Weise leben, die ich mir nicht ausgesucht habe, weil die Donnerwesen mich erwählt haben. Mein ganzes Leben besteht darin, dem Geheiß der Donnerwesen und dem meines Volkes zu folgen und auf das acht zu haben, was mir die Großväter sagen."[15]

Viele Male schon hat Petaga Yuha Mani den traditionellen Sonnentanz der Sioux getanzt und dabei sein Fleisch in Dank und Hingabe an die Sonne durchbohrt. Er hat sein Volk gelehrt, geführt und geheilt. Und als ein Mensch, der *den Ursprung von Körper und Geist erkannt hat, treibt es ihn in einen Zustand der tiefen Versenkung in die Milde und Wilde der Einsamkeit, an den Ort der Alten.*[16]

Ich lebe in einer vergangenen Zeit. Ich lebe wie vor fünfzig Jahren, vor hundert Jahren. So gefällt es mir. Ich möchte so bescheiden, der Erde so nahe leben, wie ich kann. Nahe den Pflanzen, den Kräutern, den Blumen, die ich als Medizin verwende. Der Große Geist hat darauf gesehen, daß der Mensch auf diese Weise überleben kann, daß er leben kann, wie ihm zu leben bestimmt ist. Also wohnen meine Frau und ich in einer kleinen Hütte – kein Strom, kein Leitungswasser, keine Installationen, keine Straße. So wollen wir es haben. Diese schlichte Holzhütte kennt Frieden. So wollen wir für den Rest unserer Tage sein. Ich möchte abseits der modernen Welt leben, fortgehen, weit fort, in die Wildnis, und der Natur viel näher leben, näher noch, als ich es jetzt schon tue.

Ich will nicht mal, daß man mich einen Medizinmann nennt, nur einen Heiler, denn dafür bin ich geschaffen. Ich will nichts dafür. Ein weißer Arzt läßt sich bezahlen, ein Priester läßt sich bezahlen. Ich laß mich nicht bezahlen. Ein Mensch geht geheilt von mir weg. Das ist mein Lohn. Manchmal fehlt mir die Kraft, das macht mich traurig. Doch wenn ich die Kraft habe, bin ich froh. Manche Leute denken nur an Geld, wie sie dazu kommen. Das kommt mir nie in den Sinn.

Wir leben von der Natur, meine Frau und ich, wir brauchen kaum etwas. Irgendwie leben wir schon. Der Große Geist hat die Blumen gemacht, die Flüsse, die Kiefern, die Zedern – er sorgt für sie. Er läßt eine Brise hindurchwehen, läßt sie atmen, gibt ihnen Wasser, läßt sie wachsen. Selbst die unten im Geröll, zwischen den Felsen. Die pflegt er auch. Er sorgt auch für mich, gibt mir Wasser, gibt mir Nahrung, läßt mich mit den Tieren und Pflanzen leben als einer von ihnen. So möchte ich bleiben – ein Indianer –, alle Tage meines Lebens. Das soll nicht heißen, daß ich mich abkapseln will. Viele Menschen finden irgendwie den Weg in meine Hütte. Das gefällt mir. Ich möchte in Verbindung stehen, Menschen überall erreichen, ein klein wenig von unserem indianischen Weg, dem Weg des Geistes, an sie weitergeben.

Gleichzeitig möchte ich mich weiter und weiter von allem zurückziehen, so leben wie die Alten. Auf der Straße begegnet dir manchmal ein Vollblutindianer, der den Daumen raushält und trampt. Das tue ich nie. Wenn ich die Straße langgehe, dann gehe ich auch den ganzen Weg. Das steckt tief in mir drin, eine Art Stolz. Eines Tages werde ich meine Hütte noch weiter weg in den Hügeln bauen, vielleicht sogar gänzlich ohne eine Hütte auskommen, Teil des Waldes werden. Dort läßt uns der Geist immer etwas Neues entdecken: ein Kraut, einen Sproß, eine Blume, vielleicht eine ganz kleine Blume. Du kannst viel Zeit mit ihr verbringen, sie betrachten, über sie nachdenken. Keine Rose, gelb, weiß, künstlich, groß. Ich habe gehört, sie züchten schwarze Rosen. Das ist unnatürlich. So was ist wider die Natur. Es macht uns schwach. Ich verabscheue es.

Während ich also älter werde, vergrabe ich mich mehr und mehr in den Hügeln. Der Große Geist hat sie für uns gemacht, für mich. Ich möchte mit ihnen verschmelzen, in sie einsinken und zu guter Letzt in ihnen verschwinden. Wie mein Bruder Lame Deer sagte, die Natur ist ganz und gar in uns, wir sind ganz und gar in der Natur. So soll es sein.

Thunder Cloud
Nordamerika/Winnebago

Als großer Heiler und erfahrener Giftmischer kannte Thunder Cloud die Wege der Ahnen wohl. Er war in der Lage, sich mit verblüffender Klarheit seiner früheren Leben, des Seins „zwischen den Leben" und der Erfahrungen seiner eigenen Geburten zu erinnern. Sein Volk liebte und verehrte diesen heiligsten und mächtigsten aller Schamanen. Und es fürchtete ihn auch wegen seines Rufes als Giftmischer und seiner bemerkenswerten Fähigkeiten als Heiler.

Sein Schwager Crashing Thunder beschrieb ihn als einen guten und rechtschaffenen Mann, der sich keinem verschloß.

Niemals stahl oder kämpfte er. Er hielt sich streng an die Pflichten, die er als Mitglied des heiligen Medizinritus zu erfüllen hatte. Crashing Thunder berichtet, daß Thunder Cloud starb, „nachdem er ein hohes und reifes Alter erreicht hatte". Demütig war er den Weg des Heiligen Ritus gegangen, wie es zu sein hatte. Der war nun zu Ende. Und er fuhr dort hinauf, wohin all jene gehen, die dem Geheiß des Ritus gefolgt sind. Dort in seiner neuen Heimstatt lebte er und dort heiratete er auch.

„Nachdem er einige Zeit dort zugebracht hatte, machte er sich für seine Rückkehr auf die Erde bereit. Einmal im Monat fastete er, und all die vielen Geister, die der Erdenschöpfer geschaffen hatte, gaben ihm ihren Segen. Und so wurde er nach einiger Zeit wiedergeboren, als Mensch geboren. Hier auf dieser Erde fastete er wieder, und die Geister von oben, die dort wohnen, wo der Erdenschöpfer sitzt, schenkten ihm alle ihren Segen. Also wurde er ein heiliger Mann, ein Schamane, in Wahrheit die Wiederverkörperung des Nordgeistes."[17]

Thunder Cloud wahrte die Tradition und war Mitglied der Medizintanzgesellschaft. Von ihren Mitgliedern hieß es, sie besäßen das Wissen, einander zu töten und darauf wieder zum Leben zu erwecken. Dieses Ritual von Tod und Wiedergeburt steigerte die Macht jener, die es durchliefen, und verlieh ihnen ein besonderes Wissen um den Tod. Bei den Winnebago konnten nur hervorragende Persönlichkeiten und Angehörige des Medizintanzes wiedergeboren werden. Thunder Clouds klare Erinnerungen an seine Tode und die Zeiten des Nachlebens lassen seine geachtete Stellung in dieser Gruppe erahnen.[18]

Ich lebte einmal bei einer kleinen Gruppe Indianer, die vielleicht zwanzig Zelte zählte. Als ich zum Burschen herangewachsen war, wenn auch noch nicht groß genug, um mit einem Gewehr umzugehen, da überfiel uns eine Horde auf dem Kriegspfad und tötete uns alle. Ich wußte jedoch nicht, daß ich getötet worden war. Ich nahm an, ich würde wie gewohnt herumlaufen, bis ich einen Haufen Leiber auf dem

Boden sah und meinen darunter. Es war keiner da, der uns begraben hätte, und so lagen wir da und verwesten.

Mein Geist wurde an den Ort gebracht, wo die Sonne sinkt. Dort lebte ich bei einem alten Paar. Das Land der Geister ist ein herrlicher Ort, und die Leute haben das schönste Leben. Wenn du irgendwohin gehen möchtest, dann brauchst du dich einfach nur dorthin zu wünschen, und schon bist du da. Während ich dort war, dachte ich, ich würde eigentlich ganz gern wieder auf die Erde kommen, und so sagte der alte Mann, bei dem ich wohnte, zu mir: „Mein Sohn, hast du nicht davon gesprochen, daß du gern wieder zurück auf die Erde wolltest?" In Wirklichkeit hatte ich nur daran gedacht, aber er wußte, was ich wollte. Dann sagte er zu mir: „Du kannst gehen, aber du mußt zuerst unseren Häuptling fragen." Ich ging also hin und erzählte dem Häuptling des Dorfes von meinem Begehren, und er sagte zu mir: „Du darfst gehen und an den Leuten Rache nehmen, die deine Verwandten getötet haben."

Dann wurde ich zur Erde hinuntergebracht. Ich ging nicht in den Schoß einer Frau ein, sondern ich wurde in einen Raum geführt. Dort blieb ich die ganze Zeit bei Bewußtsein. Eines Tages hörte ich den Lärm von kleinen Kindern, und so dachte ich: Ich will mal rausgehen und schauen. Dann kam es mir so vor, als ginge ich durch eine Tür, aber in Wirklichkeit wurde ich wieder aus dem Schoß einer Frau geboren. Wie ich hinausging, fuhr mich ein Schwall kalter Luft jäh an, und ich fing an zu schreien.

An dem Ort, wo ich aufwuchs, lehrte man mich sehr viel zu fasten. Später tat ich nichts weiter als in den Krieg ziehen, und mit Sicherheit nahm ich Rache für meinen eigenen Tod und den meiner Verwandten und erfüllte so den Zweck, um dessentwillen ich wieder auf diese Erde gekommen war.

Ich lebte da, bis ich an Altersschwäche starb. Ganz plötzlich lösten sich meine Knochen voneinander, meine Rippen fielen ein, und ich starb ein zweites Mal. Ich fühlte nicht mehr Todesqual als beim erstenmal.

Dieses Mal wurde ich in der damals gebräuchlichen Weise bestattet. Ich wurde in eine Decke eingewickelt und ins

Grab gelegt. Zuerst hatte man Stöcke ins Grab gelegt. Da verweste ich. Ich sah den Leuten zu, wie sie mich begruben.

Wie ich da lag, sagte jemand zu mir: „Komm, laß uns fortgehen." Wir gingen also ins Land der sinkenden Sonne. Dort gelangten wir an ein Dorf, wo wir alle Toten trafen. Man sagte mir, ich müßte dort vier Nächte lang Rast machen, aber in Wirklichkeit blieb ich vier Jahre dort. Die Menschen dort lassen es sich wohl sein. Sie haben alle möglichen Tänze von lebhafterer Art. Von jenem Ort aus fuhren wir dort hinauf, wo der Erdenschöpfer wohnt, und ich sah ihn und sprach zu ihm von Angesicht zu Angesicht, gerade so wie ich jetzt mit dir spreche. Ich sah auch die Geister, und tatsächlich war ich wie einer von ihnen.

Von dort kam ich zum drittenmal auf diese Erde, und da bin ich nun. Ich durchlebe das, was ich vorher schon kennengelernt habe.

Ganz am Anfang lehrten mich die da oben. All die verschiedenen Geister, die da oben in den Wolken leben, in einem Heilerdorf, kamen zu mir und unterwiesen mich darin, was ich tun sollte. Sie lehrten mich, und zwar so: „Laß es uns hiermit versuchen", sagten sie. Dort in der Mitte der Hütte lag ein modriger Baumstamm, fast ganz mit Grün überwachsen. Sie wollten, daß ich dieses Holz behandelte. Ich hauchte es an, und alle in dieser Geisterhütte hauchten es gleichfalls an. Dann hauchte ich es ein zweites Mal an und sie mit mir. Dann tat ich es ein drittes und ein viertes Mal. Nach dem vierten Mal stand das Moderholz auf und ging fort. Daraufhin sagten die Geister zu mir: „Menschenwesen, wahrlich, sehr heilig bist du."

Aus der Mitte des Meeres, aus dem Schamanendorf, kamen sie zu mir. Sie segneten mich, alle Geister inmitten des Meeres. Sie hießen mich meine Kraft versuchen. So viele Wellen es gibt, alle so groß wie das Meer, auf diese, so sagten sie, solle ich blasen. Und wie ich blies, wurde es ganz still, wie das Wasser in einem kleinen Teller. Genau so. Dann blies ich ein drittes Mal, und es war dasselbe. Beim vierten Mal wühlten die Geister das Meer auf, und die Wellen türmten sich auf, eine über die andere. Dann wiesen sie mich an, erneut zu blasen und meine Kraft zu zeigen. Ich blies, und das Meer, so mächtig es auch war, wurde wieder ganz still. „Dies also, Menschenwesen, wirst du zu tun haben", sagten sie zu mir. „Es wird nichts geben, das du nicht vollbringen kannst. Welche Krankheit einer auch haben mag, du wirst ihn heilen können."

Alle Geister auf der Erde segneten mich. „Wenn irgendein Mensch, der Schmerzen leidet, dir ein Tabakopfer bringt, so werden wir alles, was du verlangst, für dich tun", sagten mir die Geister.

Am Blue Clay Bank (St. Paul) lebt nun einer, der ist ein tanzender Grizzlybärgeist. War ich in großer Not, so sollte ich ihm Tabak ausstreuen, so viel ich für nötig hielt, und er würde mir helfen. Dieser Grizzly gab mir Gesänge und die Kraft, heilige Dinge zu schauen. Er gab mir seine Klauen, Klauen, die heilig sind. Dann tanzte der Grizzly, und während er tanzte, zeigte er mir etwas. Er riß sich den Bauch auf und heilte sich wieder, indem er sich heilig machte. Dies wiederholte er. Ein Grizzly schoß Klauen auf den anderen ab, und der Verwundete erstickte fast an seinem Blut. Dann machten sich die beiden wieder heilig und heilten sich. Sie ließen eine Vordertatze in der Erde verschwinden und zogen nach einer Weile einen Drüsenklee hervor. Schließlich packten sie sich einen kleinen Pflaumenbaum, hauchten ihn an, und viele Pflaumen fielen herab.

Die Gebete an die Geister

Hier, o Feuer, ist der Tabak für dich. Du versprachst, mir jeden Wunsch zu erfüllen, wenn ich dir welchen opferte. Nun also lege ich Tabak auf dein Haupt nieder, wie du es mir gewiesen hast, als ich vier Tage fastete und du mich segnetest. Ich überbringe dir das Flehen eines kranken Menschen. Er möchte leben. Dieser Tabak ist für dich, und ich bete, daß dem Kranken innerhalb von vier Tagen seine Gesundheit wiedergegeben werde.

Auch dir, o Büffel, opfere ich Tabak. Ein Mensch ist krank und opfert dir Tabak und bittet dich, ihm die Gesundheit wiederzugeben. So gib auch deine Macht, die ich damals von dir empfing, als ich sechs Tage fastete und du deine Geister zu mir sandtest. Sie führten mich in dein Haus, das in der Mitte der Erde steht und das vollkommen weiß ist. Dort habt ihr mich gesegnet, ihr Büffel der vier Farben. Nun habe ich jene Segnungen nötig, die ihr mir damals schenktet. Nun habe ich jene Macht des Atems nötig, mit der ihr mich segnetet. Gebt eure Kraft zu meiner, wie ihr versprochen habt.

Dir, Grizzly, opfere ich gleichfalls Tabak. An einem Ort, genannt *Der Spitze Hügel*, da lebt ein Geist, der einer Zeremonienhütte vorsteht, und der gehören alle anderen Grizzlies an. Ihr alle segnetet mich, und ihr sagtet mir, ich würde töten können, wen ich wollte, und ich würde jeden auch wieder ins Leben zurückrufen können. Jetzt habe ich Gelegenheit, einen Menschen leben zu lassen, und ich möchte ihm helfen.

Hier also ist Tabak für euch. Ihr führtet meinen Geist in euer Haus, nachdem ich zehn Tage gefastet hatte, und ihr segnetet mich dort. Die Kräfte, mit denen ihr mich dort segnetet, erbitte ich nun von euch. Hier ist etwas Tabak, den die Menschen euch opfern, Großväter.

Dir, o Häuptling der Aale, der du in der Mitte des Meeres lebst, opfere ich Tabak. Du segnetest mich, nachdem ich acht Tage gefastet hatte. Mit deiner Macht des Atems und mit deinen unerschöpflichen Wassern segnetest du mich. Du sagtest mir, ich könnte meine Segnung stets dann benutzen, wenn ich einen Patienten zu heilen suchte. Du sagtest mir, ich könnte die Wasser der Meere benutzen, und du segnetest mich mit allem, was sich im Wasser findet. Ein Mensch ist zu mir gekommen und bat mich um Leben. Da ich ihm Leben wünsche, wende ich mich an dich. Wenn ich auf den Patienten spucke, möge die Kraft meines Speichels gleich der deinen sein. Daher opfere ich dir Tabak. Hier ist er.

Dir, Schildkröte, die du einer Schamanenhütte vorstehst, die du mich segnetest, nachdem ich sieben Tage gefastet hatte, die du meinen Geist zu deinem Haus trugst, ins Haus der Raubvögel, dir opfere ich Tabak. Du segnetest mich und sagtest mir, sollten zu irgendeiner Zeit Menschen Schmerz leiden, so wäre ich imstande, ihnen den auszutreiben. Du gabst mir den Namen *Der den Schmerz austreibt*. Nun habe ich einen Patienten mit großen Schmerzen vor mir, und ich möchte ihm die austreiben. Dies stünde in meiner Macht, so sagte mir der Geist, als sie mich segneten, bevor ich wiedergeboren wurde. Hier ist Tabak.

Zu dir, o Klapperschlange, die du makellos weiß bist, die du der Schlangenhütte vorstehst, zu dir bete ich. Du segnetest mich mit Klappern, die ich um meine Kürbisrassel band. Du sagtest mir, nachdem ich vier Tage gefastet hatte, daß du mir helfen würdest. Du sagtest, mir würde nie etwas mißlingen, das ich versuchte. Wenn ich dir nun also Tabak opfere und meine Rassel schüttele, möge denn mein Patient leben, und möge ihm das Leben aufgetan werden. Das hast du mir versprochen, Großvater.

O Nachtgeister, auch euch grüße ich. Ihr segnetet mich, nachdem ich neun Tage gefastet hatte. Ihr brachtet meinen Geist in euer Dorf, das im Osten liegt, und dort gabt ihr mir eure Flöten. Ihr sagtet mir, sie seien heilig. Auch meine Flöte machtet ihr heilig. Um eure Flöten bitte ich euch nun, denn ihr wißt, daß ich die Wahrheit spreche. Ein Kranker ist zu mir gekommen und hat mich gebeten, ihn zu heilen. Ich möchte, daß er lebt, und so spreche ich zu euch. Ihr habt mir versprochen, meinen Tabak jederzeit anzunehmen. Hier ist er.

Auch dir, o Krankmacher, opfere ich Tabak. Nachdem ich zwei Tage gefastet hatte, tatest du mir kund, daß du derjenige seist, der krank macht. Sollte ich einen Menschen heilen wollen, so würde mir das leichtfallen, wenn ich von dir gesegnet wäre. Also, Krankmacher, opfere ich dir Tabak, und ich bitte, daß diesem Kranken, der zu mir gekommen ist, wieder Gesundheit gegeben werde.

Dir, o Sonne, opfere ich Tabak. Hier ist er. Du segnetest mich, nachdem ich fünf Tage gefastet hatte, und du sagtest mir, du würdest mir stets zu Hilfe kommen, wenn ich etwas Schweres zu tun hätte. Nun ist einer hier, der um Leben gefleht hat. Er hat mir gute Tabakopfer gebracht, weil er weiß, daß du mich gesegnet hast.

Dir, Großmutter Erde, opfere ich gleichfalls Tabak. Du segnetest mich und versprachst, mir stets zu helfen, wenn ich dich brauchte. Du sagtest, ich könnte die besten Kräuter benutzen, die auf dir wachsen, und ich wäre immer fähig, mit ihnen Heilung zu wirken. Inständig bitte ich dich nun um diese Kräuter, und ich bitte dich, mir diesen kranken Mann heilen zu helfen.

DICK MAHWEE
Nordamerika/Paviotso

Wie viele Paviotso-Schamanen erlangte Dick Mahwee seine Kraft nicht vor seinem fünfzigsten Lebensjahr. Als junger Bursche hatte dieser spätere Schamane vom Pyramid Lake in Nevada Träume über das Heilen anderer Menschen gehabt, aber er hatte diese Zeichen nicht ernst genommen. In seinen reifen Jahren entschloß er sich aus eigenem Antrieb, sich in eine heilige Höhle zu begeben, um jene Kraft zu suchen, die den Heilern gegeben werden kann.

Dick Mahwee hat gesagt, daß jemand, der bereit für die Kraft ist, allein in eine Höhle gehen muß, die als Ort zur Erlangung von Wissen bekannt ist. Er darf sich genug Essen für eine Mitternachts- und eine Morgenmahlzeit mitnehmen. Beim Eintritt in die Höhle bittet der Anwärter ohne großes Zeremoniell einfach und direkt um die besondere Art Kraft, die er begehrt. Dann bereitet er ein Nachtlager. Die Kraft kommt nur, wenn die Bitte aufrichtig und der Sinn ganz auf das Begehren gerichtet ist.

Mahwees Heilkraft kam vom Urgeist der Nacht. Er konnte ebenfalls über die Kraft der Sonne, die Geister von Adler und Krähe sowie den Geist eines Pit-River-Indianers verfügen. Die nächtlichen Heilzeremonien, die er und andere Paviotso-Schamanen abhielten, fanden nur im Dunkel der Nacht statt, denn nur dann erscheint dem Schamanen die „zweite Nacht", die unsichtbare Nacht des Geisteruniversums.

Mahwee, einem Meister der Trance, kamen seine Heilgesänge durch die an einem Zauberstab befestigten Adlerfedern, einem Stab, den er dicht neben dem Kopf eines Kranken in den Boden steckte. Wegen seiner Gabe, in tiefe Trance einzutreten und in die Welt der Geister zu reisen, wurde Dick Mahwee als ein mächtiger Schamanenheiler angesehen.[19]

Als ich ein junger Mann war, hatte ich Träume, in denen ich Leute behandelte. Ich nahm diese Träume nicht ernst. Mein Onkel war ein Heiler. Er wußte, was auf mich zukam. Er sagte mir, ich solle mich beim Reden vorsehen, nichts Rohes sagen, um nicht die Geister zu verärgern. Aufgrund dieser Träume wurde ich jedoch nicht zum Heiler. Ich entschloß mich viel später, in die Höhle bei Dayton zu gehen. Ich war damals um die Fünfzig. Mein Onkel wies mich nicht an, dorthin zu gehen. Ich entschloß mich einfach von selbst.

Ich ging gegen Abend in die Höhle. Sobald ich drinnen war, betete ich und bat um die Kraft, Krankheiten zu heilen. Ich sagte: „Die Menschen meines Volkes sind krank. Ich will sie retten. Ich will sie gesund erhalten. Du kannst mir helfen, sie gesund zu machen. Ich möchte, daß du mir hilfst, sie zu retten. Wenn sie gestorben sind, gib mir die Macht, sie zurückzubringen!" Dies sagte ich zu dem Geist in der Höhle. Er ist keine Person. Er geht mit dem Dunkel einher. Dies ist ein Gebet an die Nacht.

Dann versuchte ich einzuschlafen. Es war nicht leicht, dort zu schlafen. Ich hörte alle möglichen Geräusche. Ich konnte alle Tiere hören. Bären waren da, Berglöwen, Hirsche und andere Tiere. Sie waren alle in Höhlen im Berg. Nachdem ich eingeschlafen war, konnte ich Leute bei einer Heilzeremonie hören. Sie waren unten am Fuß des Berges. Ich konnte ihre Stimmen und ihre Gesänge hören. Dann hörte ich den Patienten stöhnen. Ein Heiler sang und behandelte ihn. Eine Frau mit einem Salbeizweig in der Hand tanzte. Sie bewegte sich um das Feuer und hüpfte bei jedem Schritt. Jedesmal wenn sie hüpfte, sagte sie: „Hej, hej, hej." Dann sprenkelte der Schamane mit einem Salbeizweig Wasser über den Patienten. Das Singen und Tanzen zogen sich lange hin. Dann hörte das Singen auf. Der Patient war gestorben, und die Menschen fingen an zu weinen.

Nach einer Weile begann der Felsen, neben dem ich schlief, wie berstendes Eis zu krachen. Ein Mann erschien in dem Spalt. Er war groß und dünn. Er hatte die Schwanzfeder eines Adlers in der Hand. Er sagte zu mir: „Du bist hier. Du hast die rechten Worte gesagt. Du mußt tun, was ich dir sage. Tu es, oder du wirst Schwierigkeiten bekommen. Wenn du behandelst, mußt du den Weisungen folgen, die dir die Tiere geben. Sie werden dir sagen, wie die Krankheit zu heilen ist. Ich habe diese Feder in der Hand. Du mußt dir Federn wie diese besorgen. Du mußt auch die Dinge finden, die dazugehören. Besorg dir dunkle Perlen. Steck sie auf die Federkiele und binde einen Wildlederstreif an die Kiele. Besorg dir auch einen Hirschhuf und Daunen vom Adler. Damit kannst du zu den Menschen gehen und sie heilen. Dies sind deine Waffen gegen die Krankheit. Du mußt dir drei Rollen Kautabak besorgen. Mit ihnen kannst du deinen Patienten sagen, was sie krank gemacht hat, und dann kannst du sie heilen. Der Tabak wird dir auch helfen, wenn du die Krankheit heraussaugst und dir Klumpen im Hals steckenbleiben. Hiermit beginnst du, ein Heiler zu sein. Du wirst deine Gesänge empfangen, wenn du behandelst. Die Gesänge sind jetzt auf einer geraden Linie (fertig zum Gebrauch). Bade im Wasser am Fuß des Felsens, und mal dich mit *I-bi* (weißer Farbe) an."

Dann wachte ich auf. Es war Tag. Ich schaute mich um, aber ich konnte niemanden sehen. Der Mann war fort, und es gab keinerlei Anzeichen für die Tiere oder die Menschen, die gesungen und behandelt hatten. Dann tat ich, wie der Geist befohlen hatte, und wartete darauf, ein Heiler zu werden. Im Laufe von etwa sechs Jahren hatte ich ausreichend Unterweisung erfahren, um mit dem Heilen anzufangen.

Der Heiler empfängt seine Kraft vom Geist der Nacht. Dieser Geist ist überall. Er hat keinen Namen. Es gibt kein Wort für ihn. Die Indianer halten diesen Geist für so heilig, daß sie fürchten, der Geist würde böse werden, wenn sie ihn bei einem Namen nennen würden. Keiner hat es je gewagt, ihm einen Namen zu geben.

Adler und Eulen geben einem Schamanen keine Kraft. Sie sind nur Boten, die Weisung bringen vom Geist der Nacht. Manche Heiler haben Wasserkinder zu Boten. Sie werden gerufen, wenn der Schamane behandelt. Sie geben ihm nicht seine Kraft, sie bringen nur Botschaft vom Geist der Nacht. Wenn der Schamane einen Patienten behandelt, ruft er nach den Wasserkindern, und sie bringen ihm Unterweisung vom Geist.

Zu der Zeit, wenn der Geist der Nacht die Kraft zum Behandeln verleiht, weist er den Schamanen an, die Wasserkinder um Hilfe zu bitten oder den Adler, die Eule, den Hirsch, die Antilope, den Bären oder sonst einen Vogel oder ein Tier.

Wenn Schamanen Kraft empfangen, so kommt die immer von der Nacht. Sie werden geheißen, nur bei Nacht zu behandeln. Diese Kraft hat nichts mit dem Mond oder den Sternen zu tun. Ich kannte eine Frau, die nahm Sonne, Mond und Sterne zu ihrer Kraft. Ich sah sie ihre Pfeife stopfen, und gerade als die Sonne aufging, paffte sie und fing an zu rauchen. Ich habe sie dies etliche Male tun sehen. Ich beobachtete sie genau, aber sie benutzte keine Streichhölzer. Ihre Kraft entzündete die Pfeife.

Ich rauche, bevor ich in Trance gehe. Während ich in Trance bin, macht keiner irgendein Geräusch. Ich gehe hinaus, um nachzusehen, was mit dem Patienten geschehen wird. Sehe ich einen Wirbelwind, weiß ich, daß er die Krankheit hervorrief. Sehe ich den Patienten auf Gras und Blumen wandeln, heißt das, er wird wieder gesund. Bald wird er auf den Beinen sein und umhergehen. Sehe ich den Patienten zwischen frischen Blumen, und er pflückt welche, heißt das, er wird wieder genesen. Sind die Blumen welk oder sehen aus, als hätte sie der Frost getötet, weiß ich, daß der Patient sterben wird. Manchmal sehe ich in einer Trance den Patienten über den Erdboden gehen. Läßt er dabei Fußspuren zurück, weiß ich, daß er leben wird, aber wenn es keine Spuren gibt, kann ich ihn nicht heilen.

Wenn ich aus der Trance zurückkomme, singe ich. Ich singe lauter und lauter, bis ich völlig bei Bewußtsein bin. Dann stellen mich die Männer auf die Füße, und ich mache mit dem Behandeln weiter.

Isaac Tens
Nordamerika/Gitksan

Als Isaac Tens, ein Gitksan-Indianer, dreißig Jahre alt war, widerfuhr es ihm mehrmals, daß er in tiefe und beunruhigende Trancezustände verfiel. Darin erschienen ihm furchterregende Visionen: Visionen großer wilder Tiergeister, große, schlangengleiche Bäume, die ihn jagten, Fliegen, die ihm übers Gesicht krabbelten sowie eine lärmende Menge, die ihn verfolgte. Einmal fühlte er, wie er in einem Strudel trieb, ein andermal schien gar sein Fleisch zu kochen. Dinge tauchten auf und verschwanden, daß es ihn grauste. Oft erwachte er aus seinen Trancen und entdeckte, daß er verletzt war und blutete.

Später begannen Gesänge aus ihm hervorzubrechen. Da er nun endlich erkannte, daß er ein Schamane werden sollte, zog er sich für ein Jahr zu einem mehr oder weniger abgeschiedenen Dasein zurück, und weitere Gesänge erwachten in ihm. Am Ende dieser Spanne rief sein Vater seinem Sohn andere Medizinmänner zu Hilfe, auf daß sie ihn für die nächste Phase seiner Einweihungsreise „stärkten".

Ein weiteres Jahr brachte er fastend und träumend zu. Die ganze Zeit über wurde der Lehrling, der jetzt mittleren Alters war, von den Halaait-Heilern ausgebildet. Nach diesen Jahren der Vorbereitung war er endlich so weit, sich an einer Heilung versuchen zu können. Dies tat er mit so großem Erfolg, daß sein Ruhm in der ganzen Gegend schnell die Runde machte.

Medizinmänner wie Tens verfügen gewöhnlich über fünfzehn bis zwanzig Gesänge. Tens jedoch verfügte über drei

Gruppen von Gesängen, insgesamt dreiundzwanzig. Diese Gesänge waren das Herzstück der Heilsitzungen, und sie erhoben sich nur dann, wenn der Schamane in Trance gefallen war.

Als Marius Barbeau diese erstaunliche Schilderung im Jahre 1920 aufzeichnete, hatte der alte Medizinmann seinen Beruf aufgegeben und war zum Christentum übergetreten.[20]

Dreißig Jahre nach meiner Geburt war es so weit, daß ich ein *Swanassu* (Medizinmann) wurde. Ich ging in die Hügel hinauf, um Brennholz zu sammeln. Während ich das Holz scheitete, wurde es dunkel, und der Abend zog auf. Bevor ich mit meinem letzten Holzstoß fertig war, erscholl plötzlich hinter mir ein lautes Geräusch, *chhhhhhuuuh,* und eine große Eule erschien mir. Die Eule packte mich, hielt mein Gesicht und versuchte, mich hochzuheben. Ich verlor das Bewußtsein. Als ich wieder zu Sinnen kam, merkte ich, daß ich in den Schnee gefallen war. Mein Kopf war mit Eis überzogen, und aus meinem Mund tropfte Blut.

Ich stand auf und ging den Pfad hinunter, schritt kräftig aus, und hatte mir etwas Holz auf den Rücken gebunden. Unterwegs schienen die Bäume zu schwanken und sich über mich zu beugen. Hohe Bäume krochen hinter mir her, als ob sie Schlangen wären. Ich konnte sie sehen. Bevor ich richtig im Haus meines Vaters war, erzählte ich meinen Leuten auch schon, was mir widerfahren war, gleich als ich reinkam. Mir war sehr kalt, und ich wärmte mich auf, bevor ich zu Bett ging. Dort fiel ich in eine Art Trance. Anscheinend wirkten zwei *Halaaits* (Medizinmänner) über mir, um mich wieder gesund zu machen. Aber das ist jetzt alles sehr blaß in meiner Erinnerung. Als ich aufwachte und die Augen aufschlug, dachte ich, mein Gesicht sei völlig von Fliegen bedeckt. Ich schaute hinab, und statt mich auf festem Boden zu befinden, fühlte ich, daß ich in einem ungeheuren Strudel trieb. Mein Herz pochte wild.

Die Medizinmänner, die über mir wirkten, waren *Kceraw'-inerh* (*Kceraw'inerhlorhs*: die Sonne leuchtet hervor, am

Morgen) vom Hause der Lutkudzius, Gyedemraldo und Meeky. Während ich in Trance war, sagte mir einer von ihnen, die Zeit sei für mich gekommen, ein *Halaait* zu werden. Ich aber wollte es nicht wahrhaben, und so schenkte ich dem Rat keinerlei Beachtung. Die Sache ging, wie sie gekommen war, ohne Folgen.

Ein andermal ging ich in meine Jagdgründe, auf der anderen Seite dieses Flusses hier, gegenüber *Temlarham* (Gutes Land von alters her), am Fuß des Rocherdéboulé. Als ich dort anlangte, hatte ich zwei Marder in meinen Fallen; ich zog ihre Pelze ab und warf Fleisch und Knochen fort. Ein Stück weiter sah ich nach einer Bärenhöhle zwischen den hohen Bäumen. Als ich nach oben schaute, sah ich eine Eule auf der Spitze einer hohen Zeder. Ich schoß sie, und sie fiel neben mir ins Gebüsch. Als ich ging, sie aufzuheben, war sie verschwunden. Nicht eine Feder war da. Das kam mir sehr seltsam vor. Ich ging den Fluß hinunter, überquerte das Eis und kehrte zum Dorf bei Gitenmaks zurück. Als ich an meinen Fischfangplatz auf der Landspitze kam, hörte ich den Lärm einer Menschenmenge um das Rauchhaus herum, als ob ich weggejagt würde, verfolgt. Ich wagte nicht, mich umzusehen. Dann wirbelte ich herum und schaute hinter mich. Es war niemand zu sehen, nur Bäume.

Ein weiteres Mal überkam mich eine Trance, und ich fiel ohnmächtig hin. Als ich zu mir kam, war mein Kopf von einer Schneewehe verschüttet. Ich erhob mich und ging auf dem Eis den Fluß hinauf zum Dorf. Dort traf ich meinen Vater, der gerade rausgekommen war, um nach mir zu schauen, denn er hatte mich vermißt. Zusammen gingen wir zurück zu meinem Haus. Dann begann mein Herz schnell zu schlagen, und ich fing an zu zittern, genau wie zuvor, als die *Halaaits* versucht hatten, mich gesund zu machen. Mein Fleisch schien zu kochen, und ich hörte *chhhhhhuuuh*. Mein Körper bebte. Während ich in diesem Zustand blieb, fing ich an zu singen. Ein Gesang kam aus meinem Innern, ohne daß ich irgend etwas hätte tun können, ihn zurückzuhalten. Viele Dinge tauchten gleichzeitig vor mir auf: riesige Vögel und andere Tiere. Sie riefen mich. Ich sah einen *Meskyawawderh* (eine Vogelart) und einen *Mesqagweeuk* (Kaulkopf). Die waren nur mir sichtbar, nicht den anderen im Haus. Solche Visionen treten auf, wenn einer zum *Halaait* wird; sie kommen ganz von selbst. Die Lieder dringen von selbst nach draußen und sind vollkommen; es braucht keinen Versuch, sie zu erdichten. Aber ich lernte und behielt diese Gesänge, indem ich sie wiederholte.

Im folgenden Jahr dichtete ich mir mehr Lieder und widmete meine ganze Zeit dieser neuen Erfahrung, ohne sonst eine Arbeit zu tun. Ich legte mich damals im Haus meines Vaters hin, denn ich fühlte mich krank. Vier Leute sahen ständig nach mir, um meine neuen Lieder zu hören, und sie gaben keine Ruhe, bevor sie sie nicht auch gelernt hatten.

Meine Pfleger waren *Kaldirhgyet* (Gespaltener), *Andawlerhsemhlorhs pistaei* (Das Waldhuhn wärmt sich in der Sonne), *Waralsawal* (Narr oder Idiot; ein *Narhnorh* oder Geist) und *Arhkawdzem Tsetsauts* (Der *Tsetsauts* ist gedankenlos; auch ein *Narhnorh*). Sie waren Vettern von mir. Alle vier waren wie ich Mitglieder des Wolfklans (*Larhkibu*). Ständig wachten sie über mich.

Eines Tages, ein Jahr darauf, rief mein Vater die *Halaaits* im Dorf zusammen, daß sie kämen und über mir wirkten. Das erste, was sie an mir taten, war, mich zu stärken, das heißt, sie hoben mich von meinem Lager und führten mich im Raum herum. Da war ich wirklich gestärkt. Um ihre Dienste zu bezahlen, verteilte mein Vater einen Großteil seines Eigentums an all diejenigen, die sich versammelt hatten, um dem Ereignis beizuwohnen.

Das war die Zeit, als ich ein *Swanassu* (Medizinmann) wurde. Es war die Fastenzeit, in der man danach strebt, ein *Halaait* zu werden. Ich mußte Träume haben, bevor ich würde wirken können. Diese Zeit dauerte ein Jahr, abgeschieden im Haus meines Vaters, ohne Berührung mit anderen Leuten, abgesehen von den vier Wärtern.

Die Medizinmänner lehrten mich: „Wir schauen uns den Patienten an und bestimmen sein Leiden. Manchmal ist ein schlechter Gesang in seinem oder ihrem Innern, manchmal ein *Narhnorh* (ein Geist)."

Als ich später zum erstenmal auf mich gestellt einen Kranken behandelte, hatte ich eine neue Vision. Die *Halaait*-Heiler schulten mich noch, lehrten mich noch. Aus diesem Grund war ich zu allem *Swanassu*-Wirken geladen. Sobald ich in der Lage war, allein herumzugehen, fing ich an, die Fälle durch Träumen zu bestimmen (*wawq:* schlafen oder *ksewawq:* träumen), mit Hilfe meiner Lehrer. Ich erwarb Fetische, das heißt Dinge, von denen ich träumte: *Hogwest* (die Bärenschlinge), *Hlorhs* (der Mond) und *Angohawtu* (Schwitzhaus). Und außerdem hatte ich von folgenden Fetischen geträumt: vom Nerz (*Nes'in*), vom Otter (*Watserh*) und vom Kanu (*'Mal*).

Ich erwarb Fetische, wenn ich Patienten behandelte. Ich benutzte einen Fetisch (*Aatirh*) und hielt ihn zunächst über mich, dann über den Körper des Menschen, aus dem ich die Krankheit oder das Leiden herausziehen sollte. Er war nie ein wirklicher Gegenstand, sondern nur einer, der in einem Traum erschienen war. In einem Traum, den ich einmal in den Hügeln hatte, sah ich ein Kanu (*'Mal*). Es erschien mir sehr oft im Traum. Manchmal glitt es übers Wasser, manchmal über die Wolken. Wenn es irgendwo Schwierigkeiten gab, konnte ich mein Kanu in Visionen schauen.

Meine erste Patientin war eine Frau, das Weib des Häuptlings Gitemraldaw. Ihr voller Name war *Niskyaw-romral'awstlegye'ns* (Kleiner Holzkasten zum Beerensammeln). Sie war sehr krank, seit langem schon, und sie war zuvor von verschiedenen *Halaaits* behandelt worden, doch ohne Erfolg. Man rief mich, um zu sehen, ob ich etwas für sie tun könnte. Ich ging also in ihr Haus und wies die Leute an, erst einmal ein Feuer anzufachen. Wie ich über ihr zu singen begann, klopften viele Leute um mich herum mit Stöcken auf Bretter und schlugen Felltrommeln für mich. Mein Kanu kam in einem Traum zu mir, und viele Leute saßen darin. Das Kanu selbst war der Otter (*Watserh*). Die Frau, die ich behandelte, saß mit den anderen in diesem Otterkanu. Zu dem Zeitpunkt waren etwa zwanzig andere

Halaaits im Haus. Ihnen legte ich meine Vision dar und fragte: „Was soll ich tun? Die Frau dort sitzt im Kanu, und das Kanu ist der Otter." Sie antworteten: „Versuch sie rauszuziehen."

Ich sagte ihnen: „Teilt das Feuer in zwei und schafft einen Gang dazwischen." Viermal ging ich diesen Gang auf und ab, während die anderen *Halaaits* ständig sangen, bis sie müde waren. Dann trat ich an die Lagerstatt, auf der die kranke Frau lag. Eine große Erregung brach unter den Singenden sowie unter denen aus, die die Trommeln und die Bretter schlugen. Ich legte meine Hand auf ihren Bauch und ging um ihr Lager herum, wobei ich unablässig versuchte, das Kanu aus ihr herauszuziehen. Es gelang mir, es sehr dicht bis an die Oberfläche ihrer Brust zu ziehen. Ich packte es, zog es heraus und legte es in meine eigene Brust. Das tat ich.

Zwei Tage später stand die Frau aus dem Bett auf, sie war geheilt. Mein Ansehen als *Halaait* stieg gewaltig. Und zwar, weil die anderen es nicht geschafft hatten, irgend etwas bei ihr auszurichten, und ich hatte Erfolg gehabt. Mehr Anfragen erreichten mich von überall her, bis hin zum Dorf Gitsegyukla. Gewöhnlich ging bei meiner Arbeit alles glatt. Die Bezahlung für die Behandlung konnte bis zu zehn Decken betragen, im voraus, pro Patient, oder sie konnte auch nur eine Decke betragen. Aber wenn der Behandelte später starb, wurden die Decken zurückgegeben. Die Bezahlung hing vom Wohlstand der Familie ab, welche die Dienste in Anspruch nahm, und auch von der Sorge der Verwandten des Kranken, die den Heiler dazu drängen wollten, sein Äußerstes zu tun. Sollte ein *Halaait* oder *Swanassu* es ablehnen, einen Patienten zu behandeln, könnte er in den Verdacht geraten, selbst die Ursache der Krankheit oder gar des Todes zu sein, wenn es so weit kommen sollte. In dem Fall wären die Verwandten auf Rache aus und würden den Verdächtigen töten. So war das harte Gesetz des Landes. Aber es waren keine Fälle bekannt, in denen ein Heiler einer Aufforderung, notleidenden Menschen zu helfen, nicht nachgekommen wäre.

Swanassu-Gesänge

Erster Gesang

> Der Geisterlachs wird schwach, wenn ich es werde.
> Das große Dorf wird geheilt sein, wenn mein Lachsgeist herbeischwimmt.
> Der Häuptling der Lachse schwimmt in der Schlucht unter mir.
> Das Drosselweibchen ist mit mir fortgeflogen.

Dies kann dem Verstand nicht erklärt werden, denn es ist eine Vision, und Visionen sind nicht immer einsichtig. In meiner Vision träumte mir, ich sei sehr krank, und mein Geist wurde krank wie ich. Er war wie ein Mensch, hatte aber keinen Namen. Im selben Traum sah ich, daß eine große Wanderung der Lachse unter der Führung eines gewaltigen Lachses stattgefunden hatte. Dies sollte Erleichterung für das hungernde Volk bringen. Der riesige Lachs erschien mir in meiner Vision, obwohl er ganz tief unten in der Schlucht war. Das Drosselweibchen kam zu mir, und sie erhob mich aus meiner Krankheit. So wurde ich geheilt.

Zweiter Gesang

> *Wahawhala – iyaw yaw'ehehe.* (Kehrreim)
> Der Grizzly soll weit von hier weggehen hinter den Himmel.

Beim Singen wurden hierbei die eigentlichen Worte nicht ausgesprochen, nur die sinnlosen Silben des Kehrreims. Aber ihr Sinn wurde im Kopf behalten, obwohl sie nicht als Geheimnis angesehen wurden: „Der Halaait – in seiner Vision sieht er die Feuer des einfachen Volkes durch den Boden."

Als ich mich zum Gesang bereitmachte, fiel ich in eine Trance und sah ein weites, gutes Feld. In dessen Mitte stand ein Haus. Ich ging hinein und erblickte meinen Onkel

Tsigwee, der ein *Halaait* gewesen war. Er war etliche Jahre zuvor gestorben. Dann erschien mir ein anderer Onkel – Gukswawtu. Sie waren beide in ihren Tagen gleich berühmt gewesen. Die Gesänge von eben hörte ich sie singen. Während sie sangen, rannte der Grizzly durch die Tür und lief einmal im Kreis. Dann erhob er sich in die Luft, hinter die Wolken, beschrieb einen Bogen und kam zurück zum Haus. Meine Onkel nahmen je eine Rassel und drückten sie mir in die Hände. Daher benutze ich immer zwei Rasseln in meinen Ritualen. In meiner Vision erblickte ich viele brennende Feuer unter dem Haus. Sobald ich aus dem Haus ging, war meine Trance vorbei. Von da an sang ich diese Gesänge gerade so, wie ich sie in meiner Vision gelernt hatte.

Dritter Gesang

> In der großen Quelle sind meine Füße festgehalten.
> Die Muschelschale ist es, die meine Füße hält.

In der Vision für diesen Gesang träumte ich von einem See oder einem großen Teich, und ich tauchte meine Füße hinein. Ich sank hinab, bis weit über die Knie, und ich konnte nicht mehr freikommen.

Vierter Gesang

> *Heyuwaw haye – hayawa'nigwawhs – eyiwaw!* (Ausruf)
> Der Geist des Bienenstocks zersticht meinen Leib.
> In meiner Vision macht Großmutter mich wachsen.

Es ist, als ob sie sich um einen kleinen Jungen kümmerte. In meiner Vision ging ich in einem fremden Land herum, das man nicht beschreiben kann. Dort sah ich riesige Bienenstöcke, aus denen Bienen schossen und mich am ganzen Leib zerstachen.

Fünfter Gesang

> Die Berge sprachen zueinander, als ich umherging.
> Ich stieg in den Fluß, wo er den Lärm der Schlucht macht.
> Ich wandere auf meinem Pfad, einen Steilhang hinab.

In meiner Vision stand ich am Rand der Schlucht, und ich konnte nicht von der Kante zurücktreten, denn hinter mir war der steile Berg. Ein großer Lärm erhob sich aus der Schlucht. Ich fiel ins Wasser, aber ich landete im Kanu, das da war. In ihm trieb ich fort. Dann erhob es sich mit mir in den Berg. Zwei Berggipfel standen da. Ich trieb zwischen ihnen. Diese Gipfel machten ein Geräusch wie Glocken, und ich wußte, daß sie zueinander sprachen. Nun befand ich mich auf einem Steilhang auf der Seite eines der Berge. Ich bahnte mir einen Pfad zum Boden.

Sechster Gesang

> In wessen Kanu stehe ich mit einem Fremden?
> Es treibt zwischen den Strudeln umher.

In meiner Vision wurde ich in meinem Kanu an viele Plätze gebracht, zwischen die Bäume, wo ich zurückgelassen wurde. Doch unter meinem Kanu wichen sie zurück. Mein Kanu trieb immer weiter, ob auf dem Land oder im Wasser.

Wenn man mich ruft, einen Patienten zu behandeln, gehe ich in so etwas wie eine Trance, und ich erdichte ein Lied, oder ich lasse eines für die Gelegenheit wiederaufleben.
    Nur als letzte Zuflucht greife ich zu meinen Fetischen (*Hogwest*), nur wenn ich in großen Schwierigkeiten bin. Dann lege ich ein Bärengewand an, ich benutze einen Kopfputz aus Bärenklauen, und ich stecke meinen Hals durch eine Schlinge (*Hogwest*). Ich hänge mich daran auf. Das heißt, ich hänge natürlich nicht wirklich daran, sondern ich bin durch dieses Halsband gebunden, und den Strick haben

die anwesenden Leute in der Hand. Wir fallen Seite an Seite hin. Und mit voller Wucht werfe ich mich auf den Nacken. Vier *Halaaits* wirken gemeinsam, einer in jeder Ecke. Der oberste *Halaait* nimmt Wasser und schüttet es mir über den Kopf. Dann stehen wir zu viert über der Wasserlache und beraten uns untereinander; das nennt man *Silin*. Während dies geschieht, wirkt ein anderer *Halaait* über dem Patienten. Nachdem wir einen Schritt über die Wasserlache gemacht haben, decken wir uns mit einer Matte zu. Ist der Patient sehr schwach, fängt der Hauptheiler seinen Geist mit den Händen ein und bläst ganz ruhig darauf, um ihm mehr Atem zu geben. Ist er noch schwächer, nimmt der *Halaait* einen heißen Stein von der Feuerstelle und hält den Geist darüber. Vielleicht schmiert man auch ein bißchen Fett auf den heißen Stein, daß es schmilzt. Die Hände werden von einer Seite auf die andere gedreht, und so wird der kranke Geist genährt. Nachdem dies vollbracht ist, setzt der *Halaait* den Geist wieder ab und legt ihn dann auf den Kopf des Patienten.

Ist ein *Halaait* selbst der Patient, so heißt die Behandlung „Den Fang zurückgeben" oder „Den Menschen zurückgeben" (*Guksmugu'e*) oder „Den Menschen genesen machen". Ein Zedernkragen (*Luirh*) wird dem kranken Medizinmann um den Hals gelegt. Alle andern Heiler versammeln sich und stimmen ihre Gesänge an. Mitten in ihrem Gesang richten sie den kranken Mann auf, indem sie ihn am *Luirh* (Kragen aus Rotzedernrinde) ziehen. Mit der Zeit vermag der Patient vielleicht selbst zu singen, das heißt, nachdem er wieder ganz genesen ist. Alle Medizinmänner sterben zuletzt einen sehr harten Tod, weil sie keine wahren Menschen sind. Sie sind böse Geister.

Jetzt verwende ich eine andere Methode, meine Patienten zu behandeln. Ich gebrauche ausschließlich Gebete, die ich in der Kirche gelernt habe. Ich bete wie der Pfarrer – das Vaterunser. Es ist von Hochwürden, Herrn Price aus Kitwanga, ins Gitksan übersetzt worden. Ich habe meine Tätigkeit als *Halaait* ganz aufgegeben. Meine zwei Kinder wurden krank – Philip (*Piyawsu*) und Mark (*Tsigumnaq*). Die

Leute hier in der Gegend bestürmten mich und drangen in mich, ich sollte das *Halaait* über ihnen anwenden. Sie machten mir meine Weigerung zum Vorwurf und erklärten, sie würden mir die Schuld für ihren Tod geben. Also versuchte ich, einen meiner alten Fetische wiederzubeleben – den Mond (*Hlorhs*). Aber mein Körper war nicht mehr der, der er mal war. Ich war sicher, daß ich meine Kräfte als *Swanassu* verloren hatte. Ich war nicht in der Lage, auf meine Kinder zu wirken. Da ich zu schwach war, mußte ich es bleiben lassen. Dann gab ich fünfzig Dollar für *Halaaits* aus, die mir in meinem Bemühen beistehen sollten. Aber wie ich konnten auch sie nichts ausrichten. Sie konnten mit meinen Fetischen nichts anfangen. So habe ich endlich meine Kinder dem Doktor des weißen Mannes zur Behandlung übergeben. Eins der beiden liegt noch im Krankenhaus. Aber das andere hat sich erholt.

VII.

Ins Leben singen

Als die „Alten" oder Anasazi vor gut sechshundert Jahren ihre Felsbehausungen aufgaben, hinterließen sie beeindruckende Bildfriese auf den Felswänden des Barrier Canyon in Utah. Die Wände des dortigen Heiligtums sind übersät mit phantastischen Zeichnungen von anthropomorphen Zauberwesen. Die umseitige Abbildung zeigt eine Nachzeichnung eines dieser Gemälde.

María Sabina
Mittelamerika/Mazateka

In der Nacht des 12. Juli 1958 hielt María Sabina eine Velada (rituelle Nachtwache) für Perfecto José Garcia, einen siebzehnjährigen Jungen, der schwer krank war. Perfecto war von R. Gordon Wasson, Thomas Davis und Allan Richardson zu der Schamanin gebracht worden, damit sie ein echtes Heilritual mit dem heiligen Psilocybinpilz vollständig aufnehmen konnten. Das Singen und Tun im Verlauf der Pilzzeremonie ergab über hundert Seiten Text. Dieser wurde als fortlaufender Gesang, stark gekürzt und ohne die Beiträge der anderen Helfer in der Zeremonie, herausgegeben. Der vollständige Text findet sich in R. G. Wasens umfangreichem Werk María Sabina and Her Mazatec Mushroom Velada.[1]

Zweihundert Jahre Katholizismus haben in der Form dieses heiligen Lobgesangs aus mittelamerikanischer Urzeit tiefe Spuren hinterlassen. Der Mazatekenkosmos und die christliche Symbolik sind hier zu einer einzigen vielschichtigen, mystischen Metapher verschmolzen. Die beiden Überlieferungen streiten nicht miteinander um die Vormacht. Wer die heiligen Pilze zu sich genommen hat, muß die fundamentale Einheit verstanden haben, die beiden religiösen Überlieferungen zugrunde liegt. Die Pilze waren „den alten Mittelamerikanern als das Fleisch Gottes bekannt", schrieb Henry Munn, „und María Sabinas Volk nannte sie das Blut Christi. Der Sage nach durchwanderte Christus einst die indianischen Wunderberge von Licht und Regen – eine Abwandlung der Legende von Quetzalcoatl –, und wohin sein Blut tropfte, die Essenz seines Lebens, da wuchsen die heiligen Pilze, die Erwecker des Geistes, die Speise der Erleuchteten."[2]

Aus dem Innern dieser göttlichen Medizinspeise entspringt die ekstatische Sprache des Gesanges. Es heißt, die Pilze sprechen. Der Schamane ist bloß der Überbringer des Worts. Außerdem ist der Pilz die Verkörperung von vielen, die gleichzeitig der Pilz sind. Christus, sein Speichel, sein Blut, Bischöfe, Nonnen, Clowns, Zwerge, kleine Kinder, Kinder des Morgensterns, Kinder des Mondes: „Dreizehn erhabene Wirbelwinde. Dreizehn Wirbelwinde des Luftraumes. Dreizehn Clowns, sagt er. Dreizehn Persönlichkeiten, sagt er. Dreizehn weiße Lichter, sagt er. Dreizehn Spitzberge, sagt er. Dreizehn alte Falken, sagt er. Dreizehn Gipfel, sagt er. Dreizehn Sterne des Morgens."³ Alle, alle sind sie der Pilz, die Verkörperung des Logos.

Der Pilz ist es, der den Ursprung von Perfectos Krankheit weiß, und der Pilz ist es, der sein Geschick kündet. Der Pilz singt es heraus: „Es gibt jetzt keine Heilung." – „Wahr ist's sagt er (der Pilz)."⁴ Man kann nichts tun. Etwa sechs Wochen darauf stirbt Perfecto.

>Tochter Marias bin ich,
>Ärmliche Frau bin ich,
>Arme Frau bin ich,
>Ärmliche Frau bin ich,
>Reine Frau bin ich,
>Frau reinen Geistes bin ich,
>Frau guten Geistes bin ich,
>Frau des Morgens bin ich,
>Frau des Tages bin ich,
>Frau der dreizehn* Hosen bin ich,
>Frau der dreizehn Hemden bin ich,
>Frau reinen Geistes bin ich,
>Frau guten Geistes bin ich,
>Ja, Jesus Christus, Vater Jesus Christus,
>Heil, höchst heilige Maria, Heil Maria,
>Heil, höchst heilige Maria, o Jesus Christus,
>Heil, Maria, o Jesus,
>Frau die wartet bin ich,
>Frau die vorausschaut bin ich,

---

* Das Wort *te-jan* bedeutet die Zahl 13, die Zahl der *Brujería* oder Hexerei, die Zahl, die nach María Sabina *buena suerte*, Glück oder Kraft, bringt. Dagegen bedeutet die Zahl 53 *mala suerte*, Unglück, und sie wird von einer anderen Gruppe von Hexern verwandt, die dahin wirken, Schaden wie Gutes herbeizuführen. María Sabina wirkt als Schamanin nur dahin, Gutes zu tun, sagt sie.

O Jesus Christus, Heil Maria,
Ja, so kennt man mich.
So kennt man mich, denn solches sagt
    der Sohn Gottes, ja,
Du, Christus, Christus sagt's.

Vater, der du bist im Himmel,
Denn eine Tochter Christi bin ich,
Jesus...
Frau der Gerechtigkeit bin ich,
Frau des Gesetzes bin ich,
Gott kennt mich,
Die Heiligen kennen mich,
Frau vom Kreuz des Südens bin ich,
Frau des ersten Sterns bin ich,
Frau des Sterns Gottes bin ich,
Denn ich fahre auf zum Himmel,
Frau des großen Sterns bin ich,
Frau des Sterns vom Kreuz des Südens bin ich,
Jesus...
Ich bin eine Tochter Christi, eine Tochter Mariä,
Anwältin bin ich,
Unterhändlerin bin ich,
Mexikanerin bin ich,
Frau bin ich gleich einer Uhr.
Frau gleich dem großen Adler bin ich,
Frau gleich dem Opossum bin ich,
Frau die prüft bin ich,
Frau gleich dem Jagdhund bin ich,
Und Frau gleich dem Wolf bin ich,
Frau gleich dem Jagdhund bin ich.
Ich werde meine Macht zeigen.

Frau der Gerechtigkeit bin ich,
Frau des Gesetzes bin ich,
Reine Frau bin ich, Frau der Gerechtigkeit,
    Frau des Gesetzes bin ich,
Frau der Gerechtigkeit bin ich.

Gesetz welches rein ist,
Gesetz nach dem wir leben,
Gesetz welches gut ist,
Anwältin bin ich,
Frau der Papierarbeit bin ich,
Ich fahre zum Himmel,
Frau die die Welt anhält bin ich,
Sagenhafte Frau die heilt bin ich,
Vater Jesus Christus, ich bin wahrhaft eine Frau
    des Gesetzes,
Ich bin wahrhaft eine Frau der Gerechtigkeit[*],
Mein armes Kind, mein liebes ärmliches Kind,
Mein armes Kind, mein liebes ärmliches Kind,
Meine Schirmmutter, Mutter Empfängnis,
Arme Frau bin ich, ärmliche Frau bin ich,
Vater Jesus Christus, Vater Jesus,
Ich bin eine Frau des Gesetzes,
Ich bin eine reine Frau,
Vater Jesus Christus,
Armes Kind, liebes ärmliches Kind,
Frau der Gerechtigkeit bin ich,
Frau des Gesetzes bin ich,
Reine Frau bin ich,
Und gute Frau bin ich,
Mein Denken ist sehr gut,
und mein Herz ist sehr gut,
Mein Denken ist rar und von hohem Wert.

Frau der Gerechtigkeit bin ich,
Und Frau des Gesetzes bin ich,
Armes Kind, ärmliches Kind,
Ich werde mit meinen Händen reiben,
Ich wandle mit dem reinen Doktor,
    dem guten Doktor,
Mutige Frau bin ich,

---

[*] Auf Anfragen hin teilte María Sabina mit, daß sie die Idee der „Gerechtigkeit" auf das Heilen von Patienten bezieht.

Und Frau von Schönheit bin ich,
Vater Jesus Christus, Vater Jesus,
Frau Heiliger bin ich,
Frau Heilige bin ich,
Frau reinen Geistes bin ich,
Und Frau guten Geistes bin ich,
Ich werde kennen,
Ich werde entzaubern,
Ich werde Luft bringen,
Denn eine Doktorfrau bin ich,
Heilfrau bin ich,
Gute Heilfrau bin ich,
Vater Jesus Christus,
Anwältin bin ich,
Geschäftsfrau bin ich, Vater Jesus Christus.

Vater Jesus,
Frau die wartet bin ich,
Frau die erprobt bin ich,
Frau die zerstreut bin ich,
Frau die entwurzelt bin ich,
Doktorin bin ich,
Vater Jesus Christus,
Mein armes Kind, mein liebes ärmliches Kind,
Mein armes Kind, mein liebes ärmliches Kind,
Eine Frau der Gerechtigkeit bin ich,
Eine Anwältin bin ich,
Dort ist es ihm aufgetan, daß er geheilt sein wird,
    daß er Kräuter haben wird,
Ich werde mich arm und ärmlich machen,
Armes Kind, liebes ärmliches Kind,
Vater Jesus Christus,
Denn mit Ruhe geh ich, mit Acht,
Vor deinem Antlitz, vor deinem Glanz,
Vor deinen Augen, Mutter,
Vor deinen Augen, vor deinem Mund,
Meine Mutter, Schirmmutter, Mutter Empfängnis,
Vater Jesus Christus, o Jesus,

(Da) geht (ein) junger Mann, wohlgestalteter Mann,
Mann der bleibt, der steht,
Vater Jesus Christus.

Mann der bleibt, der steht,
Frau (einer) Wurzel unter dem Wasser bin ich,
Vater Jesus Christus,
Sanfte Wurzelfrau bin ich,
Blühende Wurzelfrau bin ich,
Begonienfrau bin ich,
Frau reinen Geistes bin ich,
Frau guten Geistes bin ich,
Frau der Luft, des Tages bin ich,
Vater Jesus Christus,
Adlerfrau bin ich,
Opossumfrau bin ich,
Frau die prüft bin ich,
Jagdhundfrau bin ich,
Vater Jesus Christus,
Frau des heiligen, verzauberten Ortes bin ich,
Und Opossumfrau bin ich,
Uhrfrau bin ich,
Reine Frau bin ich,
Gute Frau bin ich,
Vater Jesus Christus,
So wie du standest, Vater,
So wie du standest, Papa,
Vater Jesus Christus, o Jesus,
Frau Heiliger bin ich,
Und Frau reinen Geistes bin ich,
O Jesus, o Jesus Christus,
O höchst heilige Maria, o Jesus,
Sagenhafte Heilgöttin bin ich,
Niedrige Frau bin ich,
Arm, niedrig bin ich,
Jesus, o Jesus Christus,
Frau Heiliger bin ich,
Frau reinen Geistes bin ich,

Frau guten Geistes bin ich,
Adlerfrau bin ich,
Wichtige (heilige) Adlerfrau bin ich,
Uhrfrau bin ich,
Wirbelnde Frau des Wirbelwinds bin ich,
Ja, Jesus Christus sagt's,
Frau Heiliger bin ich,
Frau reinen Geistes bin ich,
O Jesus, Uhrfrau bin ich,
Adlerfrau bin ich, o Jesus,

Jetzt ist unser Sohn gestorben, weil ihn
    der Löwe gefressen hat,
Von seinem *Soerte* ist er aufgefressen worden,
Der Löwe hat ihn gefressen.
Anwältin bin ich, Geschäftsfrau bin ich,
Niemand erschreckt unseren Sohn,
Niemand erschreckt unser Volk,
Anwältin bin ich, Geschäftsfrau bin ich,
Reine Frau bin ich,
Gute Frau bin ich,
Der Löwe fraß unseren Sohn,
Von seinem *Soerte* ist er aufgefressen worden,
Von seinem *Soerte* ist er aufgefressen worden,
Der Löwe fraß unseren Sohn,

Es gibt jetzt keine Heilung.
    (Man kann nichts mehr tun.)

Mit Ruhe, mit Acht,
Mit Muttermilch, mit Tau,
Mit Frische, mit Sanftheit,
Mit Muttermilch, mit Tau,
Sankt Petrus, Sankt Paulus,
Schrei, du! Pfeif, du!
Ich werde donnern, ich werde tönen,
Selbst unterm Wasser, selbst das Meer,
Niemand erschreckt dich, niemand ist falsch,

Niemand kommt dazwischen,
   niemand geht vorbei.

Niemand kommt dazwischen,
   niemand geht vorbei,
Niemand erschreckt uns, niemand ist falsch,
Herr Sankt Petrus, Herr Sankt Paulus,
Gerechtigkeit die gut ist, Gesetz das rein ist,
Gesetz das gutes (Klima) ist,
Freut euch!
Mit Beharrlichkeit,
Mit Muttermilch, mit Tau,
Mit Frische, mit Sanftheit,
Niemand der erschreckt, niemand der falsch ist,
Ich werde Gerechtigkeit üben, sogar dem Haus
   des Himmels,
Selbst vor deinen Augen, selbst vor deinem Glanz,
Meine Schirmmutter, Prinzessinmutter, Herz Jesu,
Möge sie leben!
Frau des Gesetzes bin ich, Geschäftsfrau bin ich,
Niemand tritt dazwischen, niemand geht vorbei,
Frau der Gerechtigkeit bin ich, Frau des Gesetzes
   bin ich,
Reine Frau bin ich, gute Frau bin ich,

Frau des Raumes bin ich,
Frau des Tages bin ich,
Frau des Lichtes bin ich,
Niemand erschreckt ihn,
Niemand ist falsch zu mir,
Anwältin bin ich, Geschäftsfrau bin ich,
Ich lege Rechenschaft ab meinem Herrn,
Und ich lege Rechenschaft ab dem Richter,
Und ich lege Rechenschaft ab der Regierung,
Und ich lege Rechenschaft ab dem
   Vater Jesus Christus,
Und Mutter Prinzessin, meine Schirmmutter,
   o Jesus, Vater Jesus Christus,

Frau von Gefahr bin ich, Frau von Schönheit
    bin ich,
Er hat mein Buch,
Mein lieber Bischof, gut, rein,
Mein gutes und reines Gebet,
Meine gute und reine Nonne, o Jesus Christus,
Niemand erschreckt mich, niemand ist falsch zu mir,
Anwältin bin ich, Geschäftsfrau bin ich,
Ich fahre zum Himmel, Jesus Christus,
Und das Gesetz kennt mich, die Regierung
    kennt mich,
Und der Richter kennt mich, und Gott kennt mich,
    Vater Jesus Christus,
Anwältin bin ich, Geschäftsfrau bin ich,
Ich fahre zum Himmel, dort ist mein Papier,
Dort ist mein Buch,
Selbst in deinem Antlitz, in deinem Mund,
    deinem Glanz,
O Jesus Christus, o Heil Maria, o Jesus Christus,
Niemand erschreckt mich,
Niemand ist falsch zu mir, o Jesus Christus,
Begabte Frau bin ich, geehrte Frau bin ich,
Frau von Jagdhunden bin ich,
Frau die prüft bin ich,
Wirbelnde Frau des Wirbelwinds bin ich,
Frau eines heiligen, verzauberten Ortes bin ich,
Adlerfrau bin ich, und Uhrfrau bin ich,
Ist es nicht so?

Mit Muttermilch, mit Tau,
Die Welt kann sich freuen, wir wollen uns freuen,
    laßt uns erleuchtet sein,
Laßt unsern Vater zu uns herauskommen,
    laß Christus zu uns herauskommen,
Wir warten auf unsern Vater, wir warten
    auf Christus,
Mit Ruhe, mit Acht,
Mann der Muttermilch, Mann des Taus,

Frischer Mann, sanfter Mann,
Frau der Gerechtigkeit bin ich, und Frau
 des Gesetzes bin ich,
Reine Frau bin ich, gute Frau bin ich,
Frau des Gesetzes bin ich,
Gesetz das gut ist, Gerechtigkeit die gut ist,
O Jesus Christus, o Maria höchst heilige,
 o Jesus Christus,
O Heil höchst heilige Maria, o Heil Maria,
O Heil höchst heilige Maria, o Jesus,
Und ich lege nun Rechenschaft ab meinem guten,
 reinen Bischof,
Mein guter, reiner Bischof,
Mein gutes, reines Gebet,
Meine gute, reine Nonne,
Und dort lege ich Rechenschaft ab, sagt er,
Dort lege ich ihm Rechenschaft ab von Angesicht
 zu Angesicht,
Vor deinem Glanz, sagt er,
Dort lege ich ihm Rechenschaft ab, sagt er,
Jesus sagt's, denn ich habe einen Eigner, sagt er,
Ja, Jesus Christus sagt, dort habe ich einen Eigner,
 sagt er,
Jesus Christus sagt,
Die Regierung gebietet über uns, sagt er,
Der Richter gebietet über uns, sagt er,
 sagt Vater Jesus Christus,
Herrin der Clowns bin ich, sagt er,
Herrin des heiligen Clowns bin ich, sagt er,
Ja, Jesus Christus sagt's, ja, Jesus sagt's,
Frau der Uhr bin ich, sagt er,
Herrin des Adlers bin ich, sagt er,
Frau Jesus Christus bin ich, sagt er,
 Ja, Jesus Christus sagt's,
Ja, Jesus Christus sagt's, Jesus sagt's,
Heilig ist's, sagt er, Vater Jesus Christus sagt's,
 sagt er.

Ein heiliger Mann ist's, sagt er, eine heilige Frau ist's,
 sagt er,
Wahr ist's, sagt er,
Dieses ist wahr, sagt er.

Frau die wartet bin ich, Frau die erprobt bin ich,
 sagt er,
Vater Jesus Christus sagt's.

Freut euch, freut euch, freut euch...
Freut euch, seid ohne Sorge,
Schaut auf die Welt,
Die Welt ist schön.
Du meine Schirmmutter, Mutter Empfängnis,
Meine kleine Jungfrauenpuppe, Heiliger Rosen-
 kranz, Mutter Mazatlán,
Mein Vater Heiliger Rosenkranz,
Frau des Strudels im See bin ich, Frau die wartet
 bin ich,
Frau die erprobt bin ich, reine Frau bin ich,
O Jesus, meine Schirmmutter, schau auf diese Welt,
Schau wie sie ist, gefährliche Welt, dunkle Welt,
Ich werde dies befreien, sagt er,
Ich werde dies draußen im Sonnenlicht trocknen,
 sagt er,
Frau des Jagdhunds bin ich,
Meine Schirmmutter, Mutter Empfängnis,
Meine Jungfrau Magdalena, Mutter Guadalupe...
Bei deinen Fersen, bei deinen Händen,
 Vater Christus,
Ich gehe dorthin, wohin du spucktest, Christus,
So denn gehe ich dort zum Himmel,
Dort vor deinem Augenlicht, vor deinem Mund,
 deinem Glanz,
Herz Jesu, möge es leben, Anwältin bin ich,
Geschäftsfrau bin ich, Mexikanerin bin ich,
Frau des höchsten Sterns bin ich, Frau des Sterns
 Gottes bin ich,

Frau des Sterns des Kreuzes bin ich,
Frau des Sterns des Kreuzes bin ich,
Reine Frau bin ich, Frau der Uhr bin ich,
Adlerfrau bin ich, Adlerfrau bin ich,
Anwältin bin ich, und Geschäftsfrau bin ich,
Frau, die mehr denn Mensch ist, bin ich,
    sagt Vater Jesus Christus,
Frau des höchsten Sterns bin ich, Frau des Sterns des
    Kreuzes bin ich,
Frau des Sterns Gottes bin ich, Frau die wartet
    bin ich,
Frau der Sternschnuppen bin ich, Anwältin bin ich,
Geschäftsfrau bin ich, ich fahre auf zum Himmel,
Ja, Jesus Christus sagt's,
Dort ist mein Papier, dort ist mein Buch,
Mein reines Buch, mein gutes Buch,
Ich fahre, denn es ist rein für mich,
    ja, Jesus Christus sagt's,
Dort ist das Papier, dort mein Buch,
Eine reine Frau bin ich, eine gute Frau bin ich,
Frau des Jagdhunds bin ich,
Ja, Jesus Christus sagt's, o Jesus Christus sagt's,
Meine Schirmmutter, Mutter Prinzessin,
Ich habe sehr gute Gedanken,
Mein kleines Gebet, meine kleine Nonne,
Meine gute, reine Nonne, mein guter, reiner Christus,
Frau des höchsten Sterns bin ich, und Frau des
    Sterns Gottes bin ich,
Frau des Sterns des Kreuzes bin ich,
    ja, Jesus Christus sagt's,
Frau, die die Welt anhält, bin ich, sagenhafte Frau
    die heilt bin ich,
Frau von Papierrauch bin ich,
    ja, Jesus Christus sagt's,
Dort wo meine kleinen Gebete sind,
Und wo meine kleinen Nonnen sind,
Und ich fahre auf zum Himmel,
    ja, Jesus Christus sagt's,

Frau, so geboren, bin ich,
Frau, die so in die Welt kam, bin ich,
Uhrfrau bin ich, ja, ja, Jesus Christus sagt's,
Frau, die so geboren ward, bin ich,
Und flinke Frau bin ich,
Frau von oben bin ich, ja, Jesus Christus sagt's,
Frau Generalin bin ich, ja, Jesus Christus sagt's,
Frau Heiliger bin ich,
Frau reinen Geistes bin ich,
Frau guten Geistes bin ich, sagt er,
Ich werfe bloß hierhin und dorthin, ich zerstreue
    bloß, sagt er,
Ich werfe bloß hierhin und dorthin, ich zerstreue
    bloß allen Schmutz, alles Nichtsnutzige, sagt er,
Ich lege ihm Rechenschaft ab, der mein Häuptling ist,
    sagt er,
Frau, die so geboren ward, bin ich, sagt er,
Und Frau, die so in die Welt kam, bin ich,
    sagt er,
Ja, Jesus Christus sagt's, Frau, Jesus Christus sagt's,
Ja, Jesus Christus sagt's,
Trommlerin bin ich, sagt er,
Musikantin bin ich, sagt er,
Ja, Jesus Christus sagt's,
Frau die donnert bin ich, sagt er,
Frau die entwurzelt bin ich, sagt er,
Doktorin bin ich, sagt er,
Ja, Jesus Christus sagt's,
Frau des höchsten Sterns bin ich, sagt er,
Frau des Sterns des Kreuzes bin ich, sagt er,
Niemand wird uns erschrecken, sagt er,
Niemand wird falsch zu uns sein, sagt er,
    ja, Jesus Christus sagt's,
Ich werfe umher und zerstreue, sagt er,
    ja, Jesus Christus sagt's,
Frau der Uhr bin ich, sagt er, Adlerfrau bin ich,
    sagt er,
Ja, Jesus Christus sagt's.

Ich werfe bloß umher, ich zerstreue bloß, sagt er,
  ja, Jesus Christus sagt's,
Frau Generalin bin ich, sagt er,
  ja, Jesus Christus sagt's,
Musikantin bin ich, sagt er,
Trommlerin bin ich, sagt er, ja, Jesus Christus sagt's,
Frau Heiliger bin ich, sagt er, Frau Heilige bin ich,
  sagt er,
Geistfrau bin ich, sagt er, erleuchtete Frau bin ich,
  sagt er,
Frau des Tages bin ich, sagt er,
  ja, Jesus Christus sagt's,
Ich fahre auf zum Himmel, sagt er,
Und ich gehe selbst in deine Gegenwart, selbst in
  deinen Glanz,
Niemand wird mich erschrecken, sagt er,
Frau, die mehr denn Mensch ist, bin ich, sagt er,
Anwältin bin ich, sagt er,
Geschäftsfrau bin ich, sagt er,
  ja, Jesus Christus sagt's,
Ja, Jesus sagt's, ich werfe nur umher, ich zerstreue nur,
  sagt er,
Frau von Puebla bin ich, sagt er,
Frau die prüft bin ich,
Hohe Adlerfrau bin ich, sagt er,
Uhrfrau bin ich, sagt er,
Ich werde meinen Mut zeigen, sagt er, ich werde
  meinen Mut zeigen, sagt er,
Selbst vor deinem Augenlicht, deinem Glanz, sagt er,
Wenn ich meinen Mut zeigen werde, sagt er,
Ich bin eine Frau, die mehr denn Mensch ist, sagt er,
Ja, Jesus Christus sagt's, ja, Jesus sagt's,
Niemand erschreckt mich, sagt er,
Niemand ist falsch zu mir, sagt er,
Ja, Jesus sagt's, ja Jesus sagt's,
Musikfrau bin ich, sagt er,
Und Trommlerfrau bin ich, sagt er,
Geigerin bin ich, sagt er,

Ja, Jesus Christus sagt's,
Frau des höchsten Sterns bin ich, sagt er,
Frau des Sterns Gottes bin ich, sagt er,
Frau des Sterns des Kreuzes bin ich, sagt er,
Frau der Barke bin ich, sagt er,
 ja, Jesus Christus sagt's,
Häuptlingsfrau der Clowns bin ich, sagt er,
 ja, Jesus Christus sagt's,
Niemand erschreckt mich, sagt er, niemand ist falsch
 zu mir, sagt er,
Frau, die mehr denn Mensch ist, bin ich, sagt er,
Anwältin bin ich, sagt er,
Und ich fahre auf zum Himmel, sagt er,
 ja, Jesus Christus sagt's,
Frau Heiliger bin ich, sagt er,
Ich werde die Welt verbrennen, sagt er,
 ja, Jesus Christus sagt's,
Ich werde die Welt verbrennen, sagt er,
 ja, Jesus Christus sagt's,
Frau der Sternschnuppen bin ich, sagt er,
Und Sankt Petrus Frau bin ich, sagt er,
Wirbelnde Frau des Wirbelwinds bin ich, sagt er,
Frau eines heiligen, verzauberten Ortes bin ich,
 sagt er, ja, Jesus Christus sagt's,
Frau Heiliger bin ich, sagt er, Geistfrau bin ich,
 sagt er,
Erleuchtete Frau bin ich, sagt er, ja, Jesus sagt's,
Ich werde die Welt verbrennen, sagt er,
 ja, Jesus Christus sagt's,
Frau die prüft bin ich,
Niemand erschreckt mich, sagt er,
Niemand ist falsch zu mir, sagt er,
Ich bin nicht überrascht, sagt er, ich bin nicht
 erschrocken, sagt er,
Ich lege Rechenschaft ab dem Richter, sagt er,
Ich lege Rechenschaft ab der Regierung, sagt er,
Und ich lege Rechenschaft ab meinem Bischof,
 sagt er,

Der gute, reine Bischof, sagt er, die gute, reine Nonne,
 sagt er,
Ja, Jesus Christus sagt's, ja, Jesus sagt's,
Ja, Jesus sagt's, ja, Jesus Christus sagt's,
Ich werfe umher, ich zerstreue, sagt er,
Ja, Jesus Christus sagt's, ja, ich werd's auf
 dem Hauptpfad ausbreiten, sagt er,
Nur Unzen, nur Pfunde, sagt er,
 ja, Jesus Christus sagt's,
Frau, die so geboren ward, nichts weniger bin ich,
 sagt er,
Frau, die so in die Welt kam, nichts weniger bin ich,
 sagt er,
Uhrfrau bin ich, sagt er,
Ja, Jesus sagt's, ich werde die Welt verbrennen,
 sagt er,
Sankt Petrus Frau bin ich, sagt er,
Wirbelnde Frau des Wirbelwinds bin ich, sagt er,
Frau eines heiligen, verzauberten Ortes bin ich,
Sagt er, ja, Jesus Christus sagt's,
Frau des Jagdhunds bin ich, sagt er,
Wolfsfrau bin ich, sagt er,
Frau die donnert bin ich, sagt er,
 ja, Jesus Christus sagt's,
Niemand erschreckt mich, sagt er,
Niemand ist falsch zu mir, sagt er,
Ja, Jesus Christus sagt's,
Ja, ich werde (es) dort wegwerfen, sagt er,
Ja, ich werde es dort zum Trocknen raustun, sagt er,
Nur Unzen, nur Pfunde, sagt er,
 ja, Jesus Christus sagt's,
Frau Heiliger bin ich, sagt er, Frau, die so in die Welt
 kam, bin ich, sagt er,
Frau die donnert bin ich, sagt er,
 ja, Jesus Christus sagt's,
Frau Heiliger bin ich, sagt er, Geistfrau bin ich,
 sagt er,
Ja, Jesus sagt, es gibt Gott noch, sagt er,

Es gibt noch Heilige, sagt er, es gibt Gott noch,
    sagt er,
Ja, Jesus Christus sagt, ich werde die Welt
    verbrennen, sagt er,
Ja, Jesus Christus sagt, ich bin eine Frau die wartet,
    sagt er,
Ja, Jesus Christus sagt's, Sankt Petrus sagt's,
Ich werde alles anklagen, sagt er, ja, Jesus sagt's,
Ja, Jesus Christus sagt's...

Er wurde in den Fängen des Löwen gefressen,
    ihr könnt es mir glauben,
Er wurde vom Löwen gefressen, ich werde es nicht
    vor euch verbergen,
Er wurde vom Löwen gefressen, er wurde von
    seinem *Soerte* gefressen.

Kann man ihn nicht lassen?
Nur Sankt Petrus, Sankt Paulus,
Nur Gott tut was recht ist, Gott weiß, was er tut,
Und wenn er Gott nicht kennt, möge er Ihn
    denn suchen,
Er wurde nur von seinem *Soerte* gefressen,
Er wurde nur vom Löwen gefressen.

Warum sollte ich euch sagen, er sei verhext worden?
Er wurde bloß in den Fängen des Löwen gefressen,
Dieser Mensch wurde nicht verhext.

Mit Muttermilch, mit Tau.
Wirke! Nichts wird dir geschehen.
Er weiß drüber nachzudenken, was mit
    diesen Leuten geschah.
Da also, es ziemt sich, daß er dem Ruf der Natur
    folgt und Wasser läßt.
Nur wenn er Wasser läßt, wird diese Krankheit aus
    der Haut kommen.
Nur Wasser lassen, das ist nicht gefährlich.

Christus, Jesus,
Ich bin eine Sankt Petrus Frau, du, Vater Christus,
Höchst heilige Maria, meine Schirmmutter,
    Mutter Empfängnis,
Wie du es tatest, du, Vater,
Wie du es tatest, du, Christus,
So tue ich es auch, mit der Ferse, mit den Füßen,
    Vater,
Mit der Ferse, mit den Händen,
Mit der Ferse, mit den Füßen,
Wie du es tatest, du, Vater,
Wie du es tatest, du, Christus,
Höchst heilige Mutter, Mutter Heiliger Rosenkranz,
    unser Vater Heiligtum,
Mutter Prinzessin, meine kleine Puppenjungfrau,
    Heilige Rose Ojitlán,
Vater, so denn gehe ich, Christus,
Mit der Ferse, du, mit den Händen, du,
Wie du ruhest, du Vater,
Wie du ruhest, du, Christus, so gehe ich,
Dort, wo das Licht und der Tag sind, geh ich hin,
    Vater,
Selbst vor deiner Gegenwart, vor deinem Glanz,
Meine Schirmmutter, Mutter Empfängnis,
Ärmliche Frau bin ich, ich, meine Schirmmutter,
Denn ich trage dein Herz, Schirmmutter,
Mutter Prinzessin, denn ich trage dein Herz, Mutter,
Denn ich trage dein Herz, Vater,
Denn ich trage deine Züge,
Grad wie meine Gedanken rein sind.
Grad wie mein Herz voll Größe ist,
    wenn auch klein,
Wie mein Empfinden und mein Herz Größe fühlen,
Wie meine Gedanken rein sind,
Dort ist, wo ich mit dir bin, Mutter,
Dort ist, wo ich vor deinem Antlitz bin,
    vor deinem Mund, Mutter,
Ich esse nicht viele Tortillas, Mutter, ja,

Ich esse nicht viele Tortillas, Mutter,
  noch schwere Sachen,
Ich bin nicht falsch, Mutter,
Ich esse nicht viel noch schwer, ich, o Christus,
Da ich sehr zufrieden bin, ich,
Da mich mein Herz nicht sticht,
Meine Schirmmutter, Mutter Prinzessin,
  heiliges Christkind von Atocha,
Mutter Guadalupe, Mutter Empfängnis,
Denn ich trage dein Herz, Herz Jesu,
Sie sind viele, meine kleinen Nonnen,
Meine reinen Nonnen, meine reinen Gebete,
Mein Herz ist sehr zufrieden,
Es ist dein reines Buch,
Es ist dein reiner Stift,
Den ich habe, Vater, den ich habe, Vater,
Vor deinem Antlitz, vor deinem Mund,
  bis zu deinem Glanz,
Schau, mir ist, als ob ich zum Himmel fahre,
Ich bin eine Herrin des Meers das endet, ich fühl's,
Frau, die gesegnet kam, bin ich, ich fühl's,
Frauenschlange bin ich, ich fühl's,
Schlangenfrau bin ich, ich fühl's,
Ich esse nicht viel,
Ich esse nicht schwer, Vater,
Grad wie du ruhst, du, Christus, Vater,
Schau, ich habe deinen reinen Stab,
  deinen frischen Stab, du,
Meine Schirmmutter, schau, wie arm ich bin,
Schau, wie ärmlich ich bin,
Arme Frau bin ich, ärmliche Frau bin ich,
Sanfte Frau, überreiche Frau bin ich,
Frau großer Wurzeln bin ich, Frau unterm Wasser
  wurzelnd bin ich,
Frau die keimt bin ich, Frau bin ich
  gleich einer Begonie,
Ich fahre auf zum Himmel, in dein Antlitz,
  vor deinen Glanz,

Dort mein Papier, mein Buch bleibt,
Frau, die die Welt anhält, bin ich, sagenhafte Heilerin
   bin ich,
Meine Gefühle sind befriedet,
Mein Herz ist befriedet,
Denn ich trage dein Herz, ich,
Denn ich trage dein Herz, Christus,
Denn ich trage dein Herz, Vater.

Frau die donnert bin ich, Frau die tönt bin ich,
Spinnenfrau bin ich, Kolibrifrau bin ich,
Adlerfrau bin ich, hohe Adlerfrau bin ich,
Wirbelnde Frau des Wirbelwinds bin ich, Frau des
   verzauberten Ortes bin ich,
Frau der Sternschnuppen bin ich,
   ja, Jesus Christus sagt's,
Uhrfrau bin ich, ja, Jesus Christus sagt's.

Wir werden die Klage vorbringen können,
Ich bin ärmlich, sagt er, ich fahre unter die Erde,
   sagt er,
Dort sind meine kleinen Nonnen unter der Erde,
   sagt er,
Dort ist meine kleine Nonne, sagt Jesus Christus,
Schau her, ist es nicht so?

Anwältin bin ich, sagt er, Geschäftsfrau bin ich,
   sagt er,
Ich verbrenne die Welt, sagt er,
   Vater Jesus Christus sagt's,
Ich würfele und werfe überallhin fort, sagt er,
   ja, Jesus Christus sagt's,
Häuptlingsfrau von „Tausenden kleinen Kindern"
   bin ich, sagt er,
Frau von „Tausenden heiligen Kindern" bin ich,
   sagt er,
Häuptlingsfrau der Clowns bin ich, sagt er,
Frau des heiligen Clowns bin ich, sagt er,

Frau des Strudels im See bin ich, sagt er,
  Frau die wartet bin ich, sagt er,
Ja, Jesus Christus sagt, ich fahre unter die Erde,
  sagt er,
Ja, Jesus Christus sagt, meine Worte vermischen sich
  mit dem Santo Domingo Fluß,
Ja, Jesus Christus sagt, Frau des großen Sterns
  bin ich, sagt er,
Frau des Sterns Gottes bin ich, sagt er,
Frau des Sternenkreuzes bin ich, sagt er,
Ja, Jesus Christus sagt, mein reiner kleiner Mond,
  sagt er,
Ja, Jesus Christus sagt, meine Kinder des Mondes,
  Sternkinder, sagt er,
Ja, Jesus Christus sagt, meine reinen Kinder, sagt er,
Meine bereiten Kinder, sagt er,
Schau her, ist es nicht so?

Jesus, o Maria, heiliges Kind, der Arm und die Hand
  des Herrn der Welt,
Gefährliche Dinge werden getan,
  Verhängnis wird gewirkt,
Wir bleiben nur verwirrt zurück, wir Mamas.

Wer kann all dies ertragen?
Dasselbe dort, dasselbe hier,
Wahrhaft ist dieses Ding groß.

BALU ASONG GAU
Melanesien/Kenjah-Dajak

Balu Asong Gau, eine Bali Dayong (die in Trance geht, die Geister zu suchen) der Kenjah-Dajak, war die Hauptschamanin bei den medialen Aktivitäten, die sich im Langhaus noch erhalten hatten. Obwohl sie im mittleren Alter den Christus der neuen Religion kennengelernt hatte und ihm seitdem anhing, dauerten ihre schamanischen Erfahrungen an, die sie seit ihrer frühesten Kindheit gehabt hatte. Als sie noch ein Mädchen war, hatten die alten Geister von ihr Besitz ergriffen und durch sie gesprochen, und sie wußte nicht, warum dies geschehen war. Auch wollten diese trotz ihrer Anbetung Christi nicht von ihr lassen. Im Jahre 1972 erzählte sie der amerikanischen Dichterin Carol Rubenstein, daß der innere Widerstreit zwischen der alten Religion ihres Volkes und der neuen Religion Christi ihr fürchterliche Qual bereitete.

Christus taucht in ihren Heilgesängen nicht als bewegende und beseelende Gestalt auf. Statt dessen schreien und singen die Urgeister der strömenden Flüsse und des dichten grünen Dschungels durch sie: der Spinnenjäger, der Falke in Menschengestalt, der Tiger, der Geist der Wolke, der junge Drachengeist des Flusses, der Geist des Krokodils. Diese und viele andere leben in ihr, regen sich in ihr, während sie singt:

> Ich bin Laeng,
> der Plakivogel, komme kreisend,
> der menschengestalte Falke, der in meinen Körper
>   eingegangen ist.[5]

Ein Dayong muß zu seiner Aufgabe berufen sein. Häufig ergeht dieser Ruf in einem Traum. Und Leiden und Wahnsinn sind häufig Teil der Berufung des Dayong, wie sie es für Schamanen in aller Welt sind. Diese Schmerzensflut ebbt nicht notwendig irgendwann ab, aber der Dayong lernt, die machtvollen Energien, die ihn ergreifen, zu beherrschen und zu richten.

Obwohl sie aus einer adligen Familie kam, wurde Balu Asong Gau mit Furcht und Neid von den Leuten aus dem Langhaus angesehen. Rubenstein schrieb, daß die Kinder möglichst schnell an ihr vorbeiliefen und daß die Frauen, „die wie sie Padi trocknen und stampfen oder Körbe flechten, in ihrem Verhalten ihr gegenüber Abstand wahren – in einer Mischung aus Neid, Vorsicht und Sarkasmus – und ihr nur ein Mindestmaß an Freundlichkeit entgegenbringen."[6]

Diese Borneo-Schamanin, eine Witwe in ihren Sechzigern, berichtete Carol Rubenstein von ihrem Leiden. So groß

waren ihr Schmerz und ihre Verzweiflung über Christi Miß-
fallen an ihr, daß sie zu sterben wünschte.⁷

  I-i-i-i-i-i-i-i!
  Ich bin der junge *Lagong,*
  der leichte flinke *Isit*vogel,
  der in Menschengestalt in meinen Körper
    eingegangen ist.
  Jung bin ich und tapfer –
  flink und leicht fliegt dieser *Isit*vogel übern Pfad.
  Ich bin der Spinnenjäger, dieser flinke *Isit*vogel.
  Der Geist des *Plaki*vogels kam, der Falke,
  der durch die Wolken fliegt, die Regen werden,
  und plötzlich sind die Wolken fort.
  Ich bin *Laeng,*
  der *Plaki*vogel, komme kreisend,
  der menschengestalte Falke, der in meinen Körper
    eingegangen ist.
  Ich komm nur kurz.
  Ich bin der Tiger *Laeng* auf dem *Weng*plateau.
  Der Tiger springt, mit leichten Sätzen,
  mit leichten Sätzen durch den Regen springt er auf
    dem *Weng*plateau.
  Hier komme ich, *Batong Asang,*
  Geist der Wolke,
  in meinem Körper nunmehr Mensch geworden,
  die Wolke, die zerfließt und Wasser wird.
  Ich bin der junge Drache,
  Bali Sungei, der Geist des Flusses –
  es steht in meiner Macht, das Flußbett
    auszutrocknen.

  Mein liebes Volk, ihr Menschen, alle ihr,
  aus welchem Anlaß habt ihr mich gerufen?
  Mein Allerliebster ruft nach mir,
  laut heißt mich seine Stimme kommen.
  Ich fühle: Schwäche überkommt mich.

Ich bin *Bali Sungei*, der Drache, Geist des Flusses.
Unter den Menschen bin ich der Führer vom
 *Weng*plateau,
das Vorbild, dem sie alle sich nachbilden –
in der Welt bin ich erste Quelle alles
 aufwärts Strebens.
Nun bin ich Tiger, der dem Wind befehlen kann –
ich, der ich Tiger bin, kann alle Ströme halten,
kann selbst des Flusses Wasserlauf zum Stillstand
 bringen.
Wir streifen durch die Welt, Enkelsöhne des Tigers.
Aus welchem Anlaß hast du mich aufgesucht?

Nun komme ich, *Ingan Jalong*,
Geist des Tageslichtes –
ich, *Ingan Jalong*,
der ich zur Zeit des Tageslichts hier auf dem
 *Puong*plateau weile,
ich bin der Geist der Medien –
ich tanze den Pfad entlang.

Hoi! Mit der Schnelligkeit des Tigers,
ein Satz, ein Griff, voll Macht zum Springen und
 zum Greifen
springe ich an und greife, was am besten ist,
 ich immer erster.
Doch jetzt ist's nicht, wie's früher war, jetzt ist es
 nicht, wie's war.
Gern tanz ich, kreise, gerne kreise ich
auf Planken vom *Lueng*baum,
auf Planken vom *Lueng*baum,
dessen Frucht so bitter schmeckt.
Mit der Schnelligkeit des Tigers, mit der Schnelligkeit des Tigers
komm ich, *Jalong*, mit einem Satz hinter den Mond.
Ich, *Jalong*, kann zehn Leute besiegen,
 alle lasse ich zurück.

I-i-i-i-i-i-i-i!
Ja, du, Geliebter,
du gehst in meine Stimme ein.
Ich bin *Lian*, ein tumber Geist,
kann nur zerhackte Töne ausstoßen.
Einst konnte mich keiner je besiegen.
Komm, laß uns kreisen, laß uns tanzen
auf Planken vom *Lueng*baum,
dessen Frucht so bitter schmeckt –
tanzend und kreisend auf dem harten
    Steinfußboden.

Ich komme, ich, *Lawai*, der Geist des Krokodils,
der Mann, der den ganzen Fluß anhalten kann.
Nur eine kleine Weile komme ich.
Müde, ganz müde komme ich,
ich, *Jalong Balan*, Tiger, der allezeit der erste war.
Omen sind wir, gesandt von den Geistern des *Padi*.
Ich bin *Lawai*, der Geist des Krokodils,
trage mein zähes Gewand.
Unsre Gewänder sind die zähesten der Welt.
*Weng*plateau ist immer einsam –
viele Perlentrauben gibt es
dort am Ende des *Weng*plateaus.
Ich, *Kareng*, komme hervor, zusammen mit
    Laeng Ingan,
dem Falken, der in meinem Körper Menschengestalt
    angenommen hat.
Wir sind die Häuptlingsväter der Geister des *Padi*.
Wie schade, ach, wie schade für euch!

Wir Volk des Stromes machen laute Musik.
Wir aus dem Strom machen Musik, die ist so laut,
man spürt den Klang, wie er im Kopf anschlägt.
Ich bin *Sagon Lawai*, König der Frösche.
Ich, Froschkönig, bleibe am Mund des Flusses,
trage mein ganz besonderes Muster,
    überall gescheckt.

Wir Geister sind alle Freunde, haben dieselben
    Gefühle,
stammen vom selben Wurf.
Dies ist *Tama Sagon*, Vater der Frösche,
der allezeit nach Regen ruft,
der Mann, der die größten Wolken ruft,
die dann den schwersten Regen geben.
Ich bin *Irang Taja*, Geist des Tabu,
ich bin *Irang Taja*, Geist des Tabu.
Ich bin *Irang Taja*, der auf dem hellen Plateau lebt,
ich bin *Irang Taja*, der auf dem hellen Plateau lebt.
Das helle Plateau ist stets herrlich zu schauen,
das helle Plateau ist stets herrlich zu schauen,
das völlig nackte Plateau,
das niemand sehen darf.
Hier kommt *Lenjau Laeng*, der auf dem
    *Weng*plateau lebt,
mein großer Freund vom Mund des Flusses.
Niemand kann mich besiegen, niemand wirft
    mich zurück.
Ich möchte meine Mutter besuchen, die Scheinende
    Mondin.
Immer war er mein Freund –
wie grausam du auch sein magst,
junger Mann, Geist des *Padi*, eh-yeh!
Der du am Mund des Mondenflusses lebst.
Ich bin auf dem Weg, *Lenjau Laeng* zu besuchen,
der auf dem Wengplateau wohnt, nahe der Quelle
    des Regens.
Ich kann den Feind auf seiner Bahn zum Halten
    bringen.

I-i-i-i-i-i-i-i!
Liebes versammeltes Volk, ihr alle,
spielt doch nicht unbesonnen.
Wahrlich, ihr dauert mich,
die ihr so trudelt,
Häuptling jener, die gar am meisten trudeln.

Dies Jahr war trocken,
ein schlechter Geist ließ alles verdorren.
Ich bin *Padan Jalong*, dessen Haus am Mund
    des Flusses
von Schaum überzogen ist,
und dem Mund entquillt Leben auf ewig.
Ich bin der junge Leopard,
der ein geschecktes Fell wie Regen hat.
Ich warte auf die Ankunft jener Menschen,
die, Wasser ringsum, auf einer Insel leben,
jener Menschen, Wasser ringsum schweren Regens
    wegen.
Die Wolken, unter denen ihr Menschen lebt,
sind die Quelle der Tränen, die eure Augen vergießen.
Wahrlich, ihr dauert mich, wie ich euch in die Augen
    sehe,
mein liebes Volk, das ihr auf dieser Erde wohnt.
Wir sind die Drachen, die Geister des Flusses,
die Dürre wirken können.
Im wesentlichen sind wir es, die den Dürrebann
    wirken,
wir sind die Geister, die die heiße Zeit lang und
    trocken machen.

Hab acht, mein Enkel,
der Feind kommt den *Maradian*fluß herauf.
Jetzt kann ich das Zeichen sehen –
diese Krieger ziehen aus, die Mondin
    niederzuschlagen.
Ich bin *Lusat Jalong*, dies ist *Lusat Jalong*,
ich hause im tiefsten Tümpel des Flusses.
Enkel, mein Enkel, spiele nicht unbesonnen.
Wir sorgen uns um dich, mein Enkel.
Seit langem schon wollte ich dich kennenlernen,
mein junger Freund, der du beim Tanzen wiegst
    und kreist –
Lusat Jalong, der in dem tiefsten aller Flußtümpel
    haust.

Kabon Tiri Tiri, Kabon Tiri Tiri –
all ihr jungen Männer –
Kabon Kujan Kujan, Kabon Kujan Kujan –
all die jungen Mädchen wird man wohl haschen,
aufsammeln wie einen Haufen Perlen, die von
   der Schnur geschnitten wurden.
Lawai, Krokodil, er trägt ein zähes Kleid,
ein Kleid aus Perlen ganz und gar.
Spielt doch nicht unbesonnen.

Wir sind die Geister der Medien, wir sind viele.
Wahrlich sind dies die Geister, die mein Glück
   ausmachen.
Wir kommen vom nackten Plateau, das keiner
   sehen darf,
vom nackten Plateau, wo wir viele Feinde haben.
Wir haben nichts mit dir zu teilen,
mit dir, mein junger Erstgeborener,
mein Sohn, dessen Vater tot ist.
Du, chinesischer Fremdling, der du von flußab
   gekommen bist,
du, hochgeborene Frau, von königlichem Blut,
nichts gibt es, das ich mit euch teilen könnte,
mit euch zu essen teilen könnte,
kein Essen geht an euch von meinen Fingerspitzen.
So leben unsre Geister, die des Mediums,
die Geister des Mediums, die den Pfad
   entlangtanzen,
übers Plateau, auf das die Regentropfen fallen.
Der Regen trommelt auf meinen Flußmund,
er tönt wie eine Trommel aus Metall.
Es tut mir leid, daß wir so kurz nur bleiben können.
Wir sind die wahren Geister des Mediums –
das ist die mir gegebene Gabe, die verbotene Gabe.
Die Geister des Mediums tanzen mitunter
auf dem nackten Plateau, dem Ort, der verboten ist,
auf dem nackten Plateau, wo viele der Feinde leben.
Wir wohnen an geschiedenen Orten,

jeder von uns haust in einem anderen Fluß.
Wie ihr mich alle dauert!
Langsam müssen wir zurückgehen, wir gehen
    zurück in die Wolken.
Bali Lingai, Geist des Schattens, langsam, langsam
kehren wir zu dir zurück, unserer Mutter.
Dies ist wahrlich der Weg der Medien –
die verbotene Gabe, die mein Teil ist,
daß Geister gänzlich in mich eingehen können.
Doch dies ist unrecht zu dieser Zeit.
Wir können nur für eine kleine Weile bleiben.
Meine Mutter ist die Scheinende Mondin.

Es drängt mich, die Gefühle in deinem Leib
    zu läutern,
mit Hilfe *Sios*, des Geistes, der alle Wünsche erfüllt.
Ich bin nur dieses Körnchen Staub –
ich, *Liang*, Geist der Grabstätte,
die größtenteils Staub ist,
der sich gewiß darüber häuft, unsere Knie bedeckt.
Mein Sohn, langsam kehre ich zurück zu
    meiner Mutter –
das ist mein Abschiedswort.
Mein Enkel und auch ihr alle,
langsam, langsam müssen wir Geister zurück,
schwinden geschwind als ob wir flögen.

Fluch auf euch, ihr jungen Leute!
Ich bin *Lian*, ein tumber Geist,
der nur zerhackte Töne ohne Sinn ausstößt.
Du bist gestorben, als du noch jung warst.

I-i-i-i-i-i-i-i!
Wir gehen fort, wir gehen zurück,
im Flug schwärmen wir aus, ein Schwarm
    Hornissen,
viele Hornissen, die schwärmen und kreisen.
Wir gehen zurück zu unserer Mutter.

Wir sind die wahren Geister des Mediums,
 wir sind viele.
Von selbst öffnen sich Augen dem Licht des Tages.
Weil wir so viele sind, sich Tausende unter uns
 drängen,
weil wir so viele sind wie Wedel an der *Late*palme.

VIII.

DAS HAUS DER TRÄUME

Diese stilisierte Figur findet sich eingeritzt in einen Felsen bei Nyí, nahe der Meyú-Fälle des Piraparaná im Vaupésgebiet Kolumbiens. Die Meyú-Fälle liegen am Äquator, und Sternbilder in ihrem Auf- und Untergang befinden sich somit zu dieser Zone in Zenitstellung. Die tosenden Fälle sind laut Reichel-Dolmatoff genau die Umgebung, die der mythische Sonnenvater zu seiner Vermählung mit der weiblichen Erde erwählt hat, um das Menschengeschlecht zu erzeugen. Von ihm wissen wir auch, daß die Vaupés-Indianer das dreieckige Gesicht als Vagina und die stilisierte menschliche Figur darunter als geflügelten Phallus deuten.

DESANA-SCHAMANE
Südamerika/Desana

Zur Entfaltung der Kräfte des Desana-Schamanen ist ein langer und systematischer Lernprozeß erforderlich. Anders als die meisten Schamanen in anderen Teilen der Welt erfährt der Payé gewöhnlich keine Berufung in Form einer seelischen, geistigen oder körperlichen Krise. Der Anthropologe Reichel-Dolmatoff berichtet uns vielmehr, daß der Heilerpriester „seine Persönlichkeit langsam und stetig entwickelt", wobei „die Triebkraft ein intellektuelles Interesse am Unbekannten ist, und dies nicht so sehr zu dem Zweck, Macht über seine Mitmenschen zu erlangen, als vielmehr zur persönlichen Befriedigung, um Dinge zu wissen, die andere nicht zu begreifen vermögen".[1]

Der Payé ist ein Menschenkenner, der den archaischen Überlieferungen seines Volkes ein lebendiges Interesse entgegenbringt. Auch kümmert er sich um das soziale Kräftespiel und nimmt von daher oft die Rolle des heiligen Politikers ein, der soziale Konflikte löst. Die häufig durch starke Halluzinogene herbeigeführte schamanische Trance stellt den göttlichen Ursprung der Ordnung unter Beweis, nach der sich die gesellschaftlichen Beziehungen regeln.[2] Sie ist das Mittel, durch das der Payé die Harmonie der Gemeinschaft wiederherstellt.

Im Mittelpunkt der Desana-Mythen stehen die heiligen Drogensitzungen, wodurch sowohl der Pflanze als auch den Ritualen, die mit der Einnahme dieser höchst wirksamen Schnupfpulver und Aufgüsse verbunden sind, ein tiefer Sinn im Hinblick auf Ordnung und Zusammenhalt verliehen wird.

In der folgenden Erzählung, dem Ursprungsmythos von Yajé, scheint Yajéfrau die erste Frau auf Erden zu sein, und das Haus der Wasser, in welches sie kam, war die erste Maloca*. Ihr Auftauchen inmitten der Männer, nachdem sie das Yajékind zur Welt gebracht hat, das darauf roh zerstückelt

---

* Die Desana leben in großen Gemeinschaftshäusern, die *Malocas* heißen.

*wird, ist außerordentlich dramatisch. Als die Männer sie erblicken, haben sie das Gefühl zu „ertrinken". Die Desana benutzen das Wort ertrinken, um die Empfindungen zu beschreiben, die sie während der geschlechtlichen Vereinigung erfahren. Für den Desana sind Visionen gleich mit ertrinken, bewußtlos werden, verwirrt sein und satt sein – alles Zustände, die auch in der geschlechtlichen Vereinigung erfahren werden.*³

*Yajéfrau ruft die kraftvollen Visionen hervor, und Yajé ist weiblich.*⁴ *Reichel-Dolmatoff erklärt, daß „die Person während des Koitus ‚ertrinkt' und ‚Visionen hat'. Der Akt wird als Zustand der Berauschtheit* (Niaróre) *und Trunkenheit beschrieben, ein Zustand der Entrückung, in dem Angst und Wonne ineinanderfließen und den Mann in eine andere Dimension leiblichen und geistigen Bewußtseins versetzen. Für den Tukano ist diese enge Verbindung zwischen Sex und halluzinatorischer Trance ganz natürlich. Aufgrund ihrer Heftigkeit und Entrückung haben beide Erfahrungen viel gemein, und der Mythos erklärt einfach, wie sie entstanden."*⁵,⁶

Es war eine Frau. Sie hieß *Gahpí Mahsó*, *Yajé*frau. Es begab sich im Anfang der Zeit. Im Anfang der Zeit, als das Anaconda-Kanu die Flüsse hinauffuhr, um die Menschen überall anzusiedeln, da erschien die *Yajé*frau. Das Kanu war an einen Ort gelangt, der *Dia Vii* heißt, das Haus der Wasser, und die Männer saßen in der ersten *Maloca*, als die *Yajé*frau eintraf. Sie stand vor der *Maloca*, und dort gebar sie ihr Kind, ja, dort gebar sie.

Die *Yajé*frau nahm eine *Tuka* und säuberte sich und das Kind mit der Pflanze. Dies ist eine Pflanze, deren Blätter auf der Unterseite rot wie Blut sind, und sie nahm diese Blätter, und mit ihnen säuberte sie das Kind. Die Blätter waren strahlend rot, leuchtend rot, und die Nabelschnur ebenfalls. Sie war rot und gelb und weiß, glänzte hell. Es war eine lange Nabelschnur, ein großes Stück. Sie ist die Mutter der *Yajé*liane.

Im Innern der *Maloca* saßen die Männer, die Ahnen der Menschheit, die Ahnen aller Tukanogruppen. Die Desana waren da und die eigentlichen Tukano, die Pira-Tapuya und die Uanano – alle waren sie da. Sie waren gekommen, die *Yajé*liane zu empfangen. Einem jeden sollte die *Yajé*liane gegeben werden, und sie hatten sich versammelt, sie zu empfangen.

Da ging die Frau auf die *Maloca* zu, in der die Männer saßen, und mit dem Kind im Arm trat sie zur Tür herein. Als die Männer die Frau mit ihrem Kind sahen, waren sie wie gelähmt und ganz verwirrt. Es war, als würden sie ertrinken, als sie der Frau und ihrem Kind zusahen.

Sie ging in die Mitte der *Maloca*, stand dort und fragte: „Wer ist der Vater dieses Kindes?"

Die Männer saßen da, und sie fühlten sich speiübel und wie gelähmt, sie konnten nicht mehr denken. Die Affen auch, ja, die Affen saßen da und kauten Kräuter; es waren Blätter der *Bayapia*. Auch die Affen konnten den Anblick nicht ertragen. Sie fingen an, ihre Schwänze zu fressen. Auch die Tapire fraßen ihre Schwänze, die zu der Zeit recht lang waren. Auch die Hörnchen fraßen ihre Schwänze und kauten Kräuter. Das Hörnchen gab ein wenig Laut – kiu-kiu-kiu –, wie es so kaute. „Ich bin übel dran", sagte das Hörnchen, „ich fresse meinen Schwanz." „Was ist los?" sagten die Affen und faßten nach ihren Schwänzen, aber die Schwänze waren weg. „Wir sind übel dran", sagten die Affen. „Ich Ärmster!" sagte einer der Affen. „Ich werde bestimmt wahnsinnig, wenn ich schon meinen Schwanz fresse! Ich Ärmster!"

Die *Yajé*frau stand in der Mitte der *Maloca* und fragte: „Wer ist der Vater dieses Kindes?"

Da war ein Mann, der saß in einer Ecke, und Speichel tropfte ihm aus dem Mund. Er stand auf, packte das Kind am rechten Bein und sagte: „Ich bin der Vater!" – „Nein!" sagte ein anderer, „Ich bin der Vater!" – „Nein!" sagten die anderen, „wir sind die Väter des Kindes!" Und dann stürzten sich alle Männer auf das Kind und rissen es in Fetzen. Sie rissen die Nabelschnur ab und die Finger, die Arme und die Beine. Sie rissen das Kind in Stücke. Jeder nahm einen Teil, den Teil, der ihm entspricht, seinem Volk. Und seit der Zeit hat jede

Menschengruppe ihre eigene Art *Yajé*. (An dieser Stelle wurde die Geschichte unterbrochen, und die Frage kam auf, wie die Frau schwanger geworden war.)

Das war der alte Mann, der Sonnenvater. Er war der Phallus. Sie sah ihn an, und aus seinem Erscheinen, wie er eben aussah, wurde der Samen gemacht, denn er war die *Yajé*gestalt. Der Sonnenvater war der Meister der *Yajé*, der Meister des Liebesakts. Im Hause der Wasser wurde sie durchs Auge geschwängert. Durch das Anschauen des Sonnenvaters wurde sie schwanger. Alles geschah durch das Auge.

Die *Yajé*frau war mit den Männern gekommen. Während die Männer *Cashrí* bereiteten, verließ die Frau die *Maloca* und gebar die *Yajé*liane in Gestalt eines Kindes. Es war Nacht. Die Männer suchten nach einer Möglichkeit, sich zu betrinken. Das *Yajé*kind wurde geboren, während die Männer nach einer Möglichkeit suchten, sich zu berauschen. Sie fingen eben an zu singen, ihr Gesang stieß das Kind zurück. Sie stießen es mit einem Rasselstab aus dem Holz des *Semé* zurück. Die Tiere, die ihre Schwänze fraßen, beschliefen sich gegenseitig, denn sie waren im Rausch. Die *Yajé* hätte eigentlich nur angenehme Visionen hervorrufen sollen, aber manchen wurde übel, und sie stießen sie zurück.

Die Frau war in die Mitte der *Maloca* gegangen. Dort stand ein Kasten mit Federkopfputz. Und dort war ein Herd. Als sie hereinkam, hatte nur einer der Männer einen klaren Kopf behalten und war nicht benommen. Die Männer tranken, als sie ihr Kind bekam, und sofort waren sie benommen. Erst waren sie benommen, dann kam das rote Licht, und sie sahen Rot, das Blut der Geburt. Dann kam sie mit dem Kind herein, und als sie zur Tür hereintrat, verloren sie alle den Verstand. Nur einer von ihnen widerstand und griff sich den ersten Zweig der *Yajé*. Damals geschah es, daß unser Ahne wie ein Dieb handelte. Er nahm einen seiner Kupferohrringe ab und brach ihn entzwei, und mit der scharfen Kante schnitt er die Nabelschnur durch. Er schnitt ein großes Stück ab. Daher kommt es, daß *Yajé* in Gestalt einer Liane auftritt. Alle rissen sie Fetzen vom Kind ab. Die anderen Männer hatten sich bereits ihre Teile vom Körper des Kindes gegriffen, als zuletzt unser Ahne, *Boréka*, den Teil nahm, der ihm entsprach. Unser Ahne wußte aus der *Yajé* keinen Nutzen zu ziehen. Er berauschte sich viel zu sehr.

WARRAU-SCHAMANE
Südamerika/Warrau

Die fünfzehntausend Warrau Ostvenezuelas leben im Orinokodelta mit seinen labyrinthischen Wasserläufen und seinen unzugänglichen Sümpfen. Aufgrund der Entlegenheit ihres Lebensraums sind sie kulturell und genetisch von einer Beimischung anderer Rassen und Stämme mehr oder weniger unberührt geblieben, und ihre Überlieferungen haben sich ungewöhnlich rein erhalten.

Johannes Wilbert, der diesen Mythos aufgeschrieben hat, erklärt, daß der Mythos vom „Haus aus Tabakrauch" den Ursprung der „Geschichte des Bewußtseins" des Warrauvolks erzählt. Der „Schöpfervogel des Morgens" war ein göttlicher Geist, der in mythischer Vergangenheit ein strahlender Jüngling aus dem Osten war. Indem er bloß an ein Haus dachte, brachte Domu Hokonamana Ariawara, *der Vogel des Morgens, ein Haus zum Vorschein, rund und weiß und aus glänzendem Tabakrauch. In diesem Haus wurde der „lichte" Schamanismus geboren.*[7]

*Der „lichte" Schamane (*Bahanarotu) *leitet einen alten Fruchtbarkeitskult namens* Habisanuka. *Im Traum oder in einer durch Tabak herbeigeführten Trance reist der* Bahanarotu *zum östlichen Teil der kosmischen Kuppel. Die Himmelsbrücke aus Tabakrauch, die er aufrechterhält und über die er zum östlichen Höchsten* Bahana (Geist) *reist, sichert dem ganzen Stamm ein Leben im Überfluß. Ein aggressiver* Bahanarotu *kann Krankheit oder Tod unter seine Feinde säen. Solches Unheil kann von einem freundlich gesinnten* Bahanarotu *abgewendet werden, der die Zauberpfeile heraussaugen oder die Betroffenen mit Tabakrauch heilen wird.*[8]

Weiter führt Wilbert aus, daß „dieser Mythos die Ursprungsüberlieferung vom Schamanen Bahanarotu *ist. Er ist die Satzung, nach der er sein bewußtes Dasein und seine übernatürliche Erfahrung ordnet. Diese Satzung lehrt ihn sein Meister in langen und harten Einweihungsübungen, und sie wird so fest in seiner Seele verankert, daß der Novize, wenn man meint, er sei bereit für die Weihen der Tabakekstase, selbst die schamanische Urerfahrung durchlebt."*[9] *Die Mythen sind also Landkarten für die Wandlungsreisen, die der Schamane im Lauf seines Lebens immer wieder unternimmt.*[10]

Das Haus aus Tabakrauch

Eines Tages breitete der Jüngling, der im Osten aufgegangen war, seine Arme aus und verkündete seinen Namen: *Domu Hokonamana Ariawara*, „Schöpfervogel des Morgens". Mit seinem linken Flügel hielt er einen Bogen und zwei zitternde Pfeile, und mit dem rechten Flügel schwenkte er eine Rassel. Sein Gefieder sang unentwegt den neuen Gesang, den man im Osten hörte.

Die Gedanken des Vogels des Morgens galten nun einem Haus – und auf der Stelle erschien es: ein rundes, weißes Haus aus Tabakrauch. Es sah aus wie eine Wolke. Der singende Vogel ging hinein und wirbelte seine Rassel.

Als nächstes wollte er vier Gefährten haben: vier Männer und ihre Frauen. Räume für jedes Paar waren bereits entlang der Ostwand des Hauses aus Rauch vorgesehen.

„Du, Schwarze Biene", sagte der Vogel des Morgens. „Komm und teile meine Einsamkeit mit mir." Und der Schwarze Bienenmann kam mit seiner Frau. Sie verwandelten sich in Tabakrauch und sangen den Gesang des Vogels des Morgens.

„Wespe als nächste", rief der Vogel. Der rote Wespenmann kam mit seiner Frau, verwandelte sich in Rauch und stimmte in das Singen ein.

„Termite, jetzt du", sagte der Vogel des Morgens. Der Leib des Termitenmanns und der seiner Frau waren gelb. Sie nahmen den Raum neben Wespe, verwandelten sich in Rauch und lernten den neuen Gesang.

„Honigbiene, du wirst zuletzt gerufen." Die Leiber der Bienen waren blau. Sie belegten den Raum neben Termite. Wie die anderen verwandelten sie sich in Tabakrauch und stimmten in den Gesang ein.

„Ich bin der Herr dieses Hauses aus Rauch", rief der Schöpfervogel aus. „Ihr seid meine Gefährten. Schwarzbiene ist euer Häuptling, Wespe der Aufseher, Termite und Honigbiene sind Arbeiter." Dem stimmten sie zu, und jeder Gefährte ging'zum Herrn und strich ihm über Kopf, Schultern und Arme, um ihn kennenzulernen. Sie sangen und rauchten Zigarren. So wurden sie *Bahanarao* – die den Rauch blasen.

Die Gedanken des Vogels des Morgens galten nun einem Tisch mit weißem Tuch, der mit vier Schalen in einer Reihe gedeckt war – und da waren sie, inmitten des Hauses, alle aus Rauch. Der Vogel legte seine Waffen auf den Tisch und sagte: „Nun laßt uns das Spiel von *Bahana* vollenden."

In der Schale der Schwarzen Biene erschien ein funkelnder Felskristall. In der Schale der Wespe fand sich ein Ball aus weißem Haar. Auf dem Teller der Termite erschienen weiße Steine, und auf dem der Honigbiene sammelte sich Tabakrauch – das vierfältige Gedeck des Spiels von *Bahana*.*

So ist es um das Haus aus Rauch des Schöpfervogels des Morgens bestellt. So wurde es zur Geburtsstätte von *Bahana*, der schamanischen Methode, Rauch zu blasen und Krankheit auszusagen. Das Haus aus Rauch liegt im Osten, auf halbem Weg zwischen dem Punkt, wo Himmel und Erde zusammentreffen, und dem Zenit der kosmischen Kuppel. Es entstand lange bevor irgendwelche Warrau lebten.

Dann erschienen eines Tages in der Mitte der Erde ein Mann und eine Frau. Es waren gute Menschen, aber ihr Verstand war ungeformt. Sie hatten jedoch einen vierjährigen

---

* Kristall, Haarball, Steine und Tabakrauch werden je mit einem bestimmten Insekt und einer bestimmten Farbe gleichgesetzt und sind die Hauptmittel der Kraft des Schamanen. Wie Pfeile und andere Gegenstände können sie als magische Träger von Krankheit durch die Luft entsandt werden.

Sohn, der sehr intelligent war. Auf viele Dinge richtete er seine Gedanken. So geschah es, daß er an den Ort *Hoebo* im Westen mit seinem Leichengestank, seinem Blut und seiner Finsternis dachte. „Es muß doch auch etwas im Osten geben", überlegte der Junge, „etwas Lichtes und Farbenfrohes." Er beschloß, sich aufzumachen und das All zu erkunden.

Obwohl nun der Körper des Jungen ziemlich leicht war, war er doch viel zu schwer zum Fliegen. Der Junge dachte viel darüber nach, bis er eines Tages seinen Vater bat, Brennholz unter seiner Hängematte aufzuschichten. Vier Tage lang aß und trank er nichts. Am Abend des fünften Tages entzündete er das Holz mit jungfräulich reinem Feuer und legte sich schlafen. Mit der aufsteigenden Hitze und dem Rauch des neuen Feuers stieg der Geist des Jungen zum Zenit empor. Jemand sprach zu ihm und sagte: „Folge mir. Ich werde dir die Brücke zum Haus aus Rauch im Osten zeigen."

Bald fand sich der Junge auf einer Brücke aus dicken, weißen Tabakrauchtauen. Er folgte dem unsichtbaren Geistführer, bis er ein kleines Stück von der Mitte des Himmelsdoms entfernt an eine Stelle gelangte, von der ab sich wunderbare Blumen in einem Regenbogen von leuchtenden Farben an der Brücke entlangwanden – eine Reihe roter und eine Reihe gelber Blumen auf der Linken sowie blaue und grüne Blumenbahnen auf der Rechten. Eine sanfte Brise ließ sie sacht hin und her schaukeln. Gleich der Brücke, die sie schmückten, waren auch die Blumen aus verdichtetem Tabakrauch. Alles war hell und still. Der unsichtbare Führer geleitete den Jungen zum Haus aus Rauch. Aus der Ferne drang bereits der Gesang der *Bahanarao* zu ihm.

Die Brücke führte genau zur Tür des Hauses aus Rauch im Osten. Der Junge kam an, lauschte der schönen Musik und fühlte sich derart freudig erregt, daß er nichts mehr begehrte, als auf der Stelle einzutreten.

„Sag mir, wer du bist", verlangte eine Stimme aus dem Innern zu wissen.

„Ich bin's. Der Sohn von Warrau."

„Wie alt bist du?"

„Vier."

„Du darfst eintreten", willigte der Schöpfervogel ein. Er war es, der Höchste *Bahana*, der den Jungen befragt hatte. „Du bist rein und der Frauen ledig", sagte er.

Der Junge betrat das Haus aus Rauch. Er grüßte den Schöpfervogel des Morgens und seine vier Gefährten, die aus ihren vier Wohnungen kamen. Der Junge stand vor dem Tisch mit dem vierteiligen Spiel von *Bahana* und den Waffen darauf. Er wollte alles darüber erfahren.

„Was davon hättest du am liebsten?" wollte der Höchste *Bahana* wissen.

„Ich nehme sie alle: das Kristall, das weiße Haar, die Steine, den Rauch und auch den Bogen und die Pfeile." Der Junge war sehr weise.

„Du sollst sie haben."

„Jetzt lehre mich deinen schönen Gesang."

Und der Junge sah, wie von unten aus dem Fußboden des Hauses aus Rauch der Kopf einer Schlange mit vier bunten Federn auftauchte: weiß, gelb, blau und grün. Glockengleich ließen sie einen Ton erklingen. Die gefiederte Schlange ließ ihre gespaltene Zunge hervorschnellen und stieß eine glühend weiße Kugel aus Tabakrauch aus.

„Ich kenne *Bahana*!" rief der Jüngling.

„Nunmehr besitzt du es", sagte der *Bahana*. „Du bist ein *Bahanarotu*."

Die Schlange zog sich zurück. Die Insektengefährten kehrten in ihre Gemächer zurück, und der Junge erwachte aus seiner ekstatischen Trance. Weitere vier Tage und länger wies er das Essen seiner Mutter zurück.

„Du wirst sterben", warnte sie.

Er aber schien nur tot zu sein. Er hatte kein Verlangen mehr nach *Moriche*mehl, Fisch und Wasser. Ihn verlangte nach der Nahrung von *Bahana*: Tabakrauch.

Am fünften Tag ging ein seltsamer Wandel mit dem jungen *Bahanarotu* vor. Seine Hände, seine Füße und sein Kopf fingen an zu glühen. Seine Arme und Beine und endlich sein ganzer Körper wurden leuchtend weiß. Dann erschien Volk um sein Haus: zehn Paare vom Schwarzbienenvolk, zehn Paare vom Wespenvolk, zehn Paare vom Termitenvolk und zehn Paare vom Honigbienenvolk. Und es waren auch viele schöne Kinder unter ihnen.

„Er lebt", sagten sie.

„Ich heiße *Bahanarotu*", sagte der Jüngling. Dies war das erste Mal, daß der Name *Bahana* auf Erden ausgesprochen wurde. Der *Bahanarotu* baute ein kleines Haus, tat sein vierteiliges Spiel von *Bahana* in einen Korb und legte Bogen und Pfeile daneben. Der Rauch seiner Zigarren bildete einen Pfad von der Mitte der Erde zum Zenit, wo die Brücke anfängt, die zum Haus aus Rauch im Osten führt.

Der *Bahanarotu* hielt seinen Körper leicht, indem er sehr wenig aß. Tabakrauch blieb seine Hauptnahrung. Seine Eltern starben, und da er so ohne Warraugenossen auf Erden war, heiratete er ein schönes Bienenmädchen, ein Kind wie er. Sie lebten zusammen, aber sie schliefen nicht miteinander.

Der junge *Bahanarotu* bemerkte in seinem Handinnern vier dunkle Punkte an jeder Fingerwurzel. Von dort führten Tabakrauchpfade durch seine Armbeugen in seine Brust zu seinen vier Söhnen, den Insektengefährten, die allmählich Gestalt annahmen. Älterer Bruder Schwarzbiene lebte über Jüngerem Bruder Wespe auf der starken rechten Seite seiner Brust, Älterer Bruder Termite über Jüngerem Bruder Honigbiene auf der linken. Sie wurden kräftiger, wie der *Bahanarotu* sie weiter mit Rauch nährte. In das Deckblatt seiner Zigarre rollte er vier Teile Tabak, einen für jeden seiner Söhne. Hätte er mit seiner Frau geschlafen, als die Söhne noch schwach waren, so wären die Geistkinder gestorben, und *Bahana* wäre von dieser Erde verschwunden.

Statt dessen enthielt sich das junge Paar viermal vier Jahre lang, bis die *Bahana*söhne durch die rechte Tabaknahrung groß und stark geworden waren. Dann war es an der Zeit für den *Bahanarotu*, zu ihnen zu sprechen.

„Meine Söhne", sagte er, „ich will euch eine Mutter geben. Habt keine Angst. Heute nacht will ich euch eure Mutter zeigen."

Als der *Bahanarotu* zum erstenmal mit seiner Bienenfrau schlief, war er sehr behutsam. Nur der Kopf seines Gliedes drang in die Scheide ein. Die vier Geistsöhne sahen ihre Mutter und mochten sie leiden. Auch die Mutter schaute ihre weißen Rauchsöhne im Traum und fand an ihrer Schönheit Gefallen. In jeder der darauffolgenden Nächte drang der *Bahanarotu* weiter und tiefer ein. So wurde die erste *Bahana*familie gegründet.

Das Insektenvolk, das um das Haus des *Bahanarotu* herum gelebt hatte, kehrte nun zum Haus aus Rauch zurück.

„Wir sollten auch dorthin gehen", sagte der *Bahanarotu* zu seiner Frau. „Es ist einsam hier."

Sie begannen zu fasten, um ihre Körper leicht zu machen. Sie rauchten und rauchten, und nach acht Tagen stieg der *Bahanarotu* auf. Seine Frau folgte ihm kurz darauf, aber als sie das Haus aus Rauch betrat, erlitt der Höchste *Bahana* einen Anfall.

„Ich weiß, wie man ihm helfen kann", sagte die Frau. Sie ging zum Höchsten *Bahana* hinüber und verwandelte sich in einen schönen schwarzen Meeresvogel. Sie breitete ihre Schwingen aus, schüttelte sie wie Rasseln, und während sie Tabakrauch auf den zuckenden Körper ihres Patienten blies, umhegte sie ihn sanft mit ihrem Gefieder. Der Höchste *Bahana* erholte sich.

„Du bist wirklich ein *Bahanarotu*", sagte er. „Bleibe hier, *Sinaka Aidamo*, Geist der Anfälle."

Da sind sie also, der *Bahanarotu* und seine Frau, und sie rauchen, rasseln und singen einstimmig mit den *Bahanarao*.

Viel Zeit verstrich, und als viel Volk in der Mitte der Erde erschien, da wußte es nichts von *Bahana* und von der Brücke, die von ihrem Dorf zum Haus aus Tabakrauch reichte. Aus dem Grund rollte der *Bahanarotu* eine Zigarre mit zwei *Bahana* drin und zielte damit auf einen jungen Mann, den er erwählt hatte, sie zu empfangen. Er sandte den Rauch auf die rechte Seite der Brust des Jünglings und einen Stein auf die linke Seite. Rauch wurde der ältere Bruder, Stein der jüngere. Als sie den Jüngling trafen, fiel er wie tot um. Die *Bahana*geister gingen in seinen Körper ein und wurden seine Helfer. Als er aber erwachte und seine Waffen und seine Rassel aus Tabakrauch zeigte, verschwanden die Menschen vor seinen Augen. Sie wurden zum Flußkrabbenvolk und wurden die Herren der Erde.

Schließlich erschienen viele Warrau in der Mitte der Erde. Wieder schoß der junge *Bahanarotu*, der selbst ein Warrau war, dasselbe Paar *Bahana*geister vom Haus aus Rauch zur Erde hinunter. Der junge Mann, der sie empfing, überlebte und lernte, über die Brücke aus Tabakrauch in den Himmel zu reisen. Hier erhielt er viel guten Rat, wie seine *Bahana*geister zu bewahren und wie sie zu benutzen wären.

Daher lebt *Bahana* bis zum heutigen Tag auf Erden fort. Es ist nicht so vollkommen oder mächtig, wie es vor langem war, als der erste *Bahanarotu* vier Geisthelfer empfing. Trotzdem blieb *Bahana* erhalten. Und es ist immer noch sehr stark unter den Warrau.

Ramón Medina Silva
Mittelamerika/Huichol

Die Arbeit des Huichol-Schamanen ist außerordentlich vielschichtig und stellt hohe Ansprüche an den Schamanen: Ein umfassendes Wissen ist erforderlich, künstlerische Fähigkeiten, ungewöhnliche körperliche Reserven und ein feines soziales Gespür. Das Mythengespinst ist weitverzweigt und kunstvoll gewoben, und die Gesänge und Rituale, die diesen alten Geschichten entspringen, sind ein häufig auftretender Bestandteil im Huicholleben. Es ist für den Mara´akáme unerläßlich, körperliche Gesundheit, große Ausdauer und einen festen Willen zu entwickeln, denn er muß ja Zeremonie nach Zeremonie abhalten, die ganze Nacht hindurch, eine Nacht nach der anderen, bei denen die Legenden vom Ursprung und Sinn des Lebens in Gesang und Sage wiedergegeben werden.

Barbara Myerhoffs Erfahrung mit Ramóns Darbietung der Mythenstoffe vermittelt eine Vorstellung von der besonderen Rolle, welche die Geschichten der Alten im Leben dieses Volkes spielen: „Zuerst diktierte Ramón Texte nur in Spanisch, aber nach einer Zeit gab er sie erst in Huichol und ließ dann die spanische Fassung folgen. Die erstere war stets länger und eindringlicher, war begleitet von Gebärden, Weinen, Ausgelassenheit, Herumspringen, plötzlichem Hervorholen von Gegenständen zum Veranschaulichen, wobei er oft auf Geige oder Gesang zurückgriff. Wurden die Huicholtexte aufgenommen, legte er vollen Zeremonialputz an und diktierte nur im Halbdunkel der fensterlosen Hütte oder irgendwo draußen in der menschenleeren Landschaft."[11]

Die Mythen stellen einen Aspekt der Wissenschaft dieser Kultur dar. Sie sind eine Kartographie, die dem Leben der Menschen Zusammenhalt und Richtung gibt. Sie lehren jeden Mann, jede Frau und jedes Kind, „wie man geht und Huichol ist". In den Mythen ist die heilige Geschichte der Kultur enthalten, und somit gehören sie zum Bereich des Wirklichen. Sie sind mythische Tatsache.

„Wenn der Mara'akáme die Trommel rührt und die Kinder ins Land des Peyote fliegt" ist die mythische Landkarte, die im Verlauf der Wima'kwari (der Trommelzeremonie) gesungen wird. Wie die Trommel des sibirischen Schamanen für die entkörperte Seele des Visionärs zum Gefährt des Fluges wird, so führt die Trommel, die der Mara'akáme der Huichol und seine Helfer schlagen, die Kinder durch das kosmische Gelände, das getreu der Tradition von denen durchquert wird, die als Peyotepilger auf dem Weg ins Heilige Land des Peyote, der Paradiesstätte, sind. Dort war es, wo die Götter und Göttinnen, Unsere Mütter und Unsere Väter, in Urzeiten zuerst hinkamen und wo sie noch immer anzutreffen sind. Die gefährliche heilige Reise vollzieht die Peyotejagd der Erwachsenen in ihren wichtigsten Teilen nach. Wie Barbara Myerhoff beobachtete, ist es eine „beeindruckende und feinfühlige Verschmelzung des Tatsächlichen, des Magischen, des Symbolischen und des Vorschauenden".[12]

Wenn der Mara´akáme *die Trommel rührt und die Kinder ins Land des Peyote fliegt*

„Schaut her", sagt er zu ihnen, „es geht so. Wir fliegen über diesen kleinen Berg. Wir reisen nach *Wirikúta*, wo das heilige Wasser ist, wo der Peyote ist, wo Unser Vater aufsteigt."

Und von dort aus fliegen sie, wie Bienen, geradeaus, sie wandeln auf dem Wind, wie man sagt, dorthin. Als ob sie ein Schwarm Tauben wären, wunderschön, wie die singenden Turteltauben. Sie fliegen gleichmäßig. Du kannst es sehen, sie werden wie winzige Bienchen, wunderhübsch. Von Hügel zu Hügel, immer weiter. Sie fliegen von Ort zu Ort, wie der *Mara´akáme* es ihnen sagt. Der *Mara´akáme* geht mit *Káuyumari*, *Káuyumari*, der ihm alles sagt. Er beschützt sie alle. Einem kleinen Mädchen fehlt ein Flügel, weil Vater oder Mutter viele Sünden begangen haben. Wenn ihnen ein Flügel fehlt, setzt ihn der *Mara´akáme* wieder an. Dann fliegt sie mit den andern mit.

So reisen sie immer fort. Kommen sie an einen Ort, so weist der *Mara´akáme* drauf hin. Damit sie ihn kennen und wissen, wie es war, als Unser Großvater, Unser Vater, Unsere Urgroßeltern, Unsere Mütter, als sie nach *Wirikúta* gingen, als Älterer Bruder Hirschschwanz, *Maxa Kwaxí-Káuyumari*, dort vorbeikam und die Kinder der ersten Huichol dort hingingen, um geheilt zu werden.

Dies also sagt die Trommel auf unserem Rancho. Wenn sie geschlagen wird. Dort fliegen die Kinder hin. Der *Mara´akáme* geleitet sie auf dem Wind. Sie landen auf einem der Felsen. Es ist, als ob sie sich an den Felsen klammerten, sehr gefährlich. Der *Mara´akáme* sagt zu ihnen: „Schaut, Kinder, ihr seit mit diesen Pfaden nicht vertraut. Viele Gefahren lauern, viele wilde Tiere, die Kinder fressen, die Menschen anfallen. Ihr dürft euch nicht trennen, ihr müßt dicht zusammenbleiben, ihr alle." Und die Kinder sind sehr froh, sehr glücklich.

Sie fliegen weiter nach *Tokuari*, Wo die Pfeile sind. Sie fliegen darüber hinaus. *Xiuwa, xiuwa, xiuwa* – so machen sie beim Fliegen. Mit ihren Flügeln. Sie gelangen zu *Tskata*, dem Ort des Vulkans, wo in alten Zeiten der Erste *Mara´akáme*, Unser Großvater, das heilige Wasser in den Höhlen segnete, so daß ein jeder dorthin gehen konnte, unsere Verwandten, die Huichol, jeder. Der *Mara´akáme* nimmt eine Kürbisschale und sprenkelt daraus das heilige Wasser über sie. Er sagt zu ihnen: „Ich segne euch in den Vier Winden, zur Rechten und zur andern Seite, zum Norden, zum Süden und hoch droben." Dies sagt er zu ihnen. Er betet: „Laßt sie uns nähren. Dort wo Unser Großvater ist, dort im Süden, dort im Norden. Ihr, Unsere Tante, Unsere Mutter, die ihr dort seid. Ihr, *Kumúkite*, versammelt euch. Ihr, Unsere Großeltern, die ihr in unseren Häusern als Felskristalle gehütet werdet, versammelt euch. Eure Weihschalen sind an ihren Plätzen, dort sind sie."

Er opfert ihnen zu seiner Rechten, er opfert ihnen zu seiner Linken, er opfert ihnen im Osten, er opfert ihnen droben. Auch opfert er ihnen im Westen, wo Unsere Mutter *Haramara* weilt, wo Unsere Mutter *Hamuxamaka* weilt. Zuletzt sagt er also: „Wir fliegen weiter." Sie landen in *Wakanarixipa*. Das ist ein schreckliches gebirgiges Land. Hier erklärt ihnen der *Mara´akáme*: „Dies ist der Weg, den wir einschlagen müssen, dies sind die Zeichen, denen wir folgen müssen. Denn wenn einer stirbt, ist da immer einer, der ihm nachfolgt." Dann fliegt er weiter. Die Kinder fliegen weiter, dorthin Wo der Stern lebt. Dann fliegen sie an einen Ort, der *Hukuta* genannt wird (*La Ocota*, Kiefernhain, der Ort des Anmachholzes). Jetzt sagen sie: „*Mara´akáme*, sag, wie werden wir über den Fluß dort kommen?" – „Nun", sagt er, „ich weiß schon wie." Er setzt sie sicher über.

„Zu guter Letzt", so betet er, „Unsere Mütter, Unsere Väter, alle die ihr in *Wirikúta* seid, die ihr als Peyote gegessen werdet, zu guter Letzt sind wir auf dem Weg nach *Wirikúta*." Er sagt zu den Kindern: „Seid und fühlt euch wie Adler. Ihr werdet auf euren Flügeln dorthin gelangen." Sie unterrichten sich gegenseitig, sie lernen. Eins sagt zum andern: „Zünde deine Kerze an", und dies antwortet: „Ja, klar." Der *Mara´akáme* nimmt Zunder, er nimmt Feuerstein, er nimmt Stahl zum Feuerschlagen. Sie machen das fünfmal, und sie entzünden die Kerzen und beten dort und machen sich auf den Weg. Sie reisen und gelangen an einen Ort, der *Las Cruces* genannt wird, Wo das Kreuz ist. Sie rufen aus: „Oh, schaut, wir sind wirklich weit gekommen, ja, wir sind weit gekommen. Und wie werden wir weitergehen können?" Und sie sagen: „Nun, weil wir nach *Wirikúta* gehen, wo der Peyote wächst, wo unsere Ahnen hinfuhren – deshalb müssen wir unsere Sünden loswerden, alles."

Der *Mara´akáme*, er reitet auf *Káuyumari*, der der Hirsch ist, der Hirsch des *Mara´akáme Tatewarí*, er leitet sie alle, er ist es, der auf sie alle acht hat. Sie reisen an einen Ort, der *Eisen fliegen auf* heißt, und nachdem sie da vorbei sind, gelangen sie nach *Teapari*. Sie lernen es bei Tageslicht kennen. Hier zerreibt *Káuyumari* die Wurzeln für die Farben, mit denen die Huichol ihre Gesichter bemalen. Es ist die Peyotefarbe, die Farbe, die man aus den gelben Wurzeln gewinnt, die man im Land des Peyote findet. Um jenen Ort kennenzulernen, deshalb nehmen sie Unser Großvater, Unser Vater, Unsere Mutter *Haramara* so wie sie sind. Dort ist es, wo sie ihre Gesichter bemalten, damit sie hinübergehen konnten. Dort sammeln sie die Wurzel, tragen sie mit sich, damit sie sie mit nach Hause bringen. Unser Großvater kam hier in alten Zeiten vorbei, er war es, der sie hierhin setzte, in alten Zeiten war es, als ihr ihr Name gegeben wurde, als Unser Großvater hier vorbeikam, als *Káuyumari* hier vorbeikam. Es ist ein wunderschöner Ort, großartig. Sehr heilig. All das lernen sie also vom *Mara´akáme*.

Jetzt kommt das geheimnisvollste Ding von all den großen Dingen auf dieser Reise. Sie gelangen an den Ort, der *Wo die Scheide ist* heißt, *La Puerta*, die Tür, das Tor. *Káuyumari* öffnet sie mit seinen Hörnern, und er sagt zum *Mara´akáme*: „Hier, der Weg ist frei, wir können weiter." Es ist ein sehr heiliger Ort. Wo die Peyoteros um Unseren Großvater herum auf ihren Plätzen sitzen, dicht bei Unserem Großvater, während der *Mara´akáme* sie auffordert, alle Frauen zu nennen, an denen sie je ihren Spaß hatten, eine nach der anderen. Sie müssen sie bei ihren richtigen Namen nennen, obwohl sonst alle anderen Dinge verwandelt sind. Wo die Knoten gelöst werden, da werden die Sünden von Unserem Großvater getilgt.*

Sie reisen weiter an den Ort, der *Wo das Glied hängt* heißt. Hier spricht der *Mara'akáme* zu Unseren Müttern, Unseren Großeltern. „Wir wollen sehen, was die Hirschschwanzfedern sagen."

Sie steigen hinab, eins hält sich am andern fest. Dieser Ort heißt *Die Brust*, das ist der Name, der ihm in alten Zeiten gegeben wurde. Dort gehen sie weiter. Sie kommen an einen Ort, der *Wo die Pfeile* stehen heißt. Dann nach *Witsexuka*, wo sie in einem Kreis sitzen. „Wie heißt dieser Ort hier?" fragt er die Kinder. So lernen sie. Er macht weiter und weiter, bis alle dort schlafen gehen können.

Wir essen auf dieser Reise nichts, was der Rede wert wäre. Grad ein paar Wassermelonen, Kürbis, geröstete grüne Maiskolben, grad irgendwas, mal dies, mal das. Oh, wir tragen ja schon eine ganz schöne Last Leben! Wenn Unsere Mutter so ist, wenn Unser Vater dort so ist, dann werden sie uns geben, sie werden uns nähren. Und er geht weiter, zu dem Ort, wo *Wirikúta* liegt, den sie *Real Catorce* nennen, dort fahren sie hin. Er schlägt die Trommel.

Wo es *Wirikúta* heißt, wo Unsere Mutter Peyote weilt, da kommen sie an. Wenn er die Trommel geschlagen hat, wenn er an den heiligen Teichen steht, wenn er zu den Müttern und den Vätern gesprochen hat, zu Unserem Vater, zu Unserem Großvater, zu Unseren Urgroßeltern, wenn er seine Opfergaben niedergelegt hat, wenn ihre Weihschalen an ihrem Platz sind, wenn ihre Pfeile an ihrem Platz sind, wenn ihre Armbänder an ihrem Platz sind, wenn ihre Sandalen an ihrem Platz sind, dann wird es gut sein, dann werden wir Leben haben.

---

* Genau dies findet auf der Peyotereise statt. Der Satz über die „richtigen Namen", obwohl sonst alles verwandelt sei, bezieht sich auf die Vorkehrungen, die während der Peyotejagd gelten. Die „Beichte" findet in dieser Version viel später statt, als es in der tatsächlichen Zeremonie beobachtet wurde.

Die Kinder sind glücklich, alle, sie sind zufrieden. Weil sie nun gesegnet sind. Die Opfer sind dargebracht, die Hirschschwanzfedern sind an ihrem Platz, die Pfeile weisen gen Süden, gen Norden, gen Osten, nach oben. Er hält sie aus. Die Hörner des Hirsches sind an ihrem Platz, egal, was für welche.* Der *Mara'akáme* sagt: „O Unser Vater, Unser Großvater, Unsere Mütter, ihr alle, die ihr hier weilt, wir sind angelangt, euch zu besuchen, zu kommen und euch hier zu sehen. Wir sind gut angelangt." Und wenn sie ankommen, knien sie, und Unser Vater, Unser Großvater, Unser Älterer Bruder umarmen sie.

„Weshalb seid ihr gekommen, meine Kinder?" fragen sie. „Ihr seid von so weither gekommen, warum seid ihr so weit gereist?"

Sie antworten: „Wir sind gekommen, euch zu besuchen, damit wir alles wissen, damit wir Leben haben."

„Ja", sagten sie, „es ist gut." Und sie segnen sie. Und dort bleiben sie nur zehn Minuten, nur ein paar Minütchen, um mit Unserem Vater, Unserem Großvater, mit ihnen allen dort zu sprechen. Und dann gibt ihnen die Mutter den Segen und sie gehen.

PREM DAS
Nordamerika/Huichol

Im Herbst des Jahres 1973 traf ich Prem Das, Lupe, María, José und zwei andere Huichol in Big Sur in Kalifornien. Es war unsere erste Begegnung. Mit mehreren anderen zusammen nahmen wir das Peyotesakrament ein und vollzogen ein Ritual, das einschneidende Folgen für mein Leben hatte. Ramón Medina Silva erläuterte Barbara Myerhoff und Peter

---

* Dies bezieht sich auf die zunehmende Knappheit an Hirschen in der Sierra, die oft Ersatz nötig macht. Hier wird deutlich, daß vor allem Ort und Verwendung bestimmen, was wirklich recht ist. So „werden" Stierhörner eine Art Hirschhorn, wenn „sie dort sind, an ihrem rechten Platz".

Furst die Bedeutung der Peyotezeremonie: *„Sie ist eins, sie ist Einheit, sie ist wir."* Als ich an jenem Tag in Big Sur in die Augen von Prem Das und seiner Huicholfreunde schaute, erkannte ich, daß sich mein Leben in einer Weise ändern sollte, wie ich es nie geahnt hätte.

Selbst heute, nach Jahren, nach vielen, vielen Zeremonien, fällt es mir immer noch schwer, meinen Freund Prem Das zu beschreiben. Wir sind wie die Rehe im Hochgebirge herumgestreift, haben gefastet und den Gipfel von Kakauyaríxi *(ein Ort der Kraft)* erklommen. Wir haben zusammen gelehrt und sind zusammen gereist. Er, mein kleiner Bruder, hat meine Körperkraft, Geisteskraft und Willenskraft auf die Probe gestellt. Ohne ihn wäre mein Interesse am Schamanismus akademisch geblieben.

Prem Das machte seine ersten Erfahrungen mit visionärem Bewußtsein im Alter von neun Jahren, als er freiwillig für Dr. Ernest Hilgard im Hypnoselabor der Stanford University an einer Serie von Hypnosesitzungen teilnahm. Da er ein ausgezeichnetes Versuchsobjekt war, wurde er immer wieder für mehrere Tage hintereinander eingeladen, Jahr für Jahr, bis er fünfzehn war.

Bald begann er, sich mit Selbsthypnose zu beschäftigen, wobei er der Technik der Regression in frühere Altersstufen besondere Aufmerksamkeit schenkte. So wurde er in der Zeit zurückgeführt, über die Schwelle der Geburt hinaus bis zur Erfahrung vorangegangener Leben. Aber den früheren Leben, auf die er stieß, galt nicht sein Hauptinteresse. Vielmehr zog es ihn dahin, den Zwischenzustand oder die Zwischenzone zu erkunden, die bei den Tibetern *Bardo* genannt wird.

Mit achtzehn traf er auf Ram Das, der ihn verschiedene Techniken des *Raja-Yoga* lehrte. Nachdem er diese Übungen über eine Zeitspanne von sechs Monaten intensiv erforscht hatte, überkam ihn plötzlich eine Ekstase, verursacht durch eine geweckte *Kundalini.* Da Ram Das erkannte, daß er der Anleitung bedurfte, schickte er ihn zu seinem Lehrer nach Indien, Baba Hari Das. Von diesem Meister des *Ashtanga-Yoga* empfing er seinen Namen (der *Diener der Liebe bedeutet)* und weitere Unterweisung im *Raja-* und *Kundalini-Yoga.*

Nach seiner Rückkehr aus Indien ging Prem Das nach Mexiko, wo er in Ruhe die Techniken üben konnte, die er in Indien gelernt hatte. Unerwartet begegnete ihm der Huichol-Schamane Ramón Medina Silva, und sie wurden Freunde. Später ging er mit Ramón zurück in dessen Dorf hoch in den Bergen im Westen Zentralmexikos. Dort lernte er den älteren Schamanen Matsúwa kennen, der ihn über eine Zeitspanne von fünf Jahren auf den Pfad des Huichol-Schamanen führte und ihn einweihte.[13]

Nach einer Nachtzeremonie, in der wir den Hirschtanz um das offene Feuer getanzt und den heiligen Gesängen meines „Großvaters" Don José Matsúwa gelauscht hatten, kehrte ich völlig erschöpft in meine Strohhütte zurück und dachte, ich würde einschlafen. Es war Morgen, und ich mußte mir die Decke ganz über den Kopf ziehen, um mich vom Licht abzuschirmen, das die Hütte zum Teil erhellte. Immer noch konnte ich hören, wie die Kinder unten im Patio spielten und wie der Wind durch die Fels- und Bambuswände meiner Behausung pfiff, aber was zuerst nur schwach anklang und dann immer lauter wurde, das waren Don Josés Gesänge, die noch immer in meinem Kopf widerhallten:

> Hört, meine Kinder, wir sind es doch,
> Frei ist der Pfad, die Gefahr ist vorbei,
> *Káuyumari* führt uns, nur er weiß den Weg,
> Entzündet die Kerzen, die Götter sind da.

> Sie waren Menschen und doch waren sie Götter,
> Folgt dem Adler, seht wohin er fliegt,
> Denn von dort kommen sie, und der Pfad öffnet sich,
> Dies ist das Vorbild, dem wir nachfolgen.

> Schaut auf zum Himmel, unserem Vater droben,
> Wir sind deine Kinder, tanzen zum Lied,
> Wie die alten es wußten, die Zeit ist gekommen,
> Die *Nieríka* geht auf, und wir fahren zum Sonn.

Die Brise, die durch die Hütte wehte, schien in ihrem Auf und Ab genau dem Rhythmus des Gesangs zu folgen. Mein Körper war eingeschlafen, aber mein Geist stieg auf dem Gesang empor, der nun in einen sausenden Malstrom übergegangen war, in dem ich immer höher und höher in den Himmel emporstieg. Von hoch oben konnte ich meine Hütte und das Dorf unten sehen. Ich war frei und flog mit einem solchen Gefühl von Heiterkeit und Freude, daß ich weinen wollte, denn jetzt erfuhr ich den wahren Sinn von Don Josés Gesang. Dies war der Tod jener Person, die ich für mich gehalten hatte; das Leben, das ich im Körper gelebt hatte, war weit unten zurückgelassen. Der Luftstrom beschleunigte meinen Aufstieg, und ich verlor das Dorf aus dem Blick und auch alle Erinnerungen daran, wer oder was ich war. Wie ich ohne irgendeine Art Leib sehen und fliegen konnte, kümmerte mich nicht im geringsten, und ich dachte auch nicht, denn alle Gedanken waren gleichfalls dahin. Wachheit und völlige Klarheit blieben.

Verschiedene Lichter und Formen strichen vorbei; sie wirkten wie leuchtende Wolken. Träumte ich? Dies kann ich nur jetzt fragen. Nie habe ich mit derart vollkommener Wachheit geträumt – und mich daran erinnert. Die Wolkenformen sangen, und ich ritt auf ihrem Gesang. Jeder Gesang hob mich immer höher auf ein warmes, seliges und strahlendes Licht zu. Als ich mich der großen leuchtenden Kugel näherte, verlangsamte sich die Zeit und blieb schließlich stehen. Intuitiv wußte ich, daß ich tot war, und hatte überhaupt keine Ahnung davon, wer ich war oder woher ich kam. Und doch wußte ich und fühlte mich vollkommen zu Hause, als sei ich von einer Reise in ein fernes Land zurückgekehrt. Dieses wissende Selbst, als das ich mich wußte, war uralt, durch alle Zeit hin seiend, denn sein Sitz war im Ewigen, in einem Stern, der Sonne, in der Mitte des Alls.

Leider erinnere ich nur sehr wenig von der Erfahrung. Als ich mich der großen Sonne näherte, verschwand ich gänzlich. Wie kann ich sagen, wie lange ich dort war? Es schien ewig. Das letzte, woran ich mich entsinne, war, wie ich die Sonne umkreiste, in ihrem Innern, und dann verschwand.

Don José saß neben mir auf dem Bett, als ich erwachte. Er lächelte. Er zog ein Päckchen Zigaretten aus dem Beutel, den er umhängen hatte, und reichte es mir. Ich setzte mich auf, zündete ihm eine an, steckte sie ihm in den Mund und zündete mir dann selbst eine an.

„Hat dir mein Gesang gefallen?" fragte er scheinheilig, aber mit einem schalkhaften Grinsen.

„Was soll ich sagen? Es war –"

Aber bevor ich irgend etwas sagen konnte – und ich wollte eh nur „unglaublich" sagen –, sagte er: „Komm, wir wollen essen gehen."

Ich war den ganzen Tag über „gereist", es wurde eben dunkel. Ob ich nun den ganzen Tag fortgewesen war oder etliche Wochen oder Jahre, es wäre derselbe Tag gewesen. Die Macht, die mich ins Sonnenreich führte, hatte mich zum selben Tag, Monat, Jahr und Ort zurückgebracht, den ich verlassen hatte. Ich weiß nicht, wie mein Abstieg vor sich ging, denn ich kann mich nicht an die Rückkehr von dieser ersten Reise erinnern.

Am nächsten Tag ging ich mit Don José den Berg hinunter, um mit ihm an den Hängen das Dschungeldickicht zu lichten. Dies wird bei glühender Sonnenhitze mit einer Machete getan; man haut das Gestrüpp ab, das dann am Ende der Trockenzeit verbrannt wird. Es ist sehr harte Arbeit, und man schwitzt mächtig. Don José glaubt, daß Schwitzen Unreinheiten im Körper ausschwemmt und so Gesundheit und langes Leben fördert. Er sagt, Gesundheit und Wohlbefinden hängen weniger von dem ab, was einer tut (essen, lieben, rauchen, Kaffee trinken und so fort), als vielmehr davon, was er *nicht-tut* (harte Arbeit, lange Pilgerfahrten zu Fuß zu den *Kakauyaríxi**, den Göttern Zeremonien weihen). Jedermann freut sich an den Dingen der ersten Art. Die der zweiten Art sind weitaus härter, so daß diese Aufgaben gescheut werden und ungetan bleiben. So findet die Krankheit schwache Körper und Geister vor, die ihr ein leichtes Opfer sind.

---

* Naturdenkmäler wie Wasserfälle und hohe, entlegene Berggipfel, die Stätten der Götter sind.

Während unserer ersten Pause erzählte ich ihm über meinen Flug vom Vortag. Er hörte sehr aufmerksam zu, wie ich ihm die Einzelheiten, auf die ich mich besinnen konnte, beschrieb.

„Die leuchtenden Wolken", sagte er, „das sind die *Urucate**. Sie ändern Größe und Form nach Belieben, was du ja gesehen hast und weshalb sie als Wolken erscheinen. Wenn ich singe, bin ich von solchen Wolken umringt, und sie sind es, die durch mich singen. Ich lausche nur hin und wiederhole, was ich höre."

Er griff in seinen wunderschönen bestickten *Kutsiuri***, holte ein Päckchen Zigaretten vor und bot mir eine an. „Schau auf den Rauch", sagte er. Mit Gesten folgte er dann der aufsteigenden und sich ausdehnenden Bewegung des Zigarettenrauchs, wie er abebbte und auffluttete und dabei unsichtbare Luftströme sichtbar werden ließ. „Wenn der *Mara'akáme* durch die *Nieríka* (den Visionstunnel) fährt, so bewegt er sich, genau wie dieser Rauch sich bewegt. Verborgene Ströme tragen ihn gleichzeitig empor und in alle Richtungen. Grad wie der Rauch von deiner Zigarette und der von meiner Zigarette aufsteigen, ineinander übergehen und einander durchdringen, so reitet auch der *Mara'akáme* wie auf Wellen, fließt in und durch andere Wellen. Diese anderen Wellen sind die *Urucate*. Ständig machen sie Musik und singen und lehren so, was kein Mensch weiß oder jemals wissen kann. Denn wenn der *Mara'akáme* absteigt und auf seiner Rückkehr zu seinem Heim und seiner Familie durch die große *Nieríka* fährt, verblaßt seine Erinnerung an die *Urucate* und ihre Welt. Nur ein Schimmer bleibt zurück von der phantastischen Reise, die er unternommen hat."

„Warum können wir uns nicht erinnern?" fragte ich ihn.

„Es ist wirklich schade", sagte er mit einem Augenzwinkern, hob einen Wasserbehälter hoch und bot mir zu trinken an. „Es ist alles *Káuyumaris* Schuld." Und er furzte. Wir brachen beide in Gelächter aus.

---

* Geistwesen
** Beutel, den die meisten Huichol tragen.

„In ferner Urzeit, als der Sonn *(Tayaupá)* den Traum einer neuen Welt hatte, da sandte er *Káuyumari* aus, sie zu finden. Der Sonn hatte dem Kleinen Hirschgeist gesagt, wo ein großer, wirbelnder Tunnel aus Licht wäre, durch den er hindurchfahren könnte. Das ist die *Nieríka*. Er wurde von *Tatewarí*, Unserem Großvater Feuer, und einer ganzen Schar *Urucate* geleitet. Sie fuhren durch die *Nieríka* und kamen in *Heriepa* an, der Welt, in der wir jetzt leben. Sie bildeten und schufen ein jedes Ding: die Berge, Flüsse, Pflanzen, Tiere, Männer und Frauen. Natürlich ist die Geschichte sehr, sehr lang, und dies ist nur der Umriß. So schön war die neue Welt, daß selbst der Sonn durch die *Nieríka* fuhr, um seinen Platz am Himmel einzunehmen.

Das allererste Geschlecht war eins von Menschen, und doch waren sie Götter. Sie wußten beinah so viel wie die *Urucate* und vermochten nach Belieben vor und zurück durch die *Nieríka* zu fahren. Große Zeremonien, die dem Sonn geweiht waren, wurden unablässig in der ganzen Welt abgehalten, und in ihnen wurde das neue Leben und die neue Welt gefeiert, die vom Sonn erträumt und entdeckt worden war. Die Zeremonien mit Tanz, Musik und Gesang, die wir bis auf den heutigen Tag vollziehen, sind uns von unseren ältesten Urahnen überkommen, von den Menschen, die Götter waren. Dies ist unsere Überlieferung, und nichts Bedeutsameres ist je von einer Generation an die nächste weitergereicht worden."

Don José und ich wurden ganz hingerissen, wie er fortfuhr, die Schöpfungsgeschichte zu erzählen. Wir hatten nicht nur das Roden vergessen, sondern auch wie oder durch was wir auf die Sagen und Geschichten vom Anbruch der Zeit gekommen waren. Nichts gefiel meinem „Großvater" besser, als sich rauchend zurückzulehnen, die Flußwindungen unter uns und die fernen kiefernbedeckten Bergzüge zu betrachten und davon zu berichten, was sich vor uns zugetragen und uns zum heutigen Tag getragen hatte.

„Bei einer dieser ersten Zeremonien", fuhr Don José fort, „war *Káuyumari* ganz voll, nachdem er zu viel Maisbier *(Nawá)* getrunken hatte. Damit fing der ganze Ärger an. Als er den Hirschtanz aufführte, wurde er scharf auf eins der hübschen Huicholmädchen, die neben ihm tanzten. Er tupfte sie mit seinem flauschigen Schwanz an, und ein Zauberbann fiel über sie. In jener Nacht, zu fortgeschrittener Stunde, machten sie sich davon und umarmten sich, während die Zeremonie noch in Gang war. Er hatte das Gebot des zeremoniellen Betragens gebrochen, das solches Treiben vor und während der Zeremonien untersagt, ein Gesetz, das vom Sonn erlassen worden war.

Betrunken wie er war, konnte *Káuyumari* einfach nicht an sich halten. Die Schönheit des Mädchens erregte ein so übermächtiges Begehren in ihm, daß er sich mit ihm in die Dunkelheit davonstahl, wo er sie am innigsten aufspüren konnte." Dies erläuterte Don José unter Lachen und Kopfschütteln.

„Es dauerte nicht lang, da wurde ihm dies zur Gewohnheit. Er machte bei Zeremonien mit, betrank sich, und beim Tanzen kitzelte er die Mädchen mit seinem weichen, kleinen Schwanz. Er entdeckte, daß den Frauen diese Zaubereien gefielen und sie sogar anfingen, ihm nachzustellen. Und schließlich betranken sich die Frauen und kriegten sich darüber in die Haare, wer sich mit *Káuyumari* davonschleichen und seine Umarmungen genießen dürfte."

Mein „Großvater" konnte sich das Lachen kaum verkneifen, als er fortfuhr: „Der Kleine Hirschgeist wurde in der ganzen Sierra für seine Zaubermacht über Frauen berüchtigt. Er benutzte nun seine schamanischen Kräfte, um tagsüber Menschen zu heilen und bei Nacht Frauen zu verführen. Bald wurden die Schamanen, welche die Zeremonien leiteten, auf *Káuyumari* und seine romantischen Affären eifersüchtig. Sie beschlossen, ihre heiligen Federn und Gesänge zu benutzen, um die Frauen zu bezaubern, damit auch sie ihren Spaß an vielen Frauen haben könnten.

So wurden die Zeremonien zur bloßen Gelegenheit, sich mit der Frau eines anderen davonzuschleichen, und die Frauen lernten ebenfalls Hexerei, um die Männer zu erwischen, mit denen sie schlafen wollten. Es dauerte nicht lang, da brachen Streitigkeiten aus Eifersucht aus, und diese entbrannten selbst während der Zeremonien, wenn Maisbier und Tequila getrunken wurden.

Es war wirklich schlimm", sagte Don José. „Niemand scherte sich mehr um die Zeremonien, und sie kamen zu Besäufnissen herunter. Die ‚Chiles' der Männer wurden so scharf, daß sie nichts anderes mehr im Sinn hatten, als sie in jedes beliebige Loch zu rammen, das sie finden konnten, Tiere eingeschlossen. Und auch die Frauen wollten nur noch heiß sein und so viele verschiedene Männer umarmen, wie sie nur konnten.

Die große Tradition der heiligen, zeremoniellen Feiern, die dem Sonn gewidmet waren, erstarb und wich statt dessen einer Tradition von Feten, bei denen man sich mit massenhaft Bier und Tequila aufheizte. Die Eifersüchteleien und Streitereien wurden so übel, daß die Leute anfingen, sich gegenseitig umzubringen."

Don José zog ein paar Bohnentacos aus seinem Beutel, und wir aßen auf einigen großen Felsbrocken im kühlen Schatten mehrerer Capomalbäume zu Mittag. Wir hatten nicht viel Dschungeldickicht geschlagen, aber das hatten dafür einige seiner Söhne getan, und das Geräusch, das ihre Macheten machten, während sie sich durch ausgedörrte Lianen und das hohe Gesträuch des Dschungels zu uns vorarbeiteten, wurde lauter.

„Der Sonn, *Tayaupá*, war tief betrübt", fuhr er fort. „Seine Kinder vergaßen ihren Vater. Daß sie sich mit anderen als ihren Gatten liebten, gar während der Zeremonien, hätte eine komische und möglicherweise heilbare Situation sein können. Aber sich zu betrinken, zu kämpfen, vom heiligen Weg der Zeremonie abzugehen und sich gegenseitig umzubringen, das war dem Sonn zu erschreckend, als daß er es hätte mit ansehen können. Wenn seine Kinder unglücklich waren und litten, so war es wohl das beste, sie aus ihrer Not zu erlösen und sie ins Himmelreich zurückzuversetzen, zurück in ihre wirkliche Heimat.

Genau dies tat der Sonn. Er ließ die Regen kommen und überflutete alle Welt. Nur ein Huichol, *Watákame* wurde gerettet. *Watákame* hatte nie gekämpft, sich übermäßig betrunken oder war anderen Frauen nachgerannt. Also errettete ihn der Sonn, indem er ihm durch *Nakawé*, Urgroßmutter Wuchs, Bescheid gab, daß die Welt alsbald in einer Flut untergehen würde und daß er Samen sammeln, ein Kanu bauen und sich bereithalten sollte. Auf diese Weise überlebte er die Flut und wurde der Vorvater von uns allen heutzutage."

Don José nahm seine Machete zur Hand und fing an, sie zu schleifen, während er mit der Geschichte fortfuhr. „Die Welt bevölkerte sich rasch wieder, nachdem *Watákame* eine Frau gegeben worden war. Aber er entdeckte, daß all seine Kinder, Enkel und Urenkel mit einem besorgniserregenden Gedächtnisschwund geboren wurden. Sie konnten sich nicht daran erinnern, durch die große *Nieríka* gekommen zu sein, und von daher hatten sie keine Ahnung von ihrer früheren Heimat in *Tateteima*. Außerdem besaßen sie keine Seelenkräfte, wie ihre Ahnen, die Gottmenschen, sie besessen hatten. Äußerst neugierig auf den Grund dafür vollzog *Watákame* eine Zeremonie und nahm im Gesang Verbindung mit dem Sonn auf. Er erfuhr, daß der Sonn nicht länger alle Menschen mit Seelenkräften ausgestattet wissen wollte, und so wurde nur für die eine Ausnahme gemacht, die bereit waren, um des Wissens willen das Selbstopfer in seiner ganzen Härte zu erleiden. Diese besonderen Menschen würde man als *Mara´akáme* (Schamanen) kennen, und sie dürften ihre Kräfte nur zum Heilen, Schützen und Leiten ihres Volkes benutzen. Sollten sie ihr Wissen oder ihre Kräfte dazu benutzen, Zauber zu wirken, um Frauen zu bestricken oder anderen zu schaden, so würden die Kräfte von ihnen genommen werden, und sie würden krank oder verrückt werden oder gar sterben."

Don Josés Söhne hatten sich durch den Dschungel bis zu uns vorgearbeitet. Noch immer schwitzend setzten sie sich zu uns, um das Ende der Geschichte zu hören. Don José gab jedem eine Zigarette und fuhr fort: „Obwohl *Káuyumari* nie mit irgend jemandem kämpfte oder einem Schaden zufügte, war er doch schuld an allem. Da er nicht in der Lage gewesen war, seine erotische Natur im Zaum zu halten, hatte er im betrunkenen Zustand ein Chaos angerichtet. Vater Sonn rügte ihn streng und drängte ihn, den nachfolgenden Menschen ein besseres Beispiel zu geben. Der Kleine Hirschgeist sollte zudem eine neue Aufgabe in den zweiten Welt übernehmen, und zwar den Zugang zur großen *Nieríka*, dem Durchgang zwischen *Heriepa* und *Tateteima*, zu bewachen."

Don José sah mich an und sagte: „Hier liegt der Grund dafür, daß wir nur verschwommene Fetzen unserer unglaublichen Reisen ins Reich der Götter *(Tateteima)* erinnern. *Káuyumari* durfte nur die durchlassen, die den Anforderungen des Sonns entsprochen hatten, und die hießen: Selbstopfer und Hingabe an das Helfen, Heilen und Leiten der Menschen. Waren sie einmal auf der anderen Seite, so stand es ihnen frei, von den *Urucate*, den Göttern oder dem Sonn selbst zu lernen. Hier würden sie wieder ihre wirkliche Heimat finden und erkennen. Leider mußten sie auf dem Rückweg durch die *Nieríka* an *Káuyumari* vorbei. Unser Bruder Hirschgeist hatte Weisung, ungesehen herbeizufliegen und alle geheimen ‚Dokumente' zu stehlen, welche die Reisenden möglicherweise mit sich führten. Die Dokumente oder Erinnerungen, die als geheim angesehen wurden, waren solche, in denen Wissen enthalten war, das als Machtmittel eingesetzt werden konnte, wenn man erst wieder zurück in *Heriepa* war. Natürlich wußte *Káuyumari* sofort, wer die Macht zu guten Zwecken benutzen würde und wer anderes im Sinn hatte."

Julian, einer von Don Josés Söhnen, sah mich grinsend an und sagte: „Was geschieht, wenn *Káuyumari*, Gauner der er ist, beschließt, den ganzen Kram zu stehlen, jede Erinnerung, die ihm unter die Hufe kommt?" Don José krümmte sich vor Lachen, wie wir alle.

„Denk bloß", fügte Klein-José, Don Josés jüngerer Sohn, hinzu. „Er wüßte nicht, in welcher Welt er aufwacht. Er würde weder seine Frau noch seine Familie oder sein Rancho erkennen!"

Don José sagte, wir sollten nicht lachen, daß das in der Tat vorkommen könnte und daß man ihn vor Jahren gerufen hatte, einen Huichol zu heilen, der mehrere Monate in einer solchen Verfassung zugebracht hatte.

Wieder brüllten wir alle vor Lachen.

„Gehen wir", sagte Don José und nahm seine Machete und seine Wasserflasche. „Es wird schon spät."

Während wir ihm auf dem Pfad folgten, der sich zurück zum Dorf auf der kleinen Mesa nach oben schlängelte, warf ich ab und zu einen Blick zurück über die Täler und fernen Gebirgszüge auf die sinkende Sonne. Dort, in jenem lodernden Ball, der alles Leben auf Erden mit seinen warmen, leuchtenden Strahlen erhält, wohnen die Alten, die *Urucate*, die nach Glauben der Huichol die Welt im Uranfang schöpfen halfen und seitdem stets spielerisch damit beschäftigt waren, die Menschheit zu leiten und zu lehren.

IX.

DAS LICHTEN DER NIERÍKA

Zwei Schamanen lichten auf umseitiger Abbildung die *Nieríka* wie einen Spiegel, wie um den Betrachter aufzufordern, in die Welt hinter den Oberflächenerscheinungen einzutreten.

Matsúwa
Mittelamerika/Huichol

Der Pfad des Schamanen ist ohne Ende. Ich bin ein alter, alter Mann und immer noch ein *Nunutsi* (Baby), das voller Ehrfurcht vor dem Geheimnis der Welt steht.[1]

Matsúwa, ein berühmter Schamane unter den Huichol, lebt hoch oben in den mexikanischen Sierras im Staate Nayarit in einem kleinen Dorf namens El Colorín. Nach seinen Aussagen erstreckte sich seine Lehrzeit über eine Spanne von vierundsechzig Jahren. Heute sagt Matsúwa, dessen Name „Puls" bedeutet, er habe seine Lehre endlich vollständig durchlaufen und könne nun die Früchte des Alters genießen.

Matsúwa ist ein Zeremonialschamane, dessen Gesänge von besonderer dichterischer Schönheit sind und der oft im Verlauf einer einzigen Zeremonie mehrere Tage und Nächte lang singt. Während diese heiligen Ereignisse stattfinden, bleibt er auf seinem Uweni, *dem Schamanenstuhl, sitzen, damit die Kraft, die sich kundgetan hat, nicht verloren geht.*

Er ist auch für seine Gabe bekannt, Kranke zu heilen. Er saugt Gegenstände aus dem Körper und benutzt seine Gebetspfeile (Muviéri) zum Ausgleichen der Energiefelder im und um den Körper, wobei er den göttlichen Kräften, welche die Kraft haben, die Harmonie wiederherzustellen und die Lebenskraft (Kupúri) des Kranken anzufachen, Gebete darbringt.

Bis vor zwanzig Jahren unternahm dieser achtundachtzig, vielleicht neunundachtzig Jahre alte Schamane den Fußmarsch von vierhundert Kilometern nach Wirikúta, *dem wüsten Hochland in Zentralmexiko, welches das Heilige Land des Peyote ist. Noch immer unternimmt er Pilgerfahrten in dieses heilige Gebiet, obwohl heute ein Großteil der Strecke in Bus und Bahn zurückgelegt wird, denn der Pfad nach* Wirikúta *ist von mexikanischen Ranches abgeschnitten worden.*

Ein wilder Humor ist einer von Matsúwas liebenswertesten Zügen. Bei einer Zeremonie leitete er, begleitet von

Lachsalven, eine Verlobung zwischen mir und dem Dorfzauberer Natcho Pistola in die Wege. Peter Furst erzählte eine andere Geschichte über ihn. Während der Zeremonie, bei der jeder Peyotepilger eine vollständige Aufzählung sämtlicher verflossener Liebesaffären abgeben muß, rief Matsúwa, nachdem er mehrere Namen preisgegeben hatte, aus: „Ich habe ein derart langes Leben gehabt, daß meine Füße bereits in der Erde verfaulen. Wenn ich hier von all denen reden wollte, mit denen ich meinen Spaß hatte, dann würden wir nicht vor morgen oder übermorgen hier wegkommen."[2] *In Visionen, die ich im Verlauf von Zeremonien hatte, habe ich ihn oft als einen alten Adler mit dem Herz eines Hirsches gesehen – eines sehr verspielten und spitzbübischen Hirsches!*

Voller Leidenschaft und Vitalität bringt Matsúwa seine tiefe Sorge nicht nur um den Traditionsschwund bei seinem eigenen Volk, sondern auch um die Gleichgewichtslosigkeit im Leben seiner nordamerikanischen Freunde zum Ausdruck. In den Jahren 1976 und 1977 kam er nach New York und Kalifornien, damit wir „unsere Leben finden" könnten. Während seiner Besuche weinte er oft im Verlauf der Zeremonien, wenn er von den Katastrophen sang, welche die Welt heimsuchen. Er sagte:

> *„In alten Zeiten, als das Gleichgewicht auf dem Planeten verloren war, kam eine große Flut, all das zu zerstören, was auf der Erde war, damit die Welt neugeboren werden könnte. Ein ähnliches Ungleichgewicht scheint bei diesem Geschlecht aufzutreten: Wir haben unsere Lebensquelle vergessen, den Sonn, und die heilige See, das gesegnete Land, den Himmel und alle Dinge der Natur. Wenn wir uns nicht umgehend darauf besinnen, worum es in unserem Leben geht, wenn wir nicht feiern durch Zeremonie und Gebet, dann werden wir abermals der Vernichtung entgegensehen, aber diesmal durch Feuer."*[3]

Vierundsechzig Jahre betrug meine Lehrzeit. In diesen Jahren bin ich viele, viele Male allein in die Berge gegangen. Ja, viel Leiden mußte ich erdulden in meinem Leben. Um jedoch sehen zu lernen, hören zu lernen, müßt ihr dies tun: Allein in die Wildnis gehen. Denn nicht ich kann euch die Wege der Götter lehren. Diese Dinge lernt man nur in der Einsamkeit.

Wenn es euch dazu drängt, den Pfad des Schamanen zu erlernen, so wird das Feuer euch lehren, das Feuer, Unser Großvater. Ihr müßt dem Feuer lauschen, denn das Feuer spricht, und das Feuer lehrt. Und am Tage lernt ihr vom Sonn. Der Sonn wird euch lehren, der Sonn, Unser Vater. Dies geschieht stets am besten mit *Híkuri*, mit Peyote. Aus dem Peyote kommt *Káuyumari*, der Helfergeist Kleiner Hirsch, und er wird euch sagen, was ihr zu lernen habt. *Káuyumari* taucht wie ein Spiegel auf und zeigt euch, was ihr zu tun habt. Der Kleine Hirsch weiß. Alle Götter sind mit *Káuyumari* verbunden, und er lehrt euch.

Das Feuer *(Tatewarí)*, der Sonn *(Tayaupá)*, *Wirikúta* (das Heilige Land des Peyote) können auch die Vision *(Nieríka)* eröffnen. Auch der Schamane kann sie euch eröffnen, aber ihr dürft nicht die Götter vergessen. Sie sind es, die euer Herz der Schönheit der *Nieríka* auftun. Eure Liebe zu den Göttern – dem Sonn, dem Feuer, den Wassern – bringt die *Nieríka* hervor.

Ja, es gibt viele Wege, zur Vision zu gelangen, viele, viele Wege. Der beste für mich jedoch ist *Híkuri*. Wenn ich *Híkuri* esse, erstrahlt die Welt in leuchtenden Farben. *Káuyumari*, der Kleine Hirsch, kommt zu mir, um mir zu zeigen, wie alles ist. Wenn ihr mich hört, wie ich die heiligen Gesänge singe, so bin nicht ich es, der da singt, sondern *Káuyumari*, der mir ins Ohr singt. Und ich gebe diese Lieder an euch weiter. Er ist es, der uns lehrt, uns den Weg weist. So ist es.

Die heiligen Federn sprechen mir davon, warum an diesem Ort (Kalifornien) kein Regen gefallen ist. An manchen Orten verbrennt *Tayaupá* euer Land, an andern wendet *Tayaupá* sein Antlitz ab. Dieser Ort, an dem ihr lebt, und viele andere Orte in eurem Land leiden unter Trockenheit, zuviel Regen, Verknappungen, vielen Problemen. Es gibt einen Grund für dieses Mißgeschick, denn ihr habt keine

Zeremonien abgehalten, euch nicht versammelt, um der Erde, den Göttern, dem Sonn, der See für euer Leben zu danken. Daran fehlt es hier. Ohne Feste sind die Götter unglücklich und bringen Not über uns. Die Zeremonien, gemeinsames Versammeln, gemeinsames Feiern – das ist die Liebe oder Energie, von der die Götter leben. In den Zeremonien kommen wir zusammen, um eins zu sein. Die dies nicht in ihren Herzen wollen, fallen ab.

Als ich das letztemal in eurem Land war, hielten wir eine Zeremonie ab. Ich sang mit meinem Herzen. Und nach der Zeremonie ging ein gewaltiger Regen nieder. Ja, wir hatten uns in der Frühe am Meer gereinigt, nachdem wir die Nacht durch gefeiert hatten. Dann begannen sich die Wolken zu sammeln, und binnen einiger Stunden regnete es in Strömen. Ihr hättet mir eher erzählen sollen, daß ihr solche Probleme habt. Ich wäre früher gekommen, um eine Zeremonie zur Änderung der Lage abzuhalten.

Ich sehe, wie viele Menschen hier derart in ihre eigenen kleinen Leben verstrickt sind, daß sie ihre Liebe nicht zum Sonn hinauftragen können, hinaus aufs Meer und in die Erde. Haltet ihr Zeremonien ab, so strömt Lebenskraft in euch ein, wenn ihr eure Liebe in die fünf Himmelsrichtungen aussendet: den Norden, den Süden, den Osten, den Westen und die Mitte. Diese Liebe bringt den Regen. Wie es war seit Anbeginn menschlicher Geschichte: Die Menschen sind in ihre kleinen Welten vernagelt, und sie vergessen die Elemente, vergessen die Quelle ihres Lebens.

In meinem Land sehen wir Katastrophen voraus, und wir halten Zeremonien ab, um den Problemen zu entgehen, arbeiten durch die Zeremonie mit den Elementen. Wenn hier die Regen kommen, werde ich hundert Millionen Dollar von euch verlangen müssen! (Er lachte herzlich.) Ich lüge. Aber hier ist alles seit langem schon aus dem Gleichgewicht geraten. Es ist schwer, die Lage wieder zu bereinigen, wieder einen Zusammenklang zu schaffen. Wir werden uns versammeln und mit Hilfe der Zeremonien beginnen müssen, uns mit der Umwelt in Einklang zu bringen, um ihr das Gleichgewicht wiederzugeben. Das Meer sagt mir, daß es zu furchtbarer Zerstörung durch Feuer kommen wird, wenn es nicht bald wieder zu einem Gleichgewicht kommt. Es ist sehr schwerwiegend, was da in eurem Land vor sich geht. Ich muß fast weinen, wenn ich fühle, wie die Lage so ohne alle Harmonie ist.

Ich bitte euch also, ans Meer zu gehen und zu opfern. Nehmt eine Kerze, Schokolade und Geld. Bringt diese Dinge *Tatei Haramara*, Unserer Mutter der See, zum Opfer. Betet für sie. Bringt euch mit ihr in Einklang. Aber ihr glaubt nicht, ihr habt kein Vertrauen. Wie, wenn ich euch aufforderte, euer ganzes Geld zu nehmen und es *Tatei Haramara* zu opfern? Was würdet ihr dann tun? Wie, wenn dies wirklich der einzige Weg wäre? Doch es braucht nur ein klein wenig. So ist es.

Ihr müßt euch diese Dinge, die ich sage, reiflich überlegen, und mit dem Verstehen wird auch euer Leben stärker werden. Ihr habt eure eigene Weise, zu lernen. Vielleicht ist sie anders als unsere. Aber ihr habt die Blume der Vision auf meinem Gesicht gesehen, und ihr müßt wissen, daß es wichtig ist, jeden Tag und jede Nacht an diese Dinge zu denken. Dann, eines Tages, wird die See euch Herz schenken; das Feuer wird euch Herz schenken; der Sonn wird euch Herz schenken. Und wenn ihr in mein Dorf kommt, werde ich Bescheid wissen. Ich werde euch prüfen, indem ich die *Nieríka* lichte wie einen Spiegel, und ich werde sehen, was ihr getan habt, wie ihr in die Welt gegangen seid.

Quellen

Sereptje: Andrei A. Popov, „How Sereptje Djarvoskin of the Nganasans (Tavgi Samoyeds) Became a Shaman", in: Popular Beliefs and Folklore Tradition in Siberia, Hrsg. Vilmos Diószegi, Bloomington, Ind., Indiana University Press, 1968, S. 137-146.

Kislasow: Vilmos Diószegi, Tracing Shamans in Siberia, Oosterhout (Niederlande), Anthropological Publications, 1968, S. 53-76.

Yibai-dthulins Sohn: Alfred W. Howitt, The Native Tribes of South-East Australia, London, MacMillan, 1904, S. 406-408.

Der alte K'xau: Marguerite Anne Biesele, Folklore and Ritual of Kung Hunter-Gatherers, Dissertation, Harvard University, 1975, S. 154-173.

Igjugarjuk: Knud Rasmussen, Intellectual Culture of the Caribou Eskimos, Report of the Fifth Thule Expedition 1921-1924, Vol. 7, No. 2, Kopenhagen, Gyldendal, 1930, S. 52-55.

Lame Deer: Lame Deer and Richard Erdoes, Lame Deer: Seeker of Visions, New York, Simon and Schuster, 1972, S. 11-16.

Leonard Crow Dog: Leonard Crow Dog and Richard Erdoes, The Eye of the Heart, New York, Harper & Row (in Vorbereitung).

Brooke Medicine Eagle: © Brooke Medicine Eagle, 1977.

Black Elk: John G. Neihardt, Black Elk Speaks, Lincoln, Nebr., University of Nebraska Press, 1961, S. 20-33.

Joe Green: Willard Z. Park, Shamanism in Western North America, New York, Cooper Square, 1975, S. 16, 17, 24, 25.

Rosie Plummer: Park, a. a. O., S. 16, 17, 30, 31.

Autdaruta: Knud Rasmussen, The People of the Polar North A Record, Hrsg. G. Herring, Philadelphia, Lippincott, 1908, S. 305-309.

Sanimuinak: Gustav Holm, „Legends and Tales from Angmagsalik", in: The Ammasalik Eskimo: Contributions to the Ethnology of the East Greenland Natives, Hrsg. William Thalbitzer, Meddeleserom Greenland Series, Bind XXXIX and XL, Kopenhagen, C. A. Reitzel, 1914, S. 298-300.

Aua: Knud Rasmussen, Intellectual Culture of the Iglulik Eskimos, Report of the Fifth Thule Expedition 1921-1924, Vol. 7, No. 1, Kopenhagen, Gyldendal, 1930, S. 116-120.

Golden-Schamane: Leo Sternberg, „Divine Election in Primitive Religion (including material on different tribes of N. E. Asia and America)", in: Congres International des Americanistes. Compte-Rendu de la XXIe session, 2eme partie, tenue a Göteborg 1924, Nendeln (Liechtenstein), Kraus Reprint,1968, S.176-178.

Tankli: Alfred W. Howitt, a. a. O., S. 408-410.

María Sabina: Alberto Ongaro, „Interview with María Sabina", El Europeo, 25. November 1971.

Ramón Medina Silva: Barbara G. Myerhoff, Peyote Hunt, Ithaca, N. Y., Cornell University Press, 1974, S. 219-220.

Desana-Schamane: Gerardo Reichel-Dolmatoff, The Shaman and the Jaguar, Philadelphia, Temple University Press, 1975, S. 150-151.

Manuel Córdova-Rios: F. Bruce Lamb, Wizard of the Upper Amazon, Boston, Houghton Mifflin, 1975, S. 86-97.

Joel: Stephen Larsen, The Shaman's Doorway, New York, Harper & Row, 1976, S. 188-199.

Willidjungo: W. Lloyd Warner, A Black Civilization, New York, Harper & Row, Überarbeitete Fassung 1937, S.212-214.

Mun-yir-yir: W. Lloyd Warner, a. a. O., S. 215-218.

Aua: Rasmussen, a. a. O., S. 129-131.

Ramón Medina Silva: Peter T. Furst, „Huichol Conception of the Soul", in: Folklore Americas 27, no.2, Juni 1967, S. 52-56.

Petaga Yuha Mani: Lame Deer, a. a. O., S. 137-138.

Thunder Cloud: Paul Radin, Crashing Thunder, Englewood Cliffs, N. J., Prentice Hall, 1926, S. 5-13.

Dick Mahwee: Park, a. a. O., S. 17, 27, 28, 54.

Isaac Tens: Marius Barbeau, Medicine Men of the Pacific Coast, Bulletin 152, National Museums of Canada, 1958, 1973.

María Sabina: R. Gordon Wasson, George Cowan, Florence Cowan, Willard Rhodes, María Sabina and Her Mazatec Mushroom Velada, New York, Harcourt Brace Jovanovich, 1974, S. 17-207.

Balu Asong Gau: Carol Rubenstein, Poems of Indigenous Peoples of Sarawak: Some of the Songs and Chants, Parts 1 and 2, Special Monograph no. 2, Sarawak Museum Journal Series, Vol. 21, no. 42, 1973, S. 1305-1309.

Warrau-Schamane: Johannes Wilbert, „Tobacco and Shamanic Ecstasy Among the Warao Indians of Venezuela", in: Flesh of the Gods, Hrsg. Peter Furst, New York, Praeger, 1972, S. 66-70.

Prem Das: (Paul Adams), Huichol Nieríkaya: Journey to the Realm of the Gods, unveröffentlicht, 1977.

Matsúwa: © Matsúwa und Joan Halifax, 1977.

Anmerkungen
(Bibliographische Angaben im Literaturverzeichnis)

I. Der Schritt über die Schwelle

1 Prem Das (Paul Adams), Huichol Nieríkaya: Journey to the Realm of the Gods.
2 Henry Munn, „The Mushrooms of Language", in: Hallucinogens and Shamanism, Hrsg. Michael J. Harner, S. 113.
3 Carmen Blacker, The Catalpa Bow, S. 377-378.
4 Jerome Rothenberg, Technicians of the Sacred.
5 Knud Rasmussen, The Netsilik Eskimos. Social Life and Spiritual Culture, S.500.
6 Zur näheren Behandlung dieses Themas siehe: Stanislav Grof und Joan Halifax, Die Begegnung mit dem Tod.
7 Knud Rasmussen, Across Arctic America, S. 81.
8 Ebenda, S. 385.
9 Gustav Holm, „Ethnological Sketch of the Angmagsalik Eskimo", in: The Ammasalik Eskimo, S. 88-89.
10 Frank B. Linderman, Plenty-coups, S. 302.
11 Natalie Curtis, The Indian's Book, S. 38-39.
12 Ebenda.
13 Rasmussen, Across Arctic America, S. 82-84.
14 Ebenda, S. 85-86.
15 Ebenda, S. 86.
16 Joseph Campbell, The Masks of God: Primitive Mythology, S. 252.
17 Barbara G. Myerhoff, Peyote Hunt, S. 33.
18 Ebenda, S. 34.
19 Andrei A. Popov, Tavgijcy: Materialy po etnografi avamskich i uedeevskich tavgicev.
20 Rasmussen, Across Arctic America, S. 34.
21 Andreas Lommel, Shamanism, S. 57 (vgl. Adolf Friedrich und Georg Buddruss, Schamanengeschichten aus Sibirien, S. 137).
22 Mircea Eliade, Schamanismus und archaische Ekstasetechnik, S. 73.
23 Lommel, a. a. O., S. 60.
24 Siehe die Erörterung bei Eliade, „Spirit, Light, and Seed", History of Religions 11.
25 Rasmussen, Intellectual Culture of the Iglulik Eskimos, S. 114.
26 W. Sieroszewski, Du chamanisme d'apres les croyances des Yakoutes, S. 331, zitiert nach Eliade, Schamanismus, S. 224.
27 John G. Neihardt, Black Elk Speaks, S. 28.
28 Ebenda, S. 276.
29 Sieroszewski, a. a. O., S. 218-219, zitiert nach Eliade, „The Yearning for Paradise in Primitive Tradition".
30 Campbell, The Masks of God, S. 256-257.
31 Ebenda, S. 257-258.
32 Barbara G. Myerhoff, „Shamanic Equilibrium: Balance and Mediation in Known and Unknown Worlds", in: American Folk Medicine: A Symposium, Hrsg. Wayland D. Hand, S. 100-101.

33　Ebenda, S. 102.
34　Neihardt, Black Elk Speaks, S. 42-43.
35　Waldemar Bogoras, The Chukchee, S. 450-451.
36　Ebenda.
37　M. A. Czaplicka, Aboriginal Siberia, S. 253.
38　Eliade, Schamanismus, S. 337.
39　Bogoras, The Chukchee, S. 450-452.
40　Ebenda, S. 451.
41　Waldemar Jochelson, Religion and Myths of the Koryak, S. 52.
42　Bogoras, The Chukchee, S. 450-452.
43　Weston La Barre, The Ghost Dance, S. 306-307.
44　Ebenda, S. 221.
45　Rasmussen, The Netsilik Eskimos, S. 303-304.
46　Johannes Wilbert, „The Calabash of the Ruffled Feathers", in: Stones, Bones and Skin: Ritual and Shamanic Art, S. 90-91.
47　Curtis, The Indian's Book, S. 52-53.
48　Rasmussen, The Alaskan Eskimos as Described in the Posthumous Notes of Dr. Knud Rasmussen, Hrsg. H. Ostermann, S. 102.
49　Rasmussen, The Netsilik Eskimos, S. 321.
50　Ruth Murray Underhill, Singing for Power, S. 7.
51　Curtis, The Indian's Book, S. XXIV.
52　Rasmussen, Across Arctic America, S. 163.
53　Curtis, The Indian's Book, S. 324.
54　Rasmussen, The Netsilik Eskimos, S. 321.
55　Ebenda, S. 16.
56　Leslie Spier, Klamath Ethnology, S. 239.
57　Rasmussen, The Netsilik Eskimos, S. 321.
58　Underhill, Singing for Power, S. 6.
59　Marius Barbeau, Medicine Men of the Pacific Coast.
60　G. K. Ksenofontov, „Legenden und Erzählungen von Schamanen bei Jakuten, Burjaten und Tungusen", in: Adolf Friedrich und Georg Buddruss, Schamanengeschichten aus Sibirien, S. 212.
61　Rasmussen, Intellectual Culture of the Iglulik Eskimos, S. 118-119.

II. Reisen in andere Welten

1　Andrei A. Popov, „How Sereptje Djarvoskin of the Nganasans (Tavgi Samoyeds) Became a Shaman", in: Popular Beliefs and Folklore Tradition in Siberia, Hrsg. Vilmos Diószegi, S. 137.
2　Vilmos Dioszegi, Tracing Shamans in Siberia, S. 58.
3　Ebenda, S. 61.
4　Die Erörterung stützt sich auf Dioszegi, a. a. O., S. 51-63.
5　Die Erörterung stützt sich auf Alfred W. Howitt, The Native Tribes of South East Australia, S. 406-408.
6　Marguerite Anne Biesele, Folklore and Ritual of Kung Hunter-Gatherers, S.151.
7　Ebenda.
8　Ebenda, S. 152.
9　Ebenda, S. 153.
10　Die Erörterung stützt sich auf Biesele, a.a.O.

III. Die Visionssuche

1 Rasmussen, Across Arctic America, S. 87.
2 Rasmussen, Intellectual Culture of the Caribou Eskimos, S. 55.
3 Rasmussen, Across Arctic America, S. 85-86.
4 Ebenda, S. 81.
5 Lame Deer and Richard Erdoes, Lame Deer: Seeker of Visions, S. 157-158.
6 Ebenda.
7 Die Erörterung stützt sich auf Lame Deer, a.a.0.
8 Die Erörterung stützt sich auf eine pers. Mitteilung von Richard Erdoes, 1978.
9 Die Erörterung stützt sich auf eine pers. Mitteilung von Brooke Medicine Eagle, 1977.

IV. Die heilige Schau

1 Neihardt, Black Elk Speaks, S. 279-280.
2 Black Elk, The Sacred Pipe, Gesammelt und herausgegeben von Joseph Epes Brown, S. XXVII.
3 Die Erörterung stützt sich auf Neihardt, a.a.0.
4 Willard Z. Park, Shamanism in Western North America, S. 24.
5 Die Erörterung stützt sich auf Park, a.a.0.
6 Desgleichen.
7 Rasmussen, The People of the Polar North, S. 305.
8 Ebenda.
9 Die Erörterung stützt sich auf Rasmussen, a.a.0., S. 305-309.
10 Gustav Holm, „Ethnological Sketch of the Angmagsalik Eskimo", in: The Ammasalik Eskimo, S. 88.
11 Ebenda, S. 88-89.
12 Ebenda, S. 89.
13 Rasmussen, Across Arctic America, S. 21.
14 Rasmussen, Intellectual Culture of the Iglulik Eskimos, S. 56.
15 Ebenda, S. 92-93.
16 Ebenda, S. 60-61.
17 Ebenda, S. 117.
18 Ebenda, S. 119.
19 Leo Sternberg, „Shamanism and Religious Election", in: Introduction to Soviet Ethnology, Vol. 1, Hrsg. Stephen P. Dunn and Ethel Dunn, S. 75.
20 Ebenda.
21 Ebenda, S. 77.
22 Die Erörterung stützt sich auf Sternberg, a. a. O., S. 61-85.
23 Die Erörterung stützt sich auf Howitt, The Native Tribes of South East Australia, S. 408-410.

V. Medizin der Wunder

1 R. Gordon Wasson, The Wonderous Mushroom.
2 Die Erörterung stützt sich auf Henry Munn, „The Mushrooms of Language", in: Hallucinogens and Shamanism, Hrsg. Michael J. Harner, S. 86-72; Alvaro Estrada, María Sabina. Botin der heiligen Pilze; R. Gordon

Wasson, George Cowan, Florence Cowan, Willard Rhodes, María Sabina and Her Mazatec Mushroom Velada; R. Gordon Wasson, The Wonderous Mushroom.
3. Barbara G. Myerhoff, Peyote Hunt, S. 189.
4. Ebenda, S. 220.
5. Ebenda, S. 34.
6. Gerardo Reichel-Dolmatoff, The Shaman and the Jaguar, S. 67.
7. Ebenda, S. 74-75.
8. Ebenda.
9. Die Erörterung stützt sich auf Reichel-Dolmatoff, a.a.O.
10. F. Bruce Lamb, Wizard of the Upper Amazon, S. 298-299.
11. Die Erörterung stützt sich auf Lamb, a.a.O.
12. Stephen Larsen, The Shaman's Doorway, S. 192.
13. Ebenda, S. 183.
14. Die Erörterung stützt sich auf Larsen, a.a.O., S. 188-199.

VI. Die Kraft nutzen

1. W. Lloyd Warner, A Black Civilization, S. 210.
2. Ebenda.
3. Ebenda, S. 212.
4. Die Erörterung stützt sich auf Warner, a. a. O., S. 217-218.
5. Rasmussen, Intellectual Culture of the Iglulik Eskimos, S. 110-111.
6. Rasmussen, Across Arctic America, S. 28.
7. Rasmussen, Intellectual Culture of the Iglulik Eskimos, S. 129.
8. Ebenda, S. 129-131.
9. Ebenda, S. 131.
10. Peter Furst, „Huichol Conception of the Soul", in: Folklore Americas 27, S. 46-47.
11. Ebenda, S. 51-52.
12. Ebenda, S. 54-55.
13. Für eine vollständige Behandlung dieses Gebiets siehe: Furst, a.a.O.
14. A. Amiotte, „Eagles Fly Over", in: Parabola 1, S. 29.
15. Ebenda.
16. Lame Deer and Richard Erdoes, Lame Deer: Seeker of Visions, S. 126-127 und S. 137-138.
17. Paul Radin, Crashing Thunder, S. 2-3.
18. Ebenda, S. 6-7.
19. Die Erörterung stützt sich auf Park, Shamanism in Western North America.
20. Die Erörterung stützt sich auf Marius Barbeau, Medicine Men of the Pacific Coast.

VII. Ins Leben singen

1. R. Gordon Wasson, George Cowan, Florence Cowan, Willard Rhodes, María Sabina and Her Mazatec Mushroom Velada.
2. Henry Munn, „The Mushrooms of Language", in: Hallucinogens and Shamanism, Hrsg. Michael J. Harner, S. 90.

3 Ebenda, S. 109.
4 Wasson, Cowan, Cowan, Rhodes, María Sabina and Her Mazatec Mushroom Velada, S. 93.
5 Carol Rubenstein, Poems of Indigenous Peoples of Sarawak, S. 1305.
6 Persönliche Mitteilung von Carol Rubenstein, 1977.
7 Die Erörterung stützt sich auf eine pers. Mitteilung von Carol Rubenstein, 1977.

VIII. Das Haus der Träume

1 Reichel-Dolmatoff, The Shaman and the Jaguar, S. 107.
2 Ebenda, S. 133.
3 Ebenda, S. 147.
4 Ebenda, S. 148.
5 Ebenda.
6 Die Erörterung stützt sich auf Reichel-Dolmatoff, a.a.O.
7 Johannes Wilbert, „Tobacco and Shamanic Ecstasy Among the Warao of Venezuela", in: Flesh of the Gods, Hrsg. Peter Furst, S. 65-66.
8 Ebenda, S. 58-60.
9 Ebenda, S. 70.
10 Die Erörterung stützt sich auf Wilbert, a.a.O.
11 Barbara G. Myerhoff, Peyote Hunt, S. 20.
12 Ebenda, S. 184.
13 Die Erörterung stützt sich auf eine persönliche Mitteilung von Prem Das, 1977.

IX. Das Lichten der Nieríka

1 Persönliche Mitteilung von Prem Das, 1977.
2 Peter Furst, „Peyote Among the Huichol Indians of Mexiko", in: Flesh of the Gods, S. 155.
3 Persönliche Mitteilung von Matsúwa, 1977.

Literaturverzeichnis

Amiotte, A.: *Eagles Fly Over.* Parabola 1, no. 3 (1976): S. 28-41.

Barbeau, Marius: *Medicine Men of the Pacific Coast.* Bulletin 152. Ottawa: National Museums of Man, National Museums of Canada, 1958.

Biesele, Marguerite Anne: *Folklore and Ritual of Kung Hunter-Gatherers.* Ph. D. dissertation, Harvard University, 1975.

Blacker, Carmen: *The Catalpa Bow.* London: Allen & Unwin, 1975.

Bogoras, Waldemar: *The Chukchee.* Jesup North Pacific Expedition, vol. 7 (American Museum of Natural History Memoirs, Vol. II), 1904.

Brown, Joseph Epes (Hrsg.): siehe „Schwarzer Hirsch."

Campbell, Joseph: *The Masks of God: Primitive Mythology.* New York: Viking Press, 1972.

Curtis, Natalie: *The Indians Book.* New York: Harper & Row, 1907.

Czaplicka, M. A.: *Aboriginal Siberia: A Study in Social Anthropology.* Oxford University Press, 1914.

Diószegi, Vilmos: *Tracing Shamans in Siberia.* Oosterhout (Netherlands): Anthropological Publications, 1968.

Diószegi, Vilmos: *Popular Beliefs and Folklore Tradition in Siberia.* Bloomington: Indiana University Press, 1968.

Dunn, Stephen P. & Ethel: *Introduction to Soviet Ethnology.* Vol. 1. Berkeley, CA: Highgate Road Social Science Research Station, 1974.

Eliade, Mircea: *Schamanismus und archaische Ekstasetechnik.* Frankfurt/M.: Suhrkamp, 1980.

Eliade, Mircea: „Spirit, Light, and Seed", *History of Religons 11*, no. 1 (1971): S. 1-30.

Eliade, Mircea: „The Yearning for Paradise in Primitive Tradition", *Diogenes 3* (1953): S. 18-30. Reprint. *Daedalus 88*, no. 2 (1959): S. 255-267.

Estrada, Alvaro: *María Sabina. Botin der heiligen Pilze.* München: Trikont, 1980.

Furst, Peter T.: „Huichol Conception of the Soul." *Folklore Americas 27*, no. 2 (1967): S. 39-106.

Furst, Peter T.: *The Flesh of the Gods.* New York: Praeger, 1972.

Furst, Peter T. & Anguiano, Marina: „To fly as Birds: Myth and Ritual as Agents of Enculturation among the Huichol Indians of Mexico." In *Enculturation in Latin America: An Anthology*, S. 95-181. Los Angeles: UCLA Latin American Center Publications, 1977.

Grof, Stanislav & Halifax, Joan: *Die Begegnung mit dem Tod.* Stuttgart: Klett-Cotta, 1980.

Hand, Wayland D.: *American Folk Medicine: A Symposium.* Berkeley: University of California Press, 1976.

Harner, Michael J.: *Hallucinogens and Shamanism.* Oxford University Press, 1973.

Holm, Gustav: „Ethnological Sketch of the Angmagsalik Eskimo." In *The Angmagsalik Eskimo: Contributions to the Ethnology of the East Greenland Natives,* Part I. Meddelesen om Gronland Series, Copenhagen: C. A. Reitzel, 1914, S. 88-89.

Holm, Gustav: „Legends and Tales from Angmagsalik." In *The Angmagsalik Eskimo: Contributions to the Ethnology of the East Greenland Natives.* Meddelesen om Gronland series, Copenhagen: C. A. Reitzel, 1914, S. 298-300.

Howitt, Alfred W.: *The Native Tribes of South-East Australia.* London: Macmillan, 1904.

Jochelson, Waldemar: *Religion and Myths of the Koryak.* Jesup North Pacific Expedition, vol. 6., Leiden, N.Y.: 1905-1908.

Ksenofontov, Gauriil V.: *Legendy i rasskazy of shamanach a yakutov, buryat i tungwsov.* Moscow: Izdatel'stvo Bezbozhnik, 1930. Übersetzt von A. Friedrig und G. Buddruss, *Schamanengeschichten aus Sibirien,* München, O. W. Barth, 1955.

La Barre, Weston: The Ghost Dance. New York. Dell, 1972.

Lamb, F. Bruce: *Wizard of the Upper Amazon.* Boston: Houghton Mifflin, 1975.

Lame Deer, John F. & Erdoes, Richard: *Tahca Ushte – Medizinmann der Sioux.* München: List, 1979.

Larsen, Stephen: *The Shaman's Doorway.* New York: Harper & Row, 1976.

Linderman, Frank B.: *Plenty Coups.* Lincoln, University of Nebraska Press, 1962.

Lommel, Andreas: *Schamanen und Medizinmänner.* München: Callwey, 1980.

Myerhoff, Barbara G.: *Peyote Hunt.* Ithaca, N.Y.: Cornell University Press, 1974.

Myerhoff, Barbara G.: „Shamanic Equilibrium: Balance and Mediation in Known and Unknown Worlds." In *American Folk Medicine: A Symposium,* edited by Wayland D. Hand, S. 99-108. Berkeley: University of California Press, 1976.

Munn, Henry: „The Mushrooms of Language." In *Hallucinogens and Shamanism,* edited by Michael J. Harner, S. 86-122. Oxford University Press, 1973.

Neihardt, John G.: *Black Elk Speaks.* Lincoln, University of Nebraska Press, 1961.

Park, Willard Z.: *Shamanism in Western North America.* New York: Cooper Square, 1975.

Popov, Andrei A.: „How Sereptje Djarvoskin of the Nganasans (Tavgi Samoyeds) Became a Shaman." In *Popular Beliefs and Folklore Tradition* *in Siberia*, edited by Vilmos Diószegi, S. 137-146. Bloomington, Indiana University Press, 1968.

Popov, Andrei A.: *Tavgijcy: Materialy po etnografi avamskich i vedeerstich largicev.* Trudy instituta antropologii i etnographi, t. 5, vyp. 5. Leningrad, Akademiya anu SSR, 1936.

Prem Das [Paul Adams]: *Huichol Nieríkaya: Journey to the Realm of the Gods.* Unpublished, 1977.

Radin, Paul: *Crashing Thunder.* New York: Prentice-Hall, 1926.

Rasmussen, Knud: *Across Arctic America, Narrative of the Fifth Thule Expedition.* New York: Greenwood Press, 1969. Reprint. New York: Putnam, 1927.

Rasmussen, Knud: *The Aslaskan Eskimos, as Described in the Posthumous Notes of Dr. Knud Rasmussen.* Edited by H. Ostermann with E. Holtved. Report of the Fifth Thule Expedition, 1921-1924. Vol. 10, no. 3, Copenhagen: Gyldendal, 1952.

Rasmussen, Knud: *Die große Schlittenreise.* Engelbert, 1980.

Rasmussen, Knud: *Intellectual Culture of the Hudson Bay Eskimos.* Report of the Fifth Thule Expedition, 1921-1924. Vol. 7, Copenhagen: Gyldendal, 1930.

Rasmussen, Knud: *Intellectual Culture of the Iglulik Eskimos.* Report of the Fifth Thule Expedition, 1921-1924. Vol. 7, Copenhagen: Gyldendal, 1930.

Rasmussen, Knud: *The Netsilik Eskimos: Social Life and Spiritual Culture.* Report of the Fifth Thule Expedition, 1921-1924. Vol. 8, Copenhagen: Gyldendal, 1931.

Rasmussen, Knud: *The People of the Polar North, A Record.* Compiled and edited by G. Herring. Philadelphia: Lippincott, 1908.

Rasmussen, Knud: *Rasmussens Thulefahrt: Zwei Jahre im Schlitten durch unerforschtes Eskimoland.* Herausgegeben von F. Sieburg. Frankfurt: Frankfurter Societätsverlag, 1926.

Reichel-Dolmatoff, Gerardo: *The Shaman and the Jaguar.* Philadelphia: Temple University Press, 1975.

Rothenberg, Jerome: *Technicians of the Sacred. A Range of Poetries from Africa, America, Asia and Oceania.* Garden City, N.Y.: Doubleday, 1968.

Rubenstein, Carol: Poems of Indigenous People of Sarawak: Some of the Songs and Chants. Special Monograph no. 2. Sarawak Museum Journal Series vol. 21, no. 42, Sarawak, 1973.

Schwarzer Hirsch: *Die Heilige Pfeife.* Freiburg: Walter, 1980.

Schwarzer Hirsch: *Ich rufe mein Volk.* Freiburg: Walter, 1979.

Sieroszewski, Wenceslas: „Du chamanisme d'après les croyances des Yakoutes, Mémoire présente au Congrès International d'Histoire des Religions, en séance de section, le 3 septembre 1900." In *Revue de l'Histoire des Religions* (Annales du Musée Guimet) 46 (1902): S. 204-233 und 299-338.

Spier, Leslie: *Klamath Ethnology.* University of California Publications in Archaeology and Ethnology, no. 30. Berkeley, CA: University of California Press, 1930.

Shternberg, Lev Iakovlevich: „Divine election in primitive religion", In Congrès international des americanistes: Compte-Rendu de la XXIe session, 2eme partie, tenue a Göteborg en 1924. Nendeln (Liechtenstein): Kraus Reprint, 1968.

Shternberg, Lev Iakovlevich: „Shamanism and Religious Election", In *Introduction to Soviet Ethnology.* Vol. 1. Edited by Stephen P. Dunn and Ethel Dunn. Berkeley, CA: Highgate Road, 1974.

Strachan, Alan: *Paths of Transformation.* Honors Thesis, University of California, Santa Cruz, 1977.

Underhill, Ruth Murray: *Singing for Power.* Berkeley: University of California, 1976.

Warner, W. Lloyd: *A Black Civilization.* New York: Harper & Row, 1937.

Wasson, R. Gordon: *The Wonderous Mushroom.* Forthcoming.

Wasson, R. G.; Cowan, G.; Cowan, F. & Rhodes, W.: *María Sabina and Her Mazatec Velada.* New York: Harcourt Brace Jovanovich, 1974.

Watts, Alan W: *The Two Hands of God.* Toronto: Collier, 1969.

Wilbert, Johannes: „The Calabash of the Ruffled Feathers", *artcanada special issues nos, 184-187: Stones, Bones and Skin: Ritual and Shamanic Art*, Toronto: Society for Art Publications, December 1973 – January 1974.

Carlos Castaneda's
Tensegrity

Drei Übungsvideos

Teil 1

Zwölf grundlegende Bewegungen zur Sammlung von Energie und Förderung des Wohlbefindens

sind der erste Schritt zu Tensegrity.

Video, 60 Minuten
DM 69,90, SFr 65,–,
ÖS 510,–

Englische Originalversion
mit deutschem Booklet
ISBN 3-929475-45-6

Deutsche Version
ISBN 3-929475-68-5

Teil 2

Das Zurückführen verstreuter Energie

holt scheinbar verlorene Kraft in die vitalen Zentren zurück und lädt unsere „Batterien" wieder richtig auf.

Video, 60 Minuten
DM 69,90, SFr 65,–,
ÖS 510,–

Englische Originalversion
mit deutschem Booklet
ISBN 3-929475-46-4

Deutsche Version
ISBN 3-929475-69-3

Teil 3

Der energetische Wechsel von einem biologischen Stamm zum anderen

führt uns zu unfaßbaren Möglichkeiten der Wahrnehmung: so etwa zu der eines Schmetterlings.

Video, 90 Minuten
DM 69,90, SFr 65,–,
ÖS 510,–

Englische Originalversion
mit deutschem Booklet
ISBN 3-929475-47-2

Deutsche Version
ISBN 3-929475-70-7

Aktuelle Informationen über
Carlos Castaneda und *Tensegrity* finden Sie im Internet unter:

http://www.carlos-castaneda.de

CARLOS CASTANEDA
und das Wissen der Tolteken

Maurice Cocagnac

Begegnungen mit Carlos Castaneda und der Heilerin Pachita

Ein französischer Dominikanerpater reist in die Welt der mexikanischen Magie und der schamanischen Heilkunst. Ein begeisterndes Zeugnis!

176 Seiten, geb. mit Schutzumschlag
DM 28,– / SFr 26,– / ÖS 204,–
ISBN 3-929475-48-0

Florinda Donner-Grau

Die Lehren der Hexe

Eine Frau auf den Spuren schamanischer Heiler

„Dieses Buch ist für mich von ganz besonderer Bedeutung." *Carlos Castaneda*

280 Seiten, geb. mit Schutzumschlag
DM 38,– / SFr 35,– / ÖS 278,–
ISBN 3-929475-39-1

Norbert Claßen

Carlos Castaneda und das Vermächtnis des Don Juan

Eine erkenntnisreiche Einführung in die Weltsicht der neuen Zauberer um Carlos Castaneda.

280 Seiten, geb. mit Schutzumschlag
DM 38,– / SFr 35,– / ÖS 278,–
ISBN 3-929475-40-5